JN243852

An Introductory
Guide to
Christensen on
Innovation

ハーバード・ビジネススクール
"クリステンセン" 教授の

「イノベーション
のジレンマ」

入門　グローバルタスクフォース＝著
山中英嗣＝監修

PHP

クレイトン・クリステンセンは「イノベーションのジレンマ」という言葉で
「なにかを発明した人は自分が発明したモノに最後までしがみつきがちだ」と
表現したけど、僕らは時代に取り残されたくないからね。

——スティーブ・ジョブズ

＊『スティーブ・ジョブズ II』（ウォルター・アイザックソン著、井口耕二訳、講談社）より

クリステンセン教授とは？

クレイトン・クリステンセン（Clayton M. Christensen）
1952 年、アメリカ合衆国のユタ州に生まれる。1975 年、ブリガムヤング大学
経済学部を首席で卒業後、オックスフォード大学で経済学修士、ハーバード・
ビジネススクール（HBS）で MBA を取得。ボストン コンサルティング グル
ープでコンサルタントとして活躍したほか、研究開発型ベンチャーの社長、会
長を歴任し、ホワイトハウス・フェローとしてドール運輸長官（レーガン政権）
を補佐した経験も持つ。40 歳から HBS で教え始め、同時に書いた博士論文は
最優秀学位論文賞に加え、ウィリアム・アバナシー賞、マッキンゼー賞など各
賞を総なめ。マッキンゼー賞は、ドラッカー、ポーターらに続く受賞回数を誇
る。1997 年に出版した "The Innovator's Dilemma"（日本語版：『イノベーショ
ンのジレンマ』翔泳社刊）は、世界中のビジネスリーダーに多大な影響を与えた。

まえがき

なぜいまクリステンセンの 「イノベーションのジレンマ」なのか

　ゴビンダラジャン、チェスブロウ、リース……。こういった名前を知らなくとも、彼らの提唱したコンセプト「リバース・イノベーション」、「オープン・イノベーション」、「リーンスタートアップ」は聞いたことがあるかもしれません。

　戦略の時代をクリステンセン教授の「イノベーションのジレンマ」以前（BC：Before Christensen）と以後（AC：After Christensen）に分けると、冒頭の3人は、いずれも AC 時代の**「不確実性の高い世界」**における新たな戦い方の提唱者といえます。

❖ 図表 0-1 ／クリステンセン以前とクリステンセン以後の比較

時代 視点	クリステンセン以前 （BC）	クリステンセン以後 （AC）
■ 競争環境	✔予測可能な世界	✔不確実性の高い世界
■ 競争の視点	✔「持続可能な競争優位」 　の構築	✔「連続した競争優位」 　の構築
■ 戦略計画の前提	✔意図的戦略	✔創発的戦略の併用
■ 組織における重点	✔効率性	✔柔軟性・俊敏性 　（アジリティ）
■ イノベーション 　の重点	✔（狭義の）技術進歩 　の連続性	✔性能指標（価値） 　の連続性

　BC 時代には、「競争の少ない魅力的な市場で戦えば持続的な競争優位を確立できる」という「ポジショニング派」（ポーター「産業組織論」）と、「有利な資源を通じて自社の組織の能力を高めて戦えば持続的競争優位を築ける」という「ケイパビリティ派」（「コア・コンピタンス」のハメルやプラハラード、バーニ

ーらの「資源論」等）との間で、侃々諤々の論争と勢力争いが行われました。

　しかし、彼らとて「**"持続可能な競争優位"の構築を目指す**」という一点では想いを同じにしていたのです。

　AC時代ではこれが一変します。まず組織能力の"硬直性"が変化への対応を妨げるとして注目され、「不確実性の高い世界」が大前提として強調されるようになります。そして競争優位が持続的でない前提で、いかに「**一定期間の競争優位を連続して構築できるか**」というように、競争の力点とルールが180度変わったといっても過言ではありません。

　その分岐点となったのが「イノベーションのジレンマ」であり、そのゲームチェンジャーの役割を果たしたのがクリステンセンでした。

　前述のスティーブ・ジョブズ率いるアップルや、米セールスフォース・ドットコムをはじめとする多くのスタートアップ企業、そしてそれらの破壊的企業に追い落とされることを懸念した既存の大企業で、クリステンセンの理論がバイブルとして扱われ、実際のビジネスでも実践・活用されてきました。「イノベーションのジレンマ」の発表は、それほど1990年代以降の産業界に大きなインパクトを与えた事件だったといえます。

「アメリカ対日本」の再現が、
いま「日本対アジア」で起こっている

　日本企業が飛ぶ鳥を落とす勢いで世界市場を席巻していた時代、ポーターやバーニーらはいっせいに日本企業の研究を行いました。

　そうした中、クリステンセンもバブル崩壊を挟んだ過渡期までの日本企業の大躍進を研究しました。その著作『イノベーションのジレンマ』（日本語版：翔泳社、原題は"The Innovator's Dilemma"）でも、キヤノンやホンダ、ソニーといった日本企業が破壊的イノベーションの成功事例として出てきます。

　ところが、2作目『イノベーションへの解』（日本語版：翔泳社、原題は"The Innovator's Solution"）とそれに続く3作目『イノベーションの最終解』（日本語版：翔泳社、原題は"Seeing What's Next"）では、残念ながら多くの日本企業がか

つての米国企業と同様の「ジレンマ」に陥ってしまったことを示唆しています。

　実際、かつて米国企業が日本企業に翻弄されたように、日本もこの 10 年で中国や台湾、韓国といった破壊的なモデルで攻撃してくる相手に手を焼いています。シャープやルネサス エレクトロニクス、エルピーダメモリ（現・マイクロンメモリジャパン）など、かつては世界に冠たる日本の強みだったエレクトロニクス業界や半導体業界の企業を中心に、大きな屈辱を味わうことにもなりました。

　しかしそうした現象も、大部分は 20 年以上も前からクリステンセンらの深い洞察によって私たちに大きなインパクトを与え続ける理論体系の範囲内で説明が可能なものです。だからこそ、日本企業のビジネスパーソンは「イノベーションのジレンマ」について、表面的にではなく〝深く理解〟する必要があるのです。

実践家としてのクリステンセン

　クリステンセンは学者出身のポーターらと違い、ビジネススクールの教授としてはおそらく理想的なキャリアを持っています。

　ボストン コンサルティング グループでキャリアをスタートさせた後、ホワイトハウスのフェローとして運輸長官補佐へ転身。自らの起業を経てハーバード・ビジネススクール博士課程へ。いわば、外から経営を俯瞰し、政治の世界を垣間見た上で、最後は自らもビジネスをゼロから生み出してきました。

　クリステンセンを土台にした、と明言している「リバース・イノベーション」のビジャイ・ゴビンダラジャンをはじめ、冒頭で挙げた AC 時代の代表的な名著 3 冊も、クリステンセンの「イノベーションのジレンマ」が起点となって提案された個別戦略、もしくは戦術、施策論といえます。

　クリステンセンが何度も強調するように、私たち実務家にとって重要なのは、戦術または施策レベルの小手先のハウツーではなく、未知の将来にも適応し得る戦略レベルの理論体系です。その理解が確かであれば、そこから派生する戦術や施策の類は、誰でも、いつでも、いくらでも自らのアタマで生み出す

ことができます。

　つまり、真っ先にマスターすべきは確立された「法則や理論体系」であり、間違ってもツールとしての戦術、施策類が先ではないのです。**「流行本を 100 冊読むより、1 冊の原典（名著）を読んだほうがはるかにまし」**といわれる所以です。

世界最高峰の経営思想家

　クリステンセンの唱えた理論体系の重要性は、実務家を中心とした外部評価を見ても明らかです。「イノベーションのジレンマ」発表から 20 年近くたったいまでも、数々の最新の学者をおさえ、現時点でなお、世界 No.1 の影響力を持つ経営思想家として君臨しています。

　「世界で最も影響力のある経営思想家 50 人」を 2 年に一度選出する「The Thinkers50[*]」でも、2011 年、2013 年と 2 期連続で 1 位（ポーターは 5 位→7 位）に選ばれました（次ページの図表 0-2 を参照）。

＊世界で最も影響力がある経営思想家 50 人のランキング。評価項目は、アイデアの妥当性、研究の厳密さ、アイデアのプレゼンテーション、アイデアの普及、国際的展望、アイデアの独創性、アイデアのインパクト、アイデアの実用性、ビジネスセンス、指導的影響力。2 年に一度、アドバイザーチームと一般投票によって決まる。

実践への大きな壁とチャレンジ

　もともと戦略家だったクリステンセンは、人や組織といった事業の意思決定に大きな影響を与えるいわゆる「ソフト」な力も重視しています。それは彼が人情家だからではなく、本書で明らかにされているように、それらのソフトな力学がとりわけ**企業の意思決定や行動に直結する**と確信しているからです。

　いわば「経営へのインパクト」というただ一点にこだわり、学際的かつ実践的に「何が経営にとって重要か」だけを追究する「たたき上げ」の実務家であり、そうした実践経営戦略学者の姿がクリステンセンの真骨頂といえるのです。

　そのため、論文もまた、どの学者の本よりもわかりやすいメッセージを与えてくれますが、同時に読み手にとっては大きな障壁もあります。

　1.「体系的」な論点整理の壁と、2.「ことばの定義」の壁です。

❖ 図表 0-2 ／ 「Thinkers50」 2013 年度の受賞ランキング

2013年	2011年	受賞者	主な著書	所属
👑1	👑1	クレイトン・クリステンセン	「イノベーションのジレンマ」ほか	ハーバード・ビジネススクール教授
2	2	レネ・モボルニュ＆W・チャン・キム	「ブルー・オーシャン戦略」ほか	INSEAD 教授
3	6	ロジャー・マーティン	「インテグレーティブ・シンキング（統合思考）」ほか	トロント大学ロットマンスクールオブマネジメント教授
4	9	ドン・タプスコット	「ウィキノミクス」ほか	トロント大学ロットマンスクールオブマネジメント非常勤教授
5	3	ビジャイ・ゴビンダラジャン	「リバース・イノベーション」ほか	ダートマス大学タック・スクールオブビジネス教授
6	19	リタ・マグレイス	「競争優位の終焉」ほか	コロンビア大学ビジネススクール教授
7	5	マイケル・ポーター	「競争の戦略」、「競争優位の戦略」ほか	ハーバード・ビジネススクール教授
〜〜	〜〜	〜〜	〜〜	〜〜
14	12	リンダ・グラットン	「ワーク・シフト」ほか	ロンドン・ビジネススクール教授
19	15	ゲイリー・ハメル	「コア・コンピタンス経営」ほか	ロンドン・ビジネススクール教授
32	34	ジョン・コッター	「企業変革力」ほか	ハーバード・ビジネススクール教授
37	38	ヘンリー・チェスブロウ	「オープンイノベーション」ほか	UC バークレー校ハーススクールオブビジネス教授
殿堂入り（2013年度より採用）	14	ロバート・キャプラン＆デイビッド・ノートン	「バランス・スコアカード」ほか	ハーバード・ビジネススクール教授（※キャプラン）
	24	トム・ピーターズ	「エクセレント・カンパニー」ほか	コンサルタント（マッキンゼー出身）
	30	ヘンリー・ミンツバーグ	「戦略サファリ」ほか	マギル大学教授
	NA	フィリップ・コトラー	「コトラー＆ケラーのマーケティング・マネジメント」ほか	ノースウェスタン大学ケロッグスクールオブマネジメント教授
	NA	大前研一	「企業参謀」ほか	ビジネス・ブレークスルー大学学長
	NA	野中郁次郎	「知識創造企業」ほか	一橋大学名誉教授、UC バークレー校名誉教授
	NA	ほか 4 名		

1. 「体系的」な論点整理の壁

　クリステンセンの著作は、長編の事例を中心にした議論の連続です。事例研究がそのまま1つの章として成り立つほど、各業界に関する事例が豊富に含まれています。結果として、重要なメッセージに関する具体的かつ詳細な理解を促してくれます。

　しかし、中核理論とその補助理論とのつながり、すなわち、**「破壊的イノベーションの理論」**とそれを構成する**「バリューネットワークの理論」「資源・プロセス・価値基準（RPV）の理論」**などを構造的に整理するのは容易ではありません。

　読み物として読んで理解しやすいのに、なぜ体系的な論点把握が難しいのでしょう？　それは、ストーリー性を重視しているからであり、必ずしも論点そのものを体系的に構成しているわけではないからです。

　つまり、クリステンセンの著作の多くは理論の説明で成り立つ章がある一方で、業種別の事例で成り立つ章も混在します。結果として、業種別事例の章では同様の理論の説明が複数回出てくることになります。

　このことは代表作である『イノベーションのジレンマ』の目次を見ても明らかです（次ページの図表 0-3 参照）。

　第一章「なぜ優良企業が失敗するのか」はイノベーションのジレンマについての事例をハードディスクドライブ業界で鳥瞰し、第二章「バリュー・ネットワークとイノベーションへの刺激」では同じディスクドライブ業界での失敗の理論をバリューネットワークという概念を用いて掘り下げています。

　ところが第三章では、タイトルが「掘削機業界における破壊的イノベーション」となり、同様の失敗の理論の例を他業界に広げています。

　第四章「登れるが、降りられない」でも、第一章で鳥瞰した内容のうち、とくに下位市場から上位市場へは進出できるが、その逆は難しいことを製鉄業界の例で説明しています。

　のちに出てくる「資源・プロセス・価値基準（RPV）の理論」の一部はそれぞれの章の事例の中で幾度となく出てきます。

構成	実際の目次タイトル	取り上げている業界	概要
第一部「優良企業が失敗する理由」	●第一章「なぜ優良企業が失敗するのか」	ハードディスクドライブ(HDD) 業界（失敗の理論の展開）	「優良企業を失敗へと導くジレンマの分析（失敗の理論の構築）」
	●第二章「バリュー・ネットワークとイノベーションへの刺激」		
	●第三章「掘削機業界における破壊的イノベーション」	掘削機業界（ケーブル式大手が油圧式掘削機によって市場から追われた例）	
	●第四章「登れるが、降りられない」	製鉄業界（ミニミル技術に直面して苦しんだ理由）	

　要は、「理論構成」よりも読み物としての「わかりやすさ」を重視しているのです。

　そのため、重要な点については何度もサブリミナル効果のように主張が繰り返されます。このような編集方針は、本書でも参照している続編の『イノベーションへの解』や『イノベーションの最終解』でも踏襲されています。

　ポーターの著作にあるような緻密に整理・構造化された体系を多少犠牲にしてでも、「事例中心で最重要となる課題（落とし穴）を何度でも伝える」というクリステンセンの強い意志の表れといえます。

2.「ことばの定義」の壁

　クリステンセンの論文や著作を読む上でのもう一つの壁は、ことばや理論の定義の統一と進化についてです。

　まず、クリステンセンの三部作は必ずしも相互補完的に理論構成されているわけではありません。既存企業のリーダー向けの処方箋としての『イノベーションのジレンマ』、イノベーター向けの処方箋としての『イノベーションへの解』、外部のアナリストや金融機関、コンサルタント向けの分析の処方箋としての『イノベーションの最終解』という区分けがよくされますが、**それぞれの**

著作は必ずしも独立して分類されているわけではないからです。

　各著書は、その他の著書の内容と相当程度オーバーラップしています。しかも新たな理論が追加されるだけでなく、過去の理論のアップデートや応用、事例追加といった付加価値付けが多く見られます。

　さらに、書籍間での単語の定義や理論の微妙なニュアンス変更も多くあります。たとえば、「破壊的イノベーション」を、後の2作では「相対的概念である」（世の中に当該破壊的技術の種を持続的技術として推進している大企業が1社でもあれば、それはもはや破壊的技術ではない）と強調して補足したりしています。

　同じことを何度も繰り返し強調するクリステンセンの表現方法や構成を「冗長」と切り捨てる評論家もいます。しかし、その重要性を植えつけたいクリステンセンの想いを過小評価することはできません。

　実際、日本を代表するビジネス誌をはじめ多くのメディアで、破壊的イノベーションに対する誤解や誤認識が見られます。『イノベーションのジレンマ』が発刊されて20年近くたち、「破壊的イノベーション」という言葉が市民権を得つつある現在でも、いまだに"破壊的イノベーション"を"急進的イノベーション（Radical Innovation）"と同一視するような状況は変わっていません。

　ビジネスの実践での貢献を最重視するクリステンセンの懸念はむしろ正しかったといえます。

本書片手に、ぜひ原典へ

　本書は、このように実践的な洞察を与えてくれる名著であり、戦略としてのイノベーション理論の原典といえるクリステンセンの三部作を中心に、「不確実性の高い世界における戦略」としてのイノベーションについて解説したものです。

　しかし、クリステンセンの三部作には、本書では到底カバーしきれない膨大な検証事例と詳細な理論説明が網羅されており、クリステンセンの考えを完全に理解するためには本書だけではあまりに力不足です。

　ぜひ「原典」を片手に、本書を読み進めてみてください。本書は理論体系順に構成されていますので、必要な箇所を本書で引き、さらに原典でその背景や

詳細の情報を確認する、という使い方もできるでしょう。

　この機会に、戦略の世界を一変させたクリステンセン・イノベーション学の世界を極め、実践での活用にトライしていただければ幸いです。

　本書の性格上、用語や文章の一つひとつに注釈をつけるのは困難であり、省略させていただきました。大方の御寛恕をお願いいたします。なお、本文中敬称は略させていただきました。

　また、本書の執筆にあたり、多くの方々より貴重な助言をいただきました。『世界の経営学者はいま何を考えているのか』（英治出版）の著者で、元ニューヨーク州立大学バッファロー校助教授の入山章栄氏（早稲田大学ビジネススクール准教授）、『日本のブルー・オーシャン戦略』著者の池上重輔氏（早稲田大学商学学術院准教授）、仮説指向計画法の提唱者イアン・マクミラン教授（ペンシルバニア大学ウォートンスクール）に師事し、産業界への推進に努めている小川康氏（インテグラート代表取締役社長）、クリステンセン設立のコンサルティング会社イノサイトの日本における提携先を率いる津嶋辰郎氏（INDEE Japan 代表取締役）、そしてクリステンセンと同じハーバード・ビジネススクール（HBS）同窓生で、自らのスタートアップ企業の上場から大企業との戦略的連携まで果たされてきた柴田健一氏（ベンチャーリパブリック取締役）といった方々から、実務的・専門的立場に基づいたさまざまな示唆をいただきました。

　最後に、出版にあたり、貴重な助言を頂戴しましたPHP研究所ビジネス出版部編集長の金田幸康氏、原稿のとりまとめと推敲におつきあいいただき、多大なご苦労をおかけしました副編集長の中村康教氏に感謝いたします。

2015 年 2 月
　　　　　　　　グローバルタスクフォース代表取締役　山中英嗣

本書の構成

　本書は、まず前提として、イノベーションに関するあいまいな言葉の定義やその歴史について第1章で確認します。

　その上で、PART 1の基礎編（第2章〜第4章）では、中核理論である「破壊的イノベーションの理論」とともに、これを編成する「バリューネットワークの理論」「資源・プロセス・価値基準（RPV）の理論」といった補助理論の全容を見ていきます。

　PART 2の応用編（第5章、第6章）では、PART 1で理解した「破壊的イノベーションの理論」の活用に必要な、「破壊へ向けた戦略と計画」の考え方と「破壊の兆しの予測と対応」の方法について取り上げます。

　本書は体系理解を促すため、読み物として最初からお読みいただくこともできますが、とくに必要な箇所の参照用としても活用いただけます。

❖ 図表0-4　本書の体系

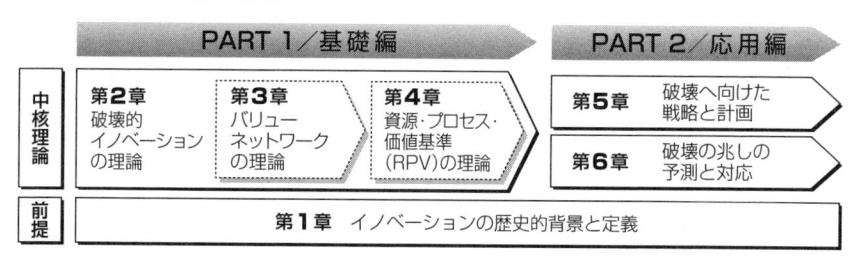

第1章　「イノベーションの歴史的背景と定義」

　第1章では、伝統的なイノベーション理論とクリステンセンの理論を鳥瞰します。イノベーションの生みの親であるシュンペーターに加え、アバナシー＆アッターバックらによるイノベーション理論、ドミナントデザインや漸進的・急進的イノベーションなどについても解説。メディアでも誤用、誤認識されていることが多いイノベーション理論について、クリステンセンによる「破壊的イノベーションの理論」と絡めつつ、正しく全体像を理解できるようにしています。すでにイノベーションに関する歴史背景や基礎理解がある方は、第2章

からお読みください。

第2章 「破壊的イノベーションの理論」

第2章からはクリステンセンの具体的な理論体系に沿って進みます。まず中核である「破壊的イノベーションの理論」では、基本的な概念と「ローエンド型」「新市場型」という2つの破壊的イノベーションの類型を把握します。

「ローエンド型」では、最初に足がかりとなる「小さな市場」を見つけ、そこで性能向上を早期に実現した後、一気に大きな主要市場へと殴り込みをかけ、既存企業を駆逐します。「新市場型」では、無消費状態のニーズを新たに見出すとともに、「ローエンド型」との混成型（ハイブリッド型）では、そのまま上位市場へ進出していきます。

第3章 「バリューネットワークの理論」

第3章は、「破壊的イノベーションの理論」で示された既存リーダーが駆逐されるメカニズムを、「バリューネットワーク」という概念で説明しています。

リーダー企業が破壊的技術に対応できないのは、技術進歩に追いつけないからではなく、いま「戦っている大きな市場」と「破壊的技術が生まれる小さな市場」で重視される性能指標が違うからです。すなわち、異なる用途の「異なるバリューネットワークに属している」からこそ、破壊的技術への参入が難しいと説明しています。

第4章 「資源・プロセス・価値基準（RPV）の理論」

第4章では、破壊的技術への対応のために必要な「組織の能力」（ケイパビリティ）を高める3つの要素、すなわち、「資源（Resources）」「プロセス（Process）」「価値基準（Value）」＝「RPV」について、それぞれ見ていきます。

適切な資源配分の意思決定に必要なRPVの各要素は、方向付けが重要です。「資源」をコントロールするのは有形無形の「プロセス」であり、そのプロセスを規定するのが組織や個人が持つ「価値基準」です。

第5章 「破壊へ向けた戦略と計画」

第5章からは応用編として、2章〜4章で見てきた中核理論をもとに、理論を現場で実行する際に検討すべき考えや活用可能なツールを見ていきます。

具体的には、トップダウンによる「意図的戦略」と経験から学ぶ「創発的戦略」をバランス良く併用する「仮説指向計画法」と、不確実な世界において既存の中核事業への依存度を高め過ぎないための考え方「イノベーションのポートフォリオ」を解説します。

第6章　「破壊の兆しの予測と対応」

　第6章では、無消費者や過剰満足の状態を把握することで破壊の兆しをいち早く予測し、競争環境の変化に備えたり、自ら破壊を生み出す視点を考えます。ここでは、重要な業界のモジュール化や脱モジュール化（統合化）などに関する「バリューチェーン進化の理論」（VCE）といった関連理論も共有します。

その他の特徴

★ページマップ（各ページ）

みなさんが迷子にならないよう、各ページには、本書全体の理論体系を図式化した「ページマップ」を標識代わりとして載せました。

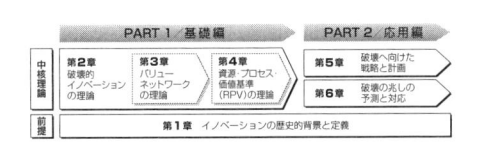

★個別ワークシート（各章末）

各章の最後にはワークシートを付けました。全体像を鳥瞰しながら、「知識を知恵にする」ためには実際に当てはめてみることが一番です。各章で説明されたポイントを、身近な業界や企業における現状の課題の整理や分析などに適用することで、理論の理解を促進させてください。

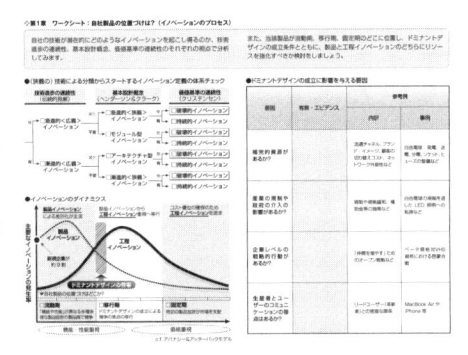

★全体ワークシート（本書巻末）

本書の最後には、本書全体のポイントを網羅したまとめのワークシート（破壊的イノベーション・キャンバス）を載せました。

破壊的イノベーションに対応するための検討事項や、自ら破壊的イノベーションを起こすための前提確認事項を明示化することができます。新規事業計画書に添付する表紙としてご活用ください。

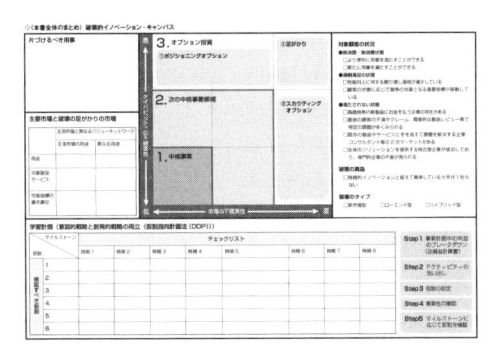

◎装幀◎
遠藤陽一
（デザインワークショップジン）
◎本文図版作成◎
齋藤 稔

ハーバード・ビジネススクール
"クリステンセン"教授の

「イノベーションの ジレンマ」入門

Contents

PART 1

基 礎 編

第1章 イノベーションの歴史的背景と定義

1.「イノベーション」の一般化による弊害

2. イノベーション理論の比較

第2章　破壊的イノベーションの理論

1. 破壊的イノベーションの全体像とポイント

1-1 ▸▸▸ 無視されがちな4つの視点　54

1-2 ▸▸▸ 5つの破壊的イノベーションの法則　60

1-3 ▶▶▶ 破壊的技術に直面した企業の意思決定の 6つのステップ **63**

2. 破壊的イノベーションの理論の探求

第3章 バリューネットワークの理論

1. バリューネットワークの全体像とポイント

2. バリューネットワークの理論の探求

第4章　資源・プロセス・価値基準(RPV)の理論

1. RPV理論の全体像とポイント

2. RPV理論の探求

PART 2

応　用　編

第5章　破壊へ向けた戦略と計画

1. 意図的＋創発的戦略の策定プロセス

2. 破壊的技術のための種まき投資とポートフォリオ

第6章　破壊の兆しの予測と対応

1. 変化のシグナルを探す

3. 戦略的選択に目を配る
──既存企業が破壊に対応できるシナリオ

基礎編

第1章

イノベーションの歴史的背景と定義

1.「イノベーション」の 一般化による弊害

クリステンセンの切り口

　オートバイ市場におけるハーレーダビッドソンやBMWと、ホンダ、カワサキ、ヤマハといった日本メーカーとの違いは何でしょう？

　実は「馬車からオートバイへ」といった変化と違い、同じオートバイ同士でのイノベーションの違いはそれほど認められません。同じエンジン機構を持つハーレーとホンダのバイクを比べても、排気量の違いなど個別性能の違い以外見出されないからです。

欧米メーカーの大型バイク

ホンダ「スーパーカブ」

　ところが、クリステンセンの見立ては違います。

　従来、もっぱら「高速・長距離ドライブ用」の乗り物であった排気量の大きい大型のバイクに対し、街乗りや川辺・林道といった舗装されていない道を走る**「小型の短距離バイク」**という市場を"結果的に創った"形となったホンダの進撃を**「破壊的なイノベーション」**として、そこに明確な線引きをしました。

　その後、ホンダをはじめ多くの日本メーカーは、ハーレーを筆頭とする欧米の「長距離ドライブ用」の大型バイク市場に参入。最終的には、ハーレーと

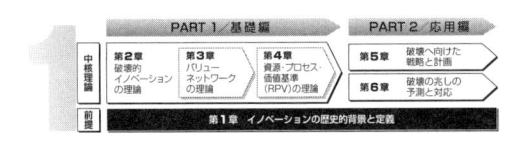

BMW を除く既存の大手を軒並み市場から排除し、オートバイ市場は日本のほぼ独壇場になったのです。

　ここで重視されたのは、単に大型車と中小型車というセグメントの違いではなく、長距離ドライブ用以外の**「異なる用途」**そのものでした。
　これは、本来伝統的な「イノベーション」の考え方ではイノベーションの範疇には入らないものです。一方、これを「破壊的なイノベーション」としたのがクリステンセンでした。

　このように、伝統的な「イノベーション」とクリステンセンが言う「イノベーション」は違うものです。では、そもそもイノベーションという言葉は何を表しているのでしょうか。

イノベーションの父・シュンペーターの本意

　イノベーションという言葉が一般化した今、その意味を聞くと、100 通りの答えが返ってきます。
　たとえば、
　「世の中に重大なインパクトを与えるような革新」
　「パラダイムシフトを起こし得る変化」
　「社会的意義のある新たな価値の創造」などなど。
　多くは、**"これまでのルールを一変させるようなインパクトを与える発明"**でかつ**"実用化されるもの"**といった意味合いで表現されているはずです。

　経済学者の観点から、初めてイノベーションという言葉を定義したシュンペーターは、もう少し具体的に説明しています。

　シュンペーターが 29 歳のとき（1912 年）に発表したドイツ語原典『Theorie der wirtschaftlichen Entwicklung』（邦題：『経済発展の理論―企業者利潤・資本・信用・利子および景気の回転に関する一研究』岩波文庫）では、イノベーションの概念を「新結合（New Combination）」という言葉で示しました。
　そのときは、まだイノベーションという言葉を使っていなかったものの、

「経済活動の中で生産手段や資源、労働力などをそれまでとは異なる仕方で新結合すること」と表現しています（その後、1939年発表の『景気循環の理論』で、新結合はイノベーションと言い換えられました）。

❖ 図表 1-1 ／シュンペーターによる「新結合＝イノベーション」の分類

新結合の5つの目的		補足
1. 新しい「商品」の創出	Product Innovation	消費者の間でまだ知られていない商品、新しい品質の商品の生産。 ※原書では、商品：「財貨」と表現されている。
2. 新しい「生産方法」の開発	Process Innovation	その産業部門で未知な生産方法の導入。 ※決して科学的に新しい発見に基づくものを指しているわけではない。
3. 新しい「販路」の開拓	Market Innovation	その国のその産業部門で従来なかった市場の開拓。
4. 原材料の新しい「仕入先」の獲得	Material Innovation	新たに採用される仕入先。※それが既存のものか真に初めて創りだされたかは問わない。※原書では、仕入先：「供給源」と表現されている。
5. 新しい「組織」の実現	Institutional Innovation	独占的地位の形成や独占状況の打破など。

出典：シュムペーター著『経済発展の理論―企業者利潤・資本・信用・利子および景気の回転に関する一研究』（岩波文庫）をもとに作成

なぜ「新結合」を必要としたのか

　鉄道の発達により馬車が消え、鉄道から馬車の代替となる自動車が生まれたように、資本主義社会では非連続な新陳代謝を遂げてきました。この新陳代謝をシュンペーターははじめて「創造的破壊」という言葉で表現しました。つまり、産業の新陳代謝は受け身ではなく、生産側である企業家（起業家：アントレプレナー、つまり事業を起こす人）が主体的に起こすべきものであるとしたのです。

　まさに、"創造的破壊なくして産業の新陳代謝なし""新陳代謝なくして経済発展なし"ということです。そして、その新陳代謝をもたらす創造的破壊に必

要なものは何か？　という問いに対する答えが、「新結合」、すなわち、「イノベーション」でした。

　ちなみに、シュンペーターは、新結合を行う担い手こそが企業家であり、昨日と同じ経営をただ続けるだけの経営者を企業家とは認めていません。つまり、企業家とは地位で決まるものではなく、仮に新結合の努力を停止してしまえば、たとえ企業を経営する地位にいたとしてももはや企業家とは認められないのです。

　シュンペーターが求める「新結合」には、いわゆる"ハイテク"で"科学的な装置"が含まれる場合もありますが、図表1-1のように、本質的には**「機械的、電気的」な「装置、手法」に限定しません。**生産手段や資源、労働力などをそれまでとは異なる仕方で新結合することでも「創造的破壊」が生まれるからです。
　つまり、**組織やマーケティング手法といったナレッジやプロセス全般によってもイノベーションは起こすことができる**、ということです。

OECDによるイノベーションの定義

　このシュンペーターによる定義は、1992年にOECDによってはじめて策定されたオスロマニュアル(The Measurement of Scientific and Technological Activities)でも、その概念は踏襲されています。
　オスロマニュアル（2005年、第3版）ではイノベーションを、「新しい（または重大な改良が加えられた）製品・サービスまたはその生産・配送プロセス、新たなマーケティング手法、組織における新たな業務方法や職場内外での関係などの追求と実践」と定義しています。

　ちなみに、このOECDの定義の目的は、統計的に国別のイノベーションの発生状況を追っていくことにあります。
　したがって、この定義の前提として、国や当該産業における新規性ではなく、企業単位での新規性を指していることに注意が必要です。つまり、同じ「イノベーション」という言葉を使っていても、その適応範囲は非常に広く、

バラツキも大きいと言わざるを得ません。

　しかし、シュンペーターによる定義もOECDによる定義も、どちらも科学的な装置などを含む高度な技術によるものだけに限定していない、という点では共通しています。

❖ **図表 1-2 ／ OECD オスロマニュアル（第3版）による分類**

分類		定義
プロダクト・イノベーション	Product Innovation	製品・サービスのうち特性や用途が新しいもの、または大きな改良が行われたもの
プロセス・イノベーション	Process Innovation	生産方法または配送方法が新しいもの、大きな改良が行われたもの
マーケティングイノベーション	Marketing Innovation	製品デザイン、販売方法、製品プロモーション方法、価格設定方法といったマーケティング手法が新しいものまたは大きな変更が行われたもの
組織イノベーション	Organisational Innovation	組織における業務方法や形態、対外関係等に関する新たな方法

出典：OECD (2005) Oslo Manual (3rd Edition) ,OECD Publishing.、OECD (2009) Innovation in Firms, OECD Publishing. をもとに作成

「技術革新」は本当に誤訳か

　そうすると、こんな議論が噴出します。いわく「最初にイノベーションを"技術革新"と訳したのが間違いのはじまりだ。イノベーションで革新が起こるのは『技術』だけではない」と。

　この「"技術革新"誤訳問題」の発端は、1956年の『経済白書』にあるといわれています。そこで初めてイノベーションが技術革新と訳されたからです。いまでも多くの著名な日本のビジネススクールの教授や専門家が、「イノベーション」の説明や定義を行うたびに、同様の指摘をせざるを得ない状況にあります。

　これは技術経営（MOT）やイノベーションに関して語られる際に必ずといってよいほど発生する議論です。果たして「技術革新」という言葉は本当にシ

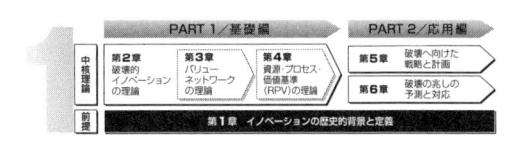
ュンペーターの定義と異なる誤訳なのでしょうか。

　正確にいえば、YES&NO です。

　私たちが日々使う「技術」という言葉のイメージそのままで考えると誤訳ともいえますが、本来の意味を鑑みると必ずしも間違いとはいえません。つまり、「技術（Technology）」という言葉の定義そのものの認識の違いが、私たちを混乱させているのです。もう少し詳しく説明しましょう。

本来の「技術(Technology)」の意味

　辞書（例えば Cambridge Dictionaries）を見ても、英語の "technology" は、古典ギリシャ語の "τεχνη"（テクネー＝**「わざ」**的なもの全般を指す語で、ラテン語では "ars"）に由来するとされています。そして、時代背景や語源によって違いは見られるものの、科学的な装置やデバイスを含むものに限定していません。

　それは日本語の「技術」という言葉でも同じです。広辞苑で「技術」を引くと、1番目に**「物事をたくみに行うわざ、技巧、技芸」**と出ます。「科学を実地に応用して自然の事物を改変・加工し、人間生活に役立てるわざ」という意味が出てくるのは2番目です。

　クリステンセンもイノベーションを「"技術（Technology）"の変化」と説明し、その「技術」を「組織が労働力、資本、原材料、情報を、価値の高い製品やサービスに変えるプロセス」と定義しています。

　『イノベーションのジレンマ』に始まる三部作を含むクリステンセンのイノベーション論は、すべてこの大前提に基づいて議論されています。

　したがって、イノベーションの定義はおろか、「技術」という言葉にすら**「最先端の科学的、電子・電気・機械的な手法を活用した装置やデバイスを含むもの」に限定するような意味は含まれていない**といえます。

　もっと具体的にいえば、クリステンセンが本書でいう「技術」、つまり「組織が労働力、資本、原材料、情報を、価値の高い製品やサービスに変えるプロセス」とは、小売りであれば商品の調達、陳列、販売、配送するための特定の技術などを意味しています。

　そして、クリステンセンが示す**「イノベーション」の定義**は、「これらの技

術の変化」にほかなりません。

❖ **図表 1-3 ／クリステンセンの定義と一般的な定義の比較**

定義	Technology	Innovation
クリステンセン による定義	「組織が労働力、資本、原材料、情報を、価値の高い製品やサービスに変えるプロセス」	これらの Technology （「技術」）の変化
一般的な定義	「科学や産業で使われるナレッジや装置、手法」〈ケンブリッジ ・ディクショナリーズ〉	「経済活動の中で生産手段や資源、労働力などをそれまでとは異なる仕方で新結合すること」〈シュンペーター〉

　このように、「"技術革新"誤訳問題」は、本来の意味からすれば必ずしも間違いとはいえないものの、定義の問題であることは明らかです。本書では、このあいまいさを避けるため、クリステンセンのいう広義の技術をそのまま「技術」と表現します。

　そして、私たちがイメージしがちな「最先端の科学的、電子・電気・機械的な手法を活用した装置やデバイスを含むもの」を示す技術を、あえて「（狭義の）技術」と表現することとします。

PART 1／基礎編　　PART 2／応用編

中核理論

第2章
破壊的
イノベーション
の理論

第3章
バリュー
ネットワーク
の理論

第4章
資源・プロセス・
価値基準
(RPV)の理論

第5章
破壊へ向けた
戦略と計画

第6章
破壊の兆しの
予測と対応

前提

第1章　イノベーションの歴史的背景と定義

2. イノベーション理論の比較

伝統的分類とクリステンセンの分類
──非連続性と価値の転換

　クリステンセンが「イノベーションのジレンマ」を発表する前までの伝統的なイノベーション論と、クリステンセンのイノベーション理論を比べてみましょう。

　伝統的な分類として最初に挙げられるのは、「急進的イノベーション（Radical Innovation）」と「漸進的イノベーション（Incremental Innovation）」です。

　この分類は、クリステンセンによる「破壊的イノベーション（Disruptive Innovation）」と「持続的イノベーション（Sustaining Innovation）」という分類に似ていますが、基本的に視点が異なります。ポイントは、非連続性の〝対象〟がどこにあるかです。

「漸進的イノベーション」と「急進的イノベーション」

　伝統的な分類では、**〝(狭義の) 技術的な進歩〟**の連続性がある変化を「漸進的イノベーション」、**非連続**なものを「急進的イノベーション*」と分類しました。
＊『イノベーションのジレンマ』では Radical Innovation を「抜本的イノベーション」と訳していますが、その後『イノベーションの最終解』では「急進的イノベーション」としています。本書では「急進的イノベーション」で統一します。

「漸進的イノベーション」の例として、パソコンなどで使われる CPU（中央演算処理装置）などのプロセッサ（処理装置）の性能向上があります。インテル Core™i7「4500U」（動作周波数 1.80GHz）から「4770U」（動作周波数 3.40GHz）への進化のように、従来の（狭義の）技術的な性能向上の延長線上にある改良型のイノベーションなどがこれにあたります。

他方、白黒テレビからカラーテレビへの移行や、アナログ放送から地上デジタル放送への移行などは、従来の技術と抜本的に異なる非連続な（狭義の）技術進歩に基づく「急進的イノベーション」といえます。

　MIT スローンスクール教授のアッターバックやハーバード・ビジネススクール教授だった故アバナシーなどのイノベーションに関する伝統的見解は、**「急進的イノベーション」が既存有力企業の存続を"危ぶませる"**、というものでした。

伝統的見解からの飛躍

　こうした（狭義の）技術進歩の連続性で「漸進的イノベーション」と「急進的イノベーション」に分類する伝統的な見解に風穴を開けたのが、ハーバード・ビジネススクール教授のレベッカ・ヘンダーソンとキム・クラーク[*]でした。

* 1995 年から 2005 年までハーバード・ビジネススクールの校長を務め、現在は同校で教鞭をとるかたわら、ブリガムヤング大学アイダホ校学長を務めている。

　ヘンダーソンらは、（狭義の）技術進歩が非連続かどうかにかかわらず「既存企業の競争力を著しく低下させるイノベーションが存在する」と指摘します。それは、製品の**「基本設計を変えるようなイノベーション」**（アーキテクチャ型イノベーション）です。

　たとえば、コピー機の事業領域を見てみましょう。最初は、ゼロックスが先駆者として技術力・市場支配力で圧倒的な優位性を持っていました。

　ところが、1970 年代半ばにキヤノンが小型で信頼性の高い製品を出すと、技術的な革新性は大きくなかったにもかかわらず、ゼロックスのシェアは半分近く失われたのです。

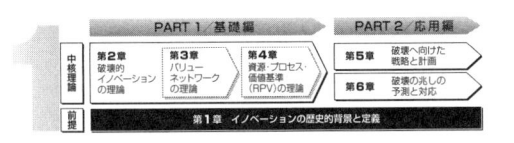

❖ **図表 1-4 ／イノベーション類型の分析枠組み**

― 伝統的分類 ―

技術的進歩	
連続	非連続
漸進的〈広義〉イノベーション(Incremental Innovation)	**急進的〈広義〉イノベーション**(Radical Innovation)

― ヘンダーソン＆クラークによる分類 ―

	構成部品の基幹技術	
	強化される	転換される
基本設計概念の変化 変化しない	**漸進的〈狭義〉イノベーション**例：天井埋込エアコン	**モジュール型イノベーション**例：アナログ→デジタルへの変換
変化する	**アーキテクチャ型イノベーション**例：窓用ポータブルエアコン（小型化で構成方法が変化）	**急進的〈狭義〉イノベーション**例：レコード→CD（基幹技術も構成方法も転換）

出典：Henderson, Rebecca M., and Clark, Kim B., "Architectural Innovation: The Reconfiguration of Existing Product Technologies and the Failure of Established Firms", Administrative Science Quarterly, vol.35, no.1(1990)をもとに作成

　この例外的な事象を説明するため、ヘンダーソンらが加えたのは**「製品アーキテクチャ」（製品の基本設計概念）**の視点です。この基本設計概念を変えるようなイノベーションは既存組織では難しく、それが他社で起きると追いつくことができない、といわれています。

　つまり、企業の組織体系は通常「第＊＊設計部」のように、製品のアーキテクチャごとに部門が分かれており、その基本設計上での最適なイノベーションは起こせても、基本設計そのものを変えるようなイノベーションは難しいというのです。

一見すると、製品の基本設計概念が変わらなくとも、（狭義の）技術進歩が非連続な右上の「モジュール型イノベーション」のほうが、既存企業に影響を与えやすいように思えます。しかし、ヘンダーソンらは左下の「アーキテクチャ型イノベーション（技術進歩は連続的だが、製品アーキテクチャは変化）」が既存企業により影響を与えやすいと主張し、さらに組織の能力にその原因を見出しました。

　企業は、新製品を作る際、製品の構成要素についての知識（「コンポーネント知識」）と、構成要素のつなぎ方についての「基本設計概念の知識（アーキテクチャ知識）」が必要となります。ヘンダーソンらは、既存企業にとって後者を変えることは従来製品の開発組織の全体設計や組織体制に基づいて蓄積されてきた技術やノウハウを捨てることになるため難しいといいます。つまり、既存企業にとって基本設計概念レベルのイノベーションを起こすことは非常にハードルが高いというのです。

クリステンセンによる分類──「性能指標」の連続性に着目

　このヘンダーソンらの見解に対して、さらなる洞察を加えたのがクリステンセンでした。クリステンセンの分類では、伝統的な**（狭義の）技術進歩の連続性は論点ではない、と言いきります。**

　また、ヘンダーソンらが重視した「アーキテクチャの変化の有無」は、既存企業の組織の能力に影響を与えると認めつつも、最も本質的なイノベーションによる成否は、価値の転換の有無、すなわち重視する**「性能指標の連続性」**によって決まる、といっています。

　たとえばオートバイ市場において、高速で長時間・長距離を走れるエンジン性能ではなく、「50ccという小型低燃費」で気軽に「短距離移動」に使え、「舗装されてない道も気軽に走れる」といった利便性を重視したホンダの「スーパーカブ」が、小型オフロードバイク市場を創ったのがその一例です。

　スーパーカブを"小型オフロードバイク"と表現されると、私たち日本人からすると正直疑問に思うところがあるかもしれません。しかし、当時のオートバイの用途の常識と比較して、舗装路の「長距離ドライブ」に対する"未舗装路（ダート）のドライブや街乗り*"という意味で、小型オフロードバイクというカテゴリが注目されたのでしょう。日本でいえば、さしづめ"原付林道ツー

リング"をこよなく愛する人たち用のバイクといったところでしょうか。
＊『イノベーションのジレンマ』ではダートツーリングと表現しています（ダート＝未舗装路）。

❖ 図表 1-5 ／「異なる用途」のセグメント

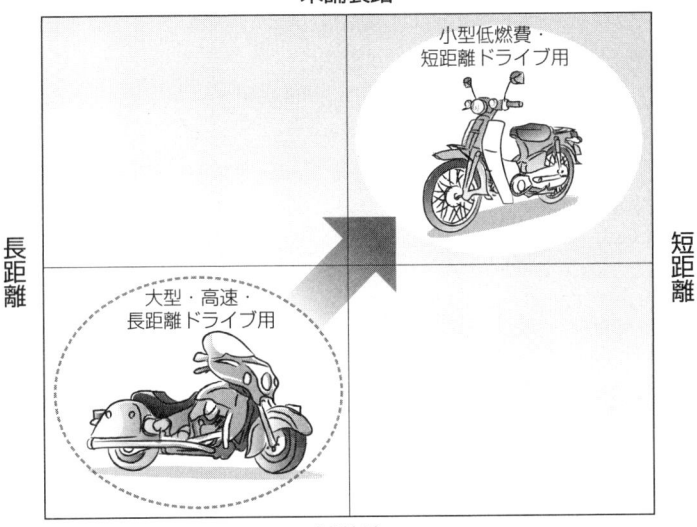

かつてのソニーの「トランジスタラジオ」の場合も同じことがいえます。音質は「真空管ラジオ」と比べて必ずしも良くないものの、小型軽量で外に持ち出して「移動中に聴ける」という、従来と異なる用途を満たす性能指標を持っていました。

その点において「破壊的イノベーション」だったのです。

このように、クリステンセンは（狭義の）技術の非連続性でなく、性能指標の非連続性によってイノベーションを分類しました。

すなわち、**既存の事業で重視される主な「性能指標」の移行（価値の非連続性）が見られるものを「破壊的イノベーション」、そうでないものを「持続的イノベーション」と分類**しました。

❖ **図表 1-6 ／ 持続的技術と破壊的技術**

分類	概要	分類例		
		オートバイ	ラジオ	PC
持続的技術	「性能指標」の連続性があるもの 主要市場のメイン顧客が今まで評価してきた性能評価がすべての基準となり、その指標に従って既存製品の性能を向上させる。	ハーレー、BMWなどの長距離用バイク	高品質な真空管ラジオ	高性能ノートブックPC端末
破壊的技術	「性能指標」の連続性がないもの 一般的に破壊的技術の性能が既存製品の性能を下回るのは主流市場での話。その他主流から外れた少数の新たな顧客に評価される特性がある（低価格、シンプル、小型、使い勝手が良い）。	ホンダ、カワサキ、ヤマハの小型バイク	携帯可能なトランジスタラジオ	小型で軽いタブレット端末 大型スマホ（ファブレット）

伝統的見解とクリステンセンの意見が交差する部分

　百貨店に対する「ディスカウントストア」は、イノベーションの伝統的見解の分類では、狭義の技術に含まれず該当さえしません。一方、クリステンセンによれば立派な「破壊的技術」です。

　ディスカウントストアという形態は、「宣伝の不要な」全国的ブランドの標準的な耐久消費財を、百貨店の価格の 20 ～ 40％引きで販売しています。通常、小売業者が原価に対する粗利益率、つまり値入率でコストを賄うのに対し、ディスカウントストアは回転率で稼いでいます。

　粗利益率は半分以下でも、**圧倒的な仕入れで在庫回転率を2倍以上**に向上させることで必要な利益額を稼ぐ。こうしたビジネスモデルは「破壊的イノベーション」を起こし、百貨店上位市場を駆逐してきました。

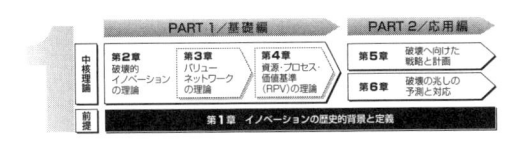

❖ 図表 1-7 ／百貨店 vs. ディスカウントストア

		粗利益率	在庫回転率	在庫投資収益率
百貨店		40%	4倍 （年4回）	年4回在庫に投資した金額の40%を稼ぐため、総在庫投資収益率は160%
ディスカウントストア		20%	8倍 （年8回）	年8回在庫に投資した金額の20%を稼ぐため、総在庫投資収益率は160%

　このように、クリステンセンによる分類では、（狭義の）技術進歩が漸進的か急進的かは問題ではありません。

　驚異的な（狭義の）技術進歩を遂げた製品でも、例えば、テレビの 4K の性能（フルハイビジョンより 4 倍高画質）が"過剰品質"と捉えられれば、クリステンセンの定義では単なる「持続的イノベーション」として、大きく市場を変革させることは期待できません。

❖ 図表 1-8 ／クリステンセンによるイノベーションの分類

（狭義の）技術進歩の連続性は破壊と関係ない！

判断基準分類	重視する「性能指標」の変化
持続的イノベーション	「連続」 （例：高機能・高性能等）
破壊的イノベーション	「非連続」 （例：利便性、低価格等）

　ほかの多くの業界、製品で破壊的技術が生まれていますが、（狭義の）技術進歩は連続のものも非連続のものも存在しています（次ページの図表 1-9 を参照）。

❖ **図表 1-9 ／破壊的技術の例**

確立された技術	破壊的技術
ハロゲン化銀写真フィルム	デジタル写真
ノートパソコン	タブレット、スマートフォン
外科的手術（開胸等）	間接鏡、内視鏡手術
心臓バイパス手術	血管形成術
経営大学院	企業内大学、社内マネジメント研修プログラム
キャンパスと教室での授業	ネットを利用した遠隔教育
有人戦闘機、爆撃機	無人航空機

伝統的イノベーション理論の補足

　前項までを読んで、「伝統的な理論が時代遅れ」と思われた方もいらっしゃるかもしれません。しかし、それは正しい見方ではありません。

　現在でもイノベーションや技術経営の領域では代表的な中核理論として学ばれるものも多く、有用な考察もたくさん含んでいます。

　そこで、少しその全体像とエッセンスを鳥瞰してみたいと思います。

　現在でも活用されている代表的なイノベーション理論の一つに、前述のアターバック＆アバナシーによる**「ドミナントデザイン」**があります。

　そしてこのコンセプトを補完する考え方として、「プロダクト（製品）イノベーションとプロセス（製法）イノベーション」があり、「漸進的イノベーションと急進的イノベーション」という分類との関係を以下のとおり説明しています。

ドミナントデザインのメッセージ

　ドミナントデザインとは、新製品のうち、その市場で圧倒的な支配を勝ち取り、事実上標準となった**「支配的な設計」**のことを指します。つまり、新たな製品市場において、一気に広がった**業界標準の製品設計**です。

　現在の PC もそうですが、初期のタイプライターで採用された QWERTY 式

キーボードや、シフトキーによる大文字入力などはその代表的な例として知られています。

● QWERTY 配列

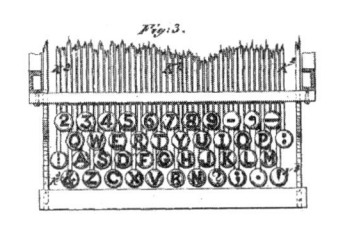

※最初の商用タイプライター『ショールズ・アンド・グリデン・タイプライター』のキー配列（「QWERTY 配列」Wikipedia より画像取得）

新製品が出始める中、デファクト（事実上の標準）として市場で認められた「支配的設計」によって基本的な新製品の構成が決まることで、市場は急速に成長します。この急成長のきっかけとなるのが、ドミナントデザインの確立です。

では、ドミナントデザインはどのようにして確立されるのでしょう。その出現に影響を与える条件として「4つの要因」が挙げられます。

---

1. 必要条件としての**「補完的資源」**
2. ルールを変え得るマクロな**「産業の規制と政府の介入」**
3. 業界内の競争における**「企業レベルの戦略的行動」**
4. ブランディングにつながる**「生産者とユーザーのコミュニケーション」**

これらの概念はいずれも非常に重要です。

たとえば、家庭向けビデオテープレコーダの場合、技術的に優れていたとされるソニーなどによる「ベータ規格」は、パナソニックなどによる「VHS規

格」に最終的に市場を譲りました。その原因は、技術力や機能だけでなく、「企業レベルの戦略的行動」によって、「仲間を増やす」オープン戦略で負けた、といえます。

❖ 図表 1-10 ／ドミナントデザインの成立に影響を与える 4 つの要因

要因	内訳	事例
1. 補完的資源	流通チャネル、ブランド・イメージ、顧客の切り替えコスト、ネットワーク外部性 (*) など	白色電球：発電、送電、分電、ソケット、ヒューズの整備など
2. 産業の規制と政府の介入	規制や規制緩和、補助金等の施策など	白色電球の規制を通した LED 照明への転換など
3. 企業レベルの戦略的行動	「仲間を増やす」ためのオープン戦略など	ベータ規格対 VHS 規格における啓蒙合戦
4. 生産者とユーザーのコミュニケーション	リードユーザー（革新者）との密接な関係	MacBook Air や iPhone 等

(*) ネットワーク外部性：電話などのネットワーク型サービスにおいて、加入者数が増えれば増えるほど、1 利用者の便益が増加するという現象。ネットワークゲームなども同様。
出典：ジェームズ・M．アッターバック著『イノベーション・ダイナミクス―事例から学ぶ技術戦略』（有斐閣）をもとに作成

ドミナントデザイン成立のプロセス

　アッターバックらが説いたイノベーション論をプロセスで見ていくと、大きく流動期、移行期、固定期の 3 つに分けられています。

　新市場ができて間もない「流動期」は、いろいろな技術的方式に基づく多種多様なデザインの製品が市場に投入されます。ここでは、各種の技術的方式の間で、「いかに製品の『機能』や『性能』を差別化し得る設計ができるか？」という、製品の機能や性能の優劣を争う競争が見られます。

　これは前述したビデオ戦争において、各社が独自でビデオ規格の開発を進め

ていた段階です。

　その競争から勝者が決まる移行期から固定期では、当該市場で「支配的な製品設計（ドミナントデザイン）」が成立し、**製品間競争の焦点が製品の「機能」や「性能」から、「価格」へと移行する**とされています。

「製品イノベーション」と「工程イノベーション」

　このドミナントデザイン成立までのプロセスは、もう一つのイノベーションの分類である「製品イノベーション」と「工程イノベーション」という考えと合わせて検討されます。

❖ **図表1-11／製品イノベーションと工程イノベーションの発生率**

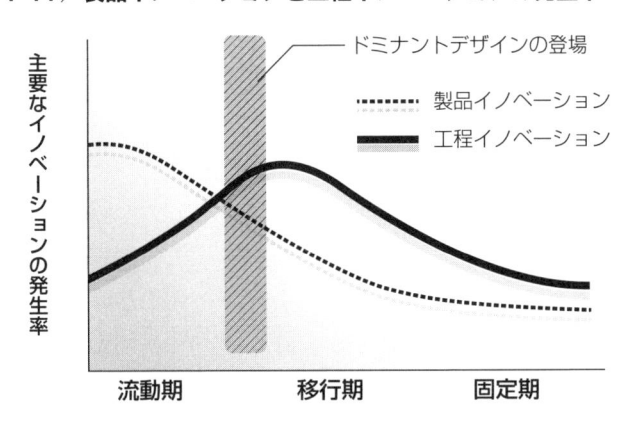

出典：ジェームズ・M．アッターバック著『イノベーション・ダイナミクス─事例から学ぶ技術戦略』（有斐閣）をもとに作成

　アッターバックらのメッセージの肝は、「ドミナントデザインが決まる過程で、両者のイノベーションの発生には時間差がある」という点にあります。つまり、この**ドミナントデザインの成立プロセスに応じて、会社のリソースを製品技術と製法技術のそれぞれに配分していくこと**が重要ということです。

　「製品イノベーション」は、市場が形成される最初のタイミングで発生率が高まり、そこでの**主役は、新規企業**（約9割）とされています。

そして、製品イノベーションの発生率が低下し、それまでに現れた多様な製品の中で事実上の業界標準といえるドミナントデザインが決まった後に、**主に既存企業内において**「工程イノベーション」の速度が上がるといわれています。

❖ **図表 1-12／フェーズごとのイノベーションの力点**

プロセス	状況	イノベーションの力点
1. 流動期 (Fluid phase)	機能や性能が異なる多種多様な製品設計の製品間で競争	製品イノベーションによる差別化が主流
2. 移行期 (Transitional phase)	ドミナントデザインの成立による競争の焦点の移行	製品イノベーションから工程イノベーション重視へと移行
3. 固定期 (Specific phase)	特定のプロダクトデザインが市場を支配	コスト優位の確保のため工程イノベーションを追求

出典：ジェームズ・M. アッターバック著『イノベーション・ダイナミクス―事例から学ぶ技術戦略』（有斐閣）をもとに作成

　これらのモデルから、「生産性を上げようとすると、必ず新製品を生み出す革新能力が失われる」ことを、アバナシーは**「生産性のジレンマ（Productivity dilemma）」**と名づけました。革新的変化を生み出すのに必要な条件は、生産効率を向上させる条件と異なるということです。

　標準化によりドミナントデザインの新製品を出す企業数が圧倒的に集約されるため、ドミナントデザイン確定後に工程イノベーションが加速化されるのは当然といえます。他方で、**製品イノベーションと工程イノベーションでは、主役となる企業が異なる**、という点に注目が集まりました。

クリステンセンとの共通点

　優れた基礎・技術の蓄積といった既存リーダー企業の潤沢な資産が「持続的イノベーションに有利」とクリステンセンは主張しています。この考え方と、製造工程に関わる「工程イノベーションでは既存のリーダー企業が有利」とい

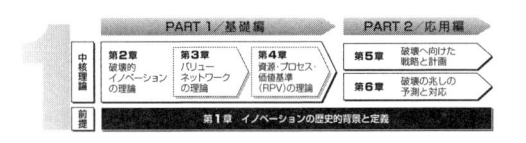

う主張には共通点があります。

　実際、**「工程イノベーション」**においては、生産設備や人材、顧客情報といった既存のリーダー企業のインフラが決定的に機能します。

　他方、**「製品イノベーション」**の場合は、そのようなインフラが逆に開発の幅を狭め、イノベーションを抑制する要因になるといいます。

　クリステンセンが自説を構築する際にとくに参考にしたのが、このジレンマの部分。つまり既存の優良資産や能力が、画期的な製品イノベーションを阻害しがちであるという点です。

> 自社の技術が潜在的にどのようなイノベーションを起こし得るのか、技術
> 進歩の連続性、基本設計概念、価値基準の連続性のそれぞれの視点で分析
> してみます。

●（狭義の）技術による分類からスタートするイノベーション定義の体系チェック

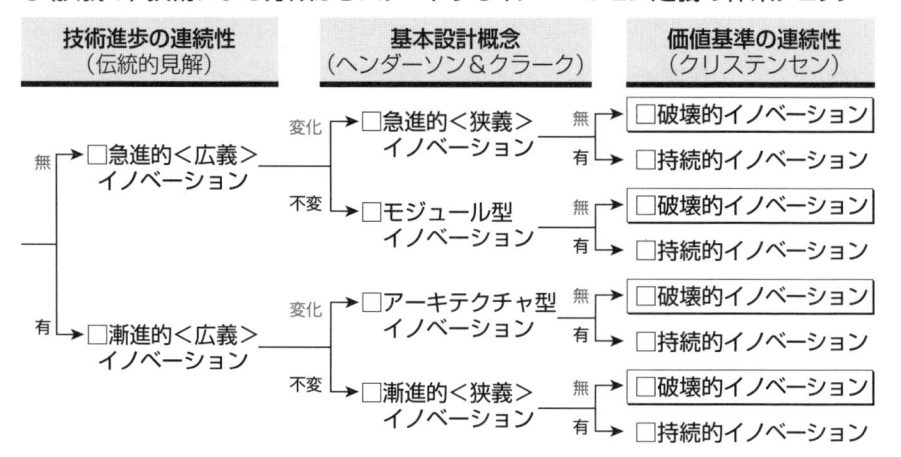

●イノベーションのダイナミクス

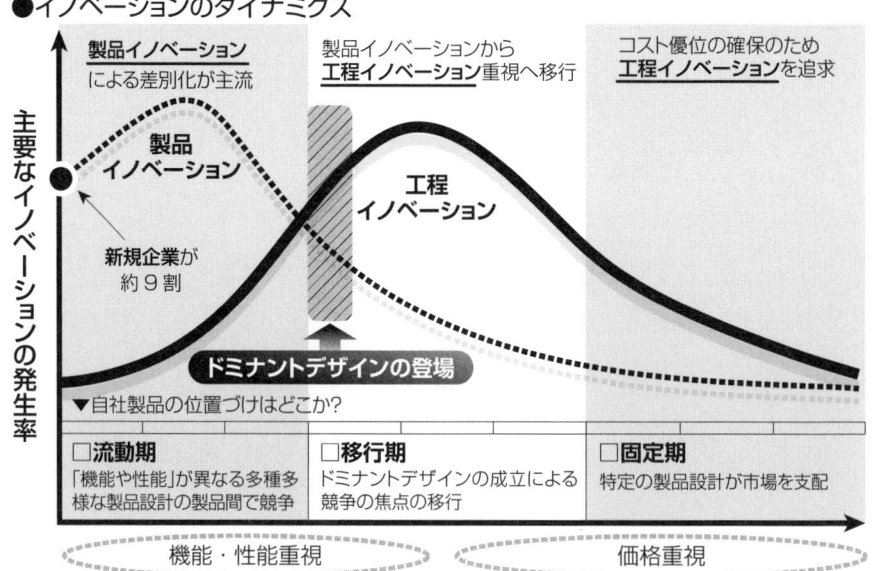

c.f. アバナシー＆アッターバックモデル

また、当該製品が流動期、移行期、固定期のどこに位置し、ドミナントデザインの成立条件とともに、製品と工程イノベーションのどちらにリソースを強化すべきか検討をしましょう。

●ドミナントデザインの成立に影響を与える要因

要因	有無・エビデンス	参考例	
		内訳	事例
補完的資源があるか?		流通チャネル、ブランド・イメージ、顧客の切り替えコスト、ネットワーク外部性など	白色電球:発電、送電、分電、ソケット、ヒューズの整備など
産業の規制や政府の介入の影響があるか?		規制や規制緩和、補助金等の施策など	白色電球の規制を通した LED 照明への転換など
企業レベルの戦略的行動があるか?		「仲間を増やす」ためのオープン戦略など	ベータ規格対VHS規格における啓蒙合戦
生産者とユーザーのコミュニケーションの接点はあるか?		リードユーザー(革新者)との密接な関係	MacBook Air や iPhone 等

第2章

破壊的イノベーションの理論

1. 破壊的イノベーションの
　全体像とポイント

　前章では伝統的な理論との比較の観点から、クリステンセンによるイノベーションの分類を簡単に見ていきました。本章では、いよいよクリステンセンのイノベーション論の中核理論である「破壊的イノベーションの理論」について詳しく見ていきます。

　最初に、「破壊的イノベーション」の全体像とそのポイントを押さえておきたいと思います。まずは、破壊的イノベーションについて、多くの人が無視してしまいがちな4つの視点から見ていきましょう。

1-1 ▶ 無視されがちな4つの視点

1 破壊とは「プロセス」である

　これは全編を通して最も重要な点です。私たちは、クリステンセンがいう「破壊的イノベーション」と「持続的イノベーション」を繰り返す "プロセ・ス" について理解する必要があります。

　イノベーターというと、「破壊的イノベーション」を起こす新興企業のイメージを持たれる方が多いかもしれません。しかし、『イノベーションのジレンマ』の原題は「The Innovator's Dilemma」です。つまり、ここでの Innovator（イノベーター）とは、**かつて「破壊的イノベーション」を起こし、いまはリーダーとなっている既存主要企業にほかなりません。**
　どんな破壊も、永遠には続きません。市場ができて競合が増えると「持続的イノベーション」での勝負に移行していきます。したがって、「破壊的イノベーション」を起こした企業（破壊的企業）であっても、次の破壊の波がすぐそこに迫っている可能性を常に認識しておく必要があります。新たな破壊に対応

し、さらに自らも破壊を起こす努力をし続ける必要があるのです。

　ちなみに、後述するハードディスクドライブ業界では、1〜2年で次の破壊が起きています。

② 破壊とは「相対的な現象」である

　まえがきでも述べましたが、"破壊"が"相対的な概念"であることは、2冊目の『イノベーションへの解』以降で、クリステンセンによって強調されたポイントです。

　破壊が「プロセスである」ことにも関連しますが、自社が破壊的な技術だと思っていても、1社でも大手がその技術を「既存の性能の競争」と捉えている可能性があれば、もはや破壊的技術とはいえません。**すでに「持続的イノベーション」での戦いになっている**、ということです。

　グラハム・ベルによって発明された電話が、かつての電報市場を席巻したのは、電話が電報にとって「破壊的技術」だったからです。とはいえ、現時点で電話を「破壊的技術」と呼ぶ人はいないはずです。

　そう考えると「相対的概念」というのも当たり前のように思えますが、じつは非常に重要な示唆を含んでいます。クリステンセンがあえて相対的であると強調したのは、**破壊のサイクルが早期化している**からです。

　例えば、アップルが携帯音楽プレイヤー iPod やスマートフォンのはしりである iPhone を出したとき、競合メーカーが対抗するまで時間の猶予がしばらくありました。その間に iPod や iPhone が一気にシェアを高めていくことができたのです。

　ところが、タブレット型 PC の iPad を出した 2010 年の時点では、間を置かず他社も一気に同様のデバイスを積極的に開発するようになりました。その結果、市場を切り開いた iPad が当初 100％近く独占していたシェアも、わずか2年足らずのうちに 2012 年には早くも 50％を切る状況に、そして 2014 年上半期には 20％程度まで急速にシェアを落としています（次ページの図表2-1 参照）。つまり、破壊的イノベーションで獲得できる1人勝ちの期間が短くなってきているのです。

❖ 図表 2-1 ／タブレット市場の各社シェアの推移

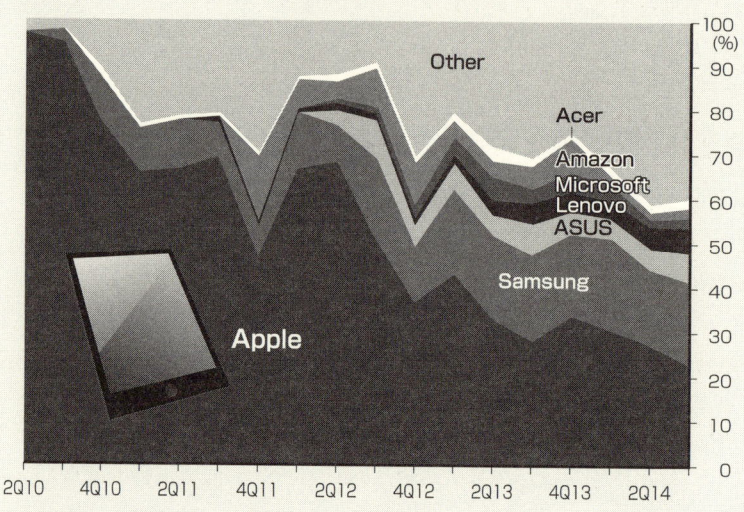

出典：IDC, Strategy Analytics, BI Intelligence Estimates をもとに作成

　不確実な世界における競争では、結局安住できる居場所がありません。いまやどの企業も、ミクロ経済学のゲーム理論でいう「同時進行ゲーム」（お互いに相手の次の行動を知らない中で意思決定をしていかなければいけないが、ある時点の自分の行動〈戦略〉が相手の行動〈戦略〉に影響を与えるゲームのこと）に参加しているのです。

　それを常に意識するとともに、"既存の主要事業の依存度"を下げる努力をし続ける必要があります。さらにそのためには、いくつもの破壊の脅威に対応し、自らも破壊の種をまき続けなければなりません。（第5章・6章参照）

③「異質な技術」や「急進的な技術」が破壊的とは限らない

　これは前章で伝統的なイノベーション理論との比較で見てきたポイントです。

　製品の性能が需要を超えている場合、メーカー視点では「**過剰品質**（Overshooting）」であり、顧客視点では「**過剰満足**（Overshot customer）」の状態に陥っているといえます。

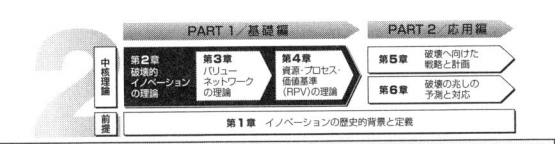

この状態では、たとえノーベル賞級の急進的で革新的な技術をもってしても、そして性能の向上がいくら飛躍的でも、必ずしもその付加価値に追加の対価を支払ってはくれません。つまり、期待する売り上げ拡大が結局顕在化しないまま終わってしまいがちです。

たとえば急進的な技術によって開発された有機EL照明は、LED照明よりもさらに照らす面積が広く、形もフレキシブルに変形させられるといった優れた特長を持っています。

しかし、既存のLED照明で満足している主要顧客は、残念ながら、その付加価値に対して必ずしも追加費用を払うとは限りません。

❖ 図表2-2／発光原理別の照明の特徴と比較

		白熱電球	蛍光灯	LED照明	有機EL照明?
発光原理		フィラメントという金属に通電して発光	電流で発生した紫外線が蛍光物質にぶつかることで可視光に変化	無機半導体に電圧をかけることで発光	有機材料に電圧をかけることで発光
特徴	**プラス面**	●自然光に近い	●省エネルギー ●省エネルギー ●寿命長い ●小型化容易 ●環境にやさしい		●照らす範囲が広い（面光源）●省エネルギー ●発熱少ない ●薄い・軽い ●フレキシブル（変形容易）●環境にやさしい
	マイナス面	●照らす範囲が狭い（点光源）●電力使用大 ●発熱	●有害物質（水銀）の使用 ●点光源と面光源の中間	●照らす範囲が狭い（点光源）●単価が高い	●単価が最も高い

4 破壊的イノベーションは ハイテク市場だけのものではない

この点についても第1章で見てきました。破壊はどんな製品・サービスにも起こります。シュンペーターやクリステンセンのイノベーションの定義のように、（狭義の）技術に基づかない（「組織が労働力、資本、原材料、情報を、価値の高い製品やサービスに変える」）変化なども、すべて「破壊的イノベーション」になり得るからです。

ディスカウントストアが、百貨店と比べて粗利益率が半分でも在庫回転率を2倍以上に上げることで、同じリターン（在庫投資収益率）を獲得できるビジネスモデルを作ったことを見てきました。

このように、低価格・低利益率でも下位市場から上位市場を侵食する新たなビジネスモデルを作ったディスカウントストアは、百貨店に対して「破壊的イノベーション」を果たしたといえます。

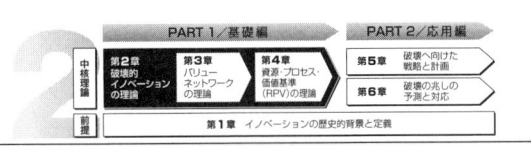

❖ 図表 2-3／注意すべき「破壊的イノベーション」の視点のまとめ

注意ポイント	説明	事例
（1） **破壊とは「プロセス」である**	どんな破壊的イノベーションも、永続的に続かない。つまり、ほぼすべての製品・サービスではいずれ競合が参入し、競争により価格が下落することで魅力的な市場でなくなる。	例● **外科手術に対する血管形成術（J&J）** 1994年、外科手術に対してステントを使った血管形成術は、90％を超える市場シェアと80％を超える利益率を獲得。しかしその後同種の製品が認可されたことでシェアと利益率を大きく落とした。
（2） **破壊的とは「相対的な現象」である**	特に、開発レベルではなく、製品レベルで小さな市場から攻略中のものに関して、1社でも競合が存在することで、「価格の下落」と「性能の競争」という一般的な持続的イノベーションでの戦いに。	例● **サムスンの廉価版スマホに対する中国勢の低価格スマホ** 他に1社でも同種の破壊的技術を持続的なイノベーションとして進めている企業がある場合は、もはやそれは破壊的技術とは言えない。
（3） **「異質な技術」や「急進的な技術」が破壊的イノベーションとは限らない**	製品の性能が需要を超えている場合においては過剰品質・過剰満足を提供している状態であり、性能の向上が新たな市場をもたらさない。	例● **容量当たり単価は高くても、小型・軽量・高耐久性のドライブがやがて上位市場を侵食** モバイルニーズに合った市場であれば性能要件は低くても参入でき、やがて持続的イノベーションで上位市場のニーズも満たす。
（4） **破壊的イノベーションはハイテク市場だけのものではない**	破壊はどんな製品・サービスにも起こる。また、「組織が労働力、資本、原材料、情報を、価値の高い製品やサービスに変える」変化はすべて破壊的イノベーションになり得る。	例● **百貨店に対するディスカウントストア** 利益率半分でも在庫回転率を2倍以上に上げることで、ローエンドから破壊する新たなビジネスモデルを作ることができる。

1-2 ▶ 5つの破壊的イノベーションの法則

クリステンセンによると、かつて破壊的イノベーションを起こし、現在のポジションを築いた「優秀な能力を持った既存のリーダー企業」であっても、破壊の罠にはまってしまうといいます。

それは、「破壊的技術よりも、持続的なイノベーションを選択するほうが合理的である」と信じて疑わない状況に陥るからです。この状況に作用する5つの法則が「破壊的イノベーションの法則」です。

詳しい説明の前に、各法則のポイントをざっと予習しておきましょう。

1 企業は顧客と投資家に資源を依存している

リーダー企業は、既存の収益の柱といえる「主要顧客の意向」を無視できません。このことは、主要顧客の「さらなる品質強化」のニーズを満たすために、リーダー企業をさらなる上位市場へと導きます。

そして、その行き着く先は「過剰品質」「過剰満足」状態です。

経営上の依存度が高い主要顧客の意見を無視できないからこそ、破壊的技術の種は相対的に軽視され、「持続的イノベーション」での戦いに埋没しがちになってしまうのです。

2 小規模な市場では 大企業の成長ニーズを解決できない

企業が大きくなるにつれ、さらなる成長のためにはより大きな売上と利益が必要となります。そうなると、成長市場であっても、その規模が小さいと大企業は相対的に軽視せざるを得なくなります。

たとえば売上1億円のマーケットであれば、中小企業にとっては十分魅力的ですが、数千億円の売上を誇る大企業にとってみれば、誤差の範囲にすらなりません。

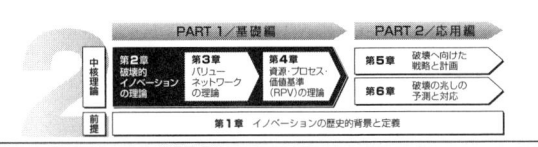
❖ 図表 2-4 ／破壊的技術と合理的な投資（法則 1、2）

破壊的技術への投資が「合理的でないと判断される 3 つの根拠」

非合理な根拠	概要	参照
1. 主要顧客の要求と合わない	大手企業にとって最も収益性の高い顧客は通常破壊的技術を利用した製品を求めず、また当初は使えないから（※）	法則1
2. 利益率が低い	破壊的製品のほうがシンプルで低価格、利益率が低いことが多いから	法則2
3. 市場が小さい	破壊的技術が最初に商品化されるのは一般に新しい市場や小規模な市場だから	

※主要顧客の意見を聞き、収益性と成長率を高める新製品を見出すことが通常の企業の合理的な判断になりがち。

③ 存在しない市場は分析できない

　破壊的技術を生み出すためには、多くの場合、当初は用途のニーズも不明で、市場規模すら見えない段階で試行錯誤を続けなければなりません。

　しかし市場そのものが認識できない以上、社内で大規模な投資を説得するために必要な"合理的な判断に耐え得る情報"もまた存在しません。その結果、意思決定に必要な情報の蓋然性（確からしさ）も低くならざるを得ず、投資は否決されがちです。

④ 組織の能力は無能力の決定的要因となる

　② ③ で見てきたように、投資の意思決定や優先順位の決定などを従来どおり"正しく"行おうとすると、① のように主要顧客のハイエンドのニーズを満たす「持続的イノベーション」を重視することが、最も効率的な選択ということになってしまいます。

　これは資源配分に関する「意思決定プロセス」という組織の能力の問題にも直結しています。組織の判断基準が固定化されたままである限り、**破壊的技術に投資をする「意思決定」を行う能力**は持ち合わせているとはいえません。（第4章参照）

⑤ 技術の供給は市場の需要と等しいとは限らない

「持続的イノベーション（狭義の「技術」の進歩）」のペースは、市場の需要が拡大するペースを上回りがちといいます。

これは、フォスターらによる「技術進化のＳ字カーブ」（第３章参照）の理論に**重大な"例外"**を突きつけます。「破壊的なイノベーション」が、優れた**急進的技術による「持続的なイノベーション」**をも駆逐してしまうきっかけとなる、典型的なパターンでもあるからです。

❖ **図表 2-5 ／市場の需要の軌跡と技術革新の軌跡（法則５）**

前提	概要
1. 技術革新のペースが市場の需要のペースを上回ることがある	顧客が必要とする（対価を払おうとする）以上のものを提供してしまう。つまり技術革新のペースが市場の需要のペースを上回る
2. 需要を下回る技術の性能が向上し需要を上回ることがある	現状市場の需要を下回る破壊的技術の性能も、明日には十分な競争力を持つ可能性がある

当初、破壊的な技術は、既存の主要市場のニーズを満たそうとして参入を試みます。しかし、たいていはそのニーズの最低条件をも満たせず断念し、次に現在の機能で十分なほかの「足がかりとなる小さな市場」を探して参入します。

そしてその足がかりの市場で終わらず、技術的な進歩により主要市場の最低条件をも満たしていくことで、破壊的企業の製品は上位市場の既存顧客をローエンドから侵食するのです。

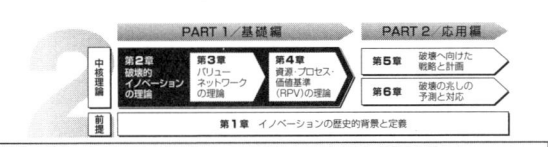
1-3 ▶ 破壊的技術に直面した企業の 意思決定の6つのステップ

　クリステンセンは、典型的な破壊のステップについても挙げています。簡単にいえば、当初、破壊的技術の種は既存企業で開発されることが多いにもかかわらず、それを活かせず、新興企業に駆逐されてしまうという流れです。

　前述のポイントも統合して、破壊の流れを示すと以下のようになります。本章以降を読み進める上でのベースとなる部分ですので、具体的な流れをイメージできるようにしておきましょう。

ステップ1．破壊的技術は、まず既存企業で開発される。

　実は、破壊的技術は新興企業ではなく、既存企業内で先に開発されていることが多いといいます。それも多くは組織的な開発プロジェクトとしてではなく、密かに社内で市販品や汎用品などを使い、非公式な形で開発が進められていることが多いことを紹介しています。

↓

ステップ2．マーケティング担当者が主要顧客に意見を求める。

　その非公式な開発活動によって早期に出来上がったプロトタイプ（試作品）について、マーケティング担当者が営業部隊を通じて主要顧客にニーズを確かめます。ところが、その破壊的技術（たいていは低機能、シンプル、低価格）の種は主要顧客の求める要件を満たしません。主要顧客の要求を満たさない時点で、却下されてしまいます。

↓

ステップ3．既存企業が「持続的技術」の開発速度を上げる。

　主要顧客のニーズを満たさないため、その潜在的な破壊的技術の製品化は断念されるか優先順位を落とされます。代わりに、既存企業は破壊と逆の方向へ進みます。つまり持続的技術による、「より高性能で高価な開発と製品化」を優先することになるのです。

↓

ステップ4．新会社が設立され、試行錯誤の末、破壊的技術の市場が形成される。

　既存の主要企業が破壊的技術を断念または優先順位を下げる中、新興企業による破壊的技術の開発が加速します。新興企業が破壊的技術を開発するために会社をつくり、主要顧客には受け入れられないものの、「異なる用途」の市場を探し、そこで見つけた小さい市場でシェアを上げます。

↓

ステップ5．新興企業が上位市場へ移行・参入する。

　新興企業が足がかりとして「異なる用途」の市場で開発を続けていくうちに、技術向上がかつて断念した主要市場の性能需要を超え、既存の主要企業がいる上位市場へ参入します。（「破壊的イノベーションの法則(5)」）

↓

ステップ6．既存企業が顧客基盤を守るために遅まきながら時流に乗る。

　主要市場が侵食されるようになって初めて、既存企業が本格的に破壊的技術の事業化を推進します。しかし、対抗するには遅すぎます。結果的に、その市場を新興企業に明け渡すことになります。そのとき、既存企業に残された選択肢は「さらにハイエンドへ移行する」か、破壊的技術同様の「低価格・低利益で既存事業を守る」かです。つまり、「考え得る最悪の選択肢」の中から決断をする必要に迫られることになります。

　これらが「破壊的イノベーションの理論」に関する主なポイントです。

　具体的な内容に入っていくと、同じような表現やポイントが出てきて混乱することがあります。

　そんなときは、本セクションの3つのポイント、すなわち、

「1-1　無視されがちな4つの視点」

「1-2　5つの破壊的イノベーションの法則」

「1-3　破壊的技術に直面した企業の意思決定の6つのステップ」

に戻って参照しながら、具体的内容の掘り下げへ進んでみてください。

2. 破壊的イノベーションの 理論の探求

2種類の破壊とその混成

　ここからは、いよいよクリステンセンの「破壊的イノベーションの理論」を具体的に解説していきましょう。

　まえがきでも述べましたが、クリステンセンは『イノベーションのジレンマ』⇒『イノベーションへの解』⇒『イノベーションの最終解』と三部作を展開していく過程で、破壊的イノベーションの理論を「ローエンド型」と「新市場型」の2つにブレークダウンするとともに、定義を掘り下げることで理論をブラッシュアップしています。

　この「ローエンド型破壊」と「新市場型破壊」の2つは、概念的には理解しやすいものです。しかし、実際にはローエンドと新市場の両方の側面があったり、途中で組み合わさったりするので注意が必要です。

　したがって概念的なポイントを理解しながら、具体的に身近な事例をイメージして読み進めていくと、よりわかりやすいでしょう。

ローエンド型破壊

　ローエンド型は、クリステンセンが当初から想定していた「破壊的イノベーション」です。既存の主要市場において、主要顧客が期待する「性能需要」を技術改善によって超えた、いわゆる「過剰品質の状態にある場合」に起こるとされています。

　破壊的企業は、はじめに**低性能でも安価な製品が求められる「足がかりとなる小さな市場」のニーズを満たし、やがて「持続的イノベーション」による技術改善で上位市場を侵食していく、**というものです。（メカニズムは第3章・4章で詳述）

●持続的イノベーション	
満たされない顧客が「既存の性能改善」に「お金を払う限り」意味があるもの	

●破壊的イノベーション	■ ローエンド型破壊
顧客が既存の性能改善に「お金を払わなくなる」ような「過剰満足」または「無消費者／無消費の状況」にある際に、シンプル、低価格など異なる価値提案によって破壊的なインパクトをもたらすもの	「性能需要」に対し「供給能力」が上回り性能過剰となったとき、相対的に単純な製品を低価格で提供することで下位市場から侵食
	■ 新市場型破壊
	「高度な専門知識」や「高い費用」、「複雑な手順」等で躊躇していた無消費者向けに便利な製品・サービスを提供することで、市場の足がかりを作り、やがて高付加価値市場へも移行

　たとえば、本格的なデジタル一眼レフカメラの市場に対する「ミラーレス一眼レフ」カメラなどは、「ローエンド型破壊」の一例といえます。一眼レフの光学式ファインダーで使われる反射ミラーの代わりに、電子ビューファインダーや液晶ディスプレイを通じて像を確認する「ミラーレス一眼レフ」カメラは、当初低機能低価格で登場しました。

　しかし、ミラーレスの弱点とされてきた電子ビューファインダーによる表示速度の遅れ等も大幅に改善させたことで、「従来の一眼レフカメラよりも軽量・小型であるにもかかわらず、同じように素早くきれいな写真が撮れるカメラ」として、ローエンド市場から上位市場を侵食しつつあります。

　実際に、カメラ映像機器工業会（CIPA）が 2014 年 8 月 1 日に発表した 2014 年 1 〜 6 月期のデジタルカメラ統計によると、ミラーレス一眼の世界出荷実績がレンズ交換式のうち初めて 2 割を超えました。1 〜 6 月の世界出荷額で**前年同期比 15.7%減だったデジタル一眼レフカメラに対し、ミラーレス一眼は前年同期比 40%増を達成**し、22.3%のシェアを獲得したのです。

　そして、このシェア拡大を牽引するのは、1 台 10 万円以上の高機能のミラーレス一眼レフカメラといわれており、これまで普及が遅れていた欧米でも本格的拡大が始まっています。

　レンズ交換型市場の 2 割を突破し、本格的一眼レフカメラの市場を急速に侵

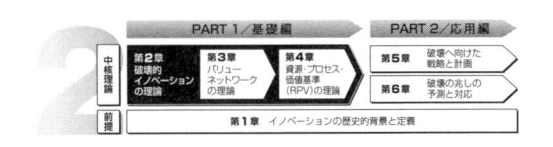

PART 1／基礎編　　　　　PART 2／応用編

第2章
破壊的
イノベーション
の理論

第3章
バリュー・
ネットワーク
の理論

第4章
資源・プロセス・
価値基準
（RPV）の理論

第5章　破壊へ向けた
　　　戦略と計画

第6章　破壊の兆しの
　　　予測と対応

第1章　イノベーションの歴史的背景と定義

食しつつあるミラーレス一眼レフカメラですが、まだ**一眼レフカメラの市場は4倍以上の市場規模を持っている**といわれています。この流れはさらに加速していくはずです。

新市場型破壊

それに対して「新市場型破壊」は、ニーズはあるがお金か時間がない**「無消費者」**や、使える状態にあるが結果として十分に使えていない**「無消費の状況」**の市場に向けた破壊です。

つまり、ニーズがあっても、それを満たす価格や便利さを提供する製品やサービスがないため、実際には**「消費されていない」**空白状態の市場といえます。

たとえば、高性能カメラ搭載のスマートフォンは、コンパクトデジタルカメラ（コンデジ）を持っていなかった消費者に、「比較的高画質の写真を撮る」というニーズを満たした「新市場型破壊」の一例といえます。前述のカメラ映像機器工業会（CIPA）によると、2013年のデジカメの総出荷台数は前年比36％減の6280万台。14年はさらに同19.6％減の5050万台と**2年間で市場がほぼ半減**という凄まじい壊滅状態の真っただ中です。

フェイスブックやLINE、インスタグラムといった各種ソーシャルネットワークサービス（SNS）の普及とともに、従来デジタルカメラを買うほどでもなかった人々の消費行動に変化が生まれました。高性能カメラ搭載のスマートフォンは、こうした「SNSの情報を共有するために、より高画質で魅力的な写真を撮りたい」というカメラのライトユーザー層を開拓したといえるのです。

ただし、この高画質カメラ付きスマホの例は、同時に「ローエンド型破壊」の面も持っています。ユーザーの立場にたてば、「本来お金を出してカメラを買うところを、カメラ付きスマートフォンで済ませている」ともいえるからです。

じつは同様の**混成（ハイブリッド）型**の破壊的イノベーションは非常に多く、タブレットPCに対するスマートフォンの大型化（いわゆる「ファブレット」）なども、価格と価格以外の性能指標を重視した「ローエンド型」と「新市場型」の両方を満たした混成型といえます。

タブレットを買わずとも、タブレットの用途で使えることで、本来タブレッ

ト端末に興味のなかった層も取りこむことに成功したからです。

　実際、タブレット端末の本命といわれた「8インチ前後の小型タブレット端末」の市場は、スマートフォンの大型化で急速に縮小（シュリンク）しました。アップルも iPadMini の生産縮小とともに、9.7インチの通常版の iPad に加え、さらなる端末の大型化（12.2インチ）の開発へと展開シナリオの変更が予想されています。

　このように、「ローエンド型」と「新市場型」のどちらかに明確に分けられるケースばかりではなく、むしろ**両方の側面を持った混成型の破壊が加速的に増えている**のも実情です。

　ゲーム専用端末に対するスマートフォンのゲームアプリなども混成型破壊といえるでしょう。プレイステーションや任天堂 Wii といった従来の高価格高性能のゲーム専用端末に対して、スマートフォンのゲームアプリには無料で始められるという利点があります。さらに、専用端末を買わずとも、スマホからダウンロードしてすぐにゲームを楽しめるという「利便性」もあります。ゲーム専用端末で楽しんでいた消費者だけでなく、通勤通学時などのスキ間時間の暇つぶし用途で、これまでゲームをしなかったライトユーザー層の取りこみにも成功しています。

破壊の足がかりとなる市場

　このように、さまざまな破壊が市場を劇的に変えつつある中、最初に私たちが注目すべき重要な点があります。

　それは、代表的な「ローエンド型破壊」は当初、**「既存の主要市場では性能要件を十分満たすことができず、参入を断念している」**という点です。破壊的イノベーターは、最初から市場を獲得できたのではありません。初めは既存企業が強い市場に参入したものの、既存顧客の要求を満たせず断念していたのです。

　ただし、せっかく作った製品が売れないのは「まずい」。そこで、その時点の性能基準でもどうにか売れる市場を探し、試行錯誤することで「小さくてもニーズを満たす市場」を見つけます。つまり破壊が花開くためには、最初**「足**

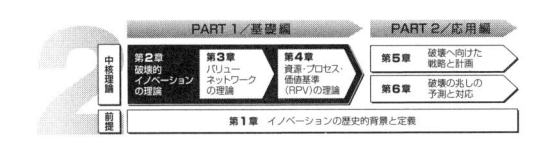

がかりとなる小さな市場」を見つけ、そこで技術向上をしていく、ということが必要要件といえます。

　小さな足がかりの市場を獲得しながら「持続的なイノベーション」によって技術改善に取り組みますが、たいてい性能の向上は思いのほか早く（年40〜50％）達成します（P77〜89 HDDのイノベーション参照）。そして当初断念した主要市場が求める性能基準をも満たしてしまうのです。

　すると、既存のリーダー企業よりも**「はるかに低コスト構造」**を持つ新規の企業が、**「価格と他市場で確立した異なる性能特性を武器に、上位市場に進出」**しリーダー企業を駆逐する、というパターンが繰り返されます。
　繰り返しになりますが、上位市場へ「破壊的イノベーション」を起こす過程で最初に必要となるのは、「足がかりの市場」を見つけることです。

ジレンマの発端

　しかし、ここで疑問が生まれます。
　なぜ、技術も資源も豊富な既存のリーダーが「破壊的イノベーション」に対応できないのでしょうか？
　クリステンセンによると、「そのような破壊的イノベーションに投資することが、彼ら（既存企業）にとって合理的ではない」と思うからです。
　実際に破壊的イノベーションによって駆逐されている以上、真に合理的なわけはないはずですが、少なくともその時点では経営陣にとって「破壊的な技術に投資することが合理的でない」と判断されます。

「破壊的技術」に直面したとき、既存のリーダーにとっての選択肢は2つしかありません。

　１．より高い収益のため、「持続的技術」に投資をして製品を改良するか
　２．「破壊的技術」に投資して対抗するか

1はより高い利益率が稼げる「ハイエンド市場」を狙い、2は低利益率の「ローエンド市場」に投資をするか、あるいは顕在化されていない無消費状態の「ニーズを見つけ、その可能性に賭ける」ということです。

　そして、1と2の二者択一であれば、1を選択することが「合理的」だとほとんどの既存企業の経営陣が信じて疑わないといいます。

　2の破壊的技術に投資する選択肢が「合理的でない」と思ってしまう理由は大きく2つあります。

　1.「主要顧客」が価値を見出さなかった（基本的な性能基準を満たしていなかった）から（法則1）
　2.「主要顧客以外」の市場を攻めるという案は、必要な投資条件を満たさなかったから（法則2・3）

　一言でいえば、**既存の主要顧客がいる市場と「破壊的イノベーション」で攻められる市場では、「求められるニーズが異なっていた」**ということです。

　これはクリステンセンの理論の中核部分ですので、もう少し具体的なレベルで理解を深めましょう。

　『イノベーションのジレンマ』の代名詞といえば、ハードディスクドライブ（HDD）です。パソコン等において、情報を記録し読み出す代表的な補助記憶装置である「ハードディスクドライブ」（HDD）の事例は、業界外の人にとっては非常に難解に思えるかもしれません。

　しかし、クリステンセンの研究で生み出された各種理論の土台であり、その他の事例よりもはるかに広範囲かつ深く理論を網羅しています。

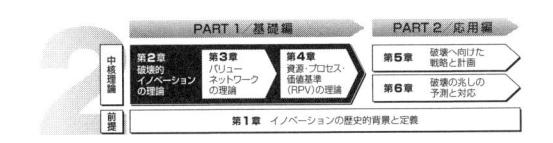

PART 1／基礎編　　　　PART 2／応用編

第2章
破壊的
イノベーション
の理論

第3章
バリュー
ネットワーク
の理論

第4章
資源・プロセス・
価値基準
(RPV)の理論

第5章　破壊へ向けた
戦略と計画

第6章　破壊の兆しの
予測と対応

中核理論

第1章　イノベーションの歴史的背景と定義

前提

　むしろ詳細把握は、この HDD の例だけでも十分なほどです。

　難しいのは専門用語だけですので、ぜひここは HDD の破壊の経緯に関する
ポイントを深く、そして具体的に押さえられるよう、先入観を捨てて少しだけ
お付き合いください。

> ※どうしても時間がないという方は、ここで第3章へ進み、本ページ以降
> の「ハードディスクドライブ（HDD）の研究に関する発見プロセス」は
> 参照用としてご活用ください。

なぜハードディスクドライブ(HDD)が重要か

「破壊的イノベーション」という概念は、そもそもこの HDD 業界の研究から
生まれました。

　クリステンセン自身の研究にとってはもちろんのこと、その後のイノベーシ
ョン研究にとってもルーツといえる検証内容について、ひも解いて明らかにし
ていきます。

　まず、クリステンセンの研究の中で、なぜ HDD の事例がこれほど注目され
たのでしょう。皆さんも「なぜ HDD 業界が重要なのか？」という疑問を持つ
はずです。

❖ 図表 2-7 ／ディスクドライブ市場の例
HDD における現象としての世代交代

> ➢ 当初業界では、14 インチ、8 インチ、5.25 インチ、3.5 インチ……と、ディスクドライブの大きさが徐々に小型化していった。

> ➢ その過程で、約6回の世代交代のうちの4回は破壊的イノベーションで、4回とも既存の主力メーカーは競争に敗れていった。

> ➢ 主要顧客から要求されていた要件は、①ハードディスク容量、②1MB当たりのコスト、③性能だったが、すべて小型ディスクが劣っており、単価も安く利益率も低かったため、既存の優良企業はこれらを無視した。

> ➢ 一方、新興企業は、異なるニーズと売り先を探し、結果としてミニコン（8インチ）、デスクトップ PC（5.25 インチ）、ポータブル PC（3.5 インチ）という新たな市場を席巻した。

> ➢ そして、一度その市場に参入するや、徐々に、既存の性能基準（ディスク容量や1MB 当たりの価格やアクセスタイム）を向上させ、上位の市場も奪うことで業界リーダーの座を獲得した。

　ちなみに、クリステンセンは、他の業界でも検証を行っています。それも半導体からIT、医療、建設、小売りまで広範囲に検証しています。

❖ 図表 2-8 ／クリステンセンによる検証例

中分類	小分類
半導体部品関連	✓HDD 業界 ✓論理回路業界
IT 関連	✓パーソナルコンピュータ業界 ✓会計ソフト業界 ✓PDA（携帯情報端末）業界
自動車関連	✓オートバイ業界 ✓電気自動車業界
駆動用部品関連	✓電気式モーター制御装置業界
素材関連	✓製鉄業
建設関連	✓掘削機業界
医療関連	✓インシュリン業界
小売業関連	✓ディスカウントストア業界

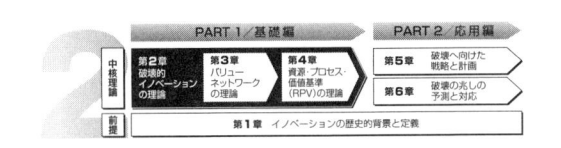

　HDD業界以外でも、ディスカウントストアの台頭に乗り遅れた百貨店や、小型卓上コピー機の市場で機会を逃したゼロックスなど数多くの事例が紹介されています（下図参照）。

❖ **図表2-9／破壊的イノベーションに駆逐された市場と理由**

企業名	リーダー時の市場	リーダーの座を追われたきっかけ
✓ HP（ヒューレットパッカード）	ミニコンピュータ市場でシェア獲得	IBM、アップルの独立PC部門が開拓したデスクトップPC市場を見落とす
✓ IBM、アップルの独立パソコン部門	デスクトップ市場を開拓	ポータブルPCの発売で5年遅れる
✓ ゼロックス	大量の需要があるコピーセンター向け普通紙コピー機市場で独占	小型卓上コピー機の市場では成長と利益の機会を逃しわずかなシェアのみ

　しかし、何よりもHDD業界で起こった衝撃的な事実を上回る事例はありません。それは、短期間で多くの世代交代（リーダー企業の交代）が起こり、しかもすべての世代交代において、クリステンセンが分類・定義した「持続的イノベーション」と「破壊的イノベーション」のいずれかの特徴が明確に見られたからです。

遺伝の研究者の研究対象は人間にあらず
──ハードディスクドライブ業界は、産業界の「ショウジョウバエ」

　そもそも、クリステンセンがHDD業界を調べるきっかけとなったのは、友人からのアドバイスだったそうです。遺伝の研究者が研究対象とするのは「人間」ではなく、「ショウジョウバエ」である、と。
　その理由は「もっとも進化のサイクルが早く、有意な検証を行いやすい」からです。新世代の出現を「生まれて成人して子供が生まれるまで」と考えると、人間のその1サイクルはおおよそ30年程度になります。しかし、これでは因果関係を確認するために、あまりに長い時間をかけなければなりません。

	早いライフサイクル	遅いライフサイクル
遺伝の研究	ショウジョウバエ 	人間 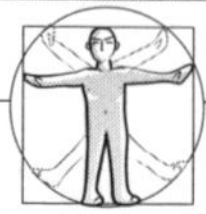
産業界の研究	ハードディスク業界	その他の業界

そのため、遺伝の研究者は、「1日のうちに受精し、生まれ、成長し、死に至る」という圧倒的に短いライフサイクルを持つ「ショウジョウバエ」を実験に使うのです。

産業界でこのショウジョウバエに当たるのがHDDの業界でした。なにせ1970年から92年までの22年間に、規格が6回も変わり、そのうち4回はリーダー企業が交代することになったからです。

HDD業界の淘汰の流れからわかったこと

クリステンセンがHDD業界の研究結果から導いた結論は、以下のようなものでした。

これまで見てきたようにイノベーションは、

> ・「持続的なもの」と、「破壊的なもの」という2つに分かれる
> ・後者に直面すると、既存のリーダーが太刀打ちできずに追い落とされる

つまり、ほとんどの既存の大手企業は、

・**「持続的なイノベーション」は、ほぼ確実に推進し続けられる**

という一方で、

・**「破壊的なイノベーション」には、ほとんど対処できない**

ということが示されたのです。

肝の部分について深く理解するために、HDD業界で起きた破壊的イノベーションについてさらに詳しく見ていきましょう。専門用語の難しさに惑わされないように、少しだけ辛抱してください。

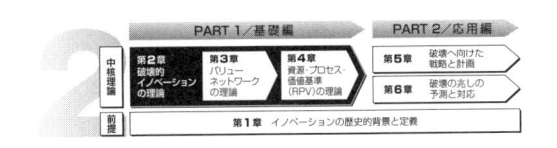

HDD業界の激動の軌跡と、駆逐された背景

　もともと、ハードディスクドライブの基本設計の概念と部品技術は、IBMのもの。つまりコンピュータメーカーであるIBMがリードし、技術的進歩とともに、ディスクドライブも新たな規格を育ててきたものでした。そこに多くの企業が参入しました。

　ところが、パイオニアのIBMや富士通、日立、NECといった日本企業のディスクドライブ事業を除き、1976年に業界を構成していたディスクドライブメーカー大手17社のすべてが、パソコン市場の成長の象徴となって注目されたwindows95発売の1995年までに倒産または買収されたといいます。

　なぜ、業界を構成していた主要な大手ディスクドライブメーカーがほとんど生き残らなかったのでしょう?

業界を創ったメーカーが生き残らなかった真の理由

　まず、クリステンセンは伝統的なイノベーション理論に沿って検証しました。

　生き残れなかったこれらのメーカーは「非連続な（狭義の）技術進歩」に負けた、つまり、「技術革新のペースがとてつもなく速く、自社の技術進歩の速度が追いつかなかったから」（急進的イノベーションによるもの）という仮説です。

　実際、クリステンセンの検証によると、業界の技術革新のペースは十分に速く、1インチ四方のディスクに書きこめる情報量は、年平均35％増加。ドライブの外寸もほぼ同じペースで小型化していきました。

　ところが、淘汰された**「ほとんどの製品のメーカーもまた長期に渡り性能向上を果たしていた」**ことがわかったのです。

　つまり、技術革新のペースについていけなかったことが失敗の原因ではありませんでした。

　クリステンセンが気づいたのは、新興企業が**中核市場に攻めあがる前に足が**

かりとしていた市場の存在です。新興企業は**「異なる用途」**で使われるその足がかりとなる小さな市場を見つけており、その小さな市場でまずシェアを獲得していたのです。

❖ **図表2-11／既存の中核市場を侵食する前の「異なる用途」の市場との比較例**

	「デスクトップPC用」HDD	「ノートPC用」HDD
用途	据え置きで使用	持ち運んで使用
重要な性能指標	記憶容量の大きさなど	小型・軽量・耐久性・低消費電力など

　その足がかりの市場では、主要市場でも求められるものと異なる性能指標が求められていたといいます。

　たとえば同じHDDでも、ノートPC用とデスクトップPC用とでは性能を単純比較することはできません。そもそも用途が違うからです。

　新興企業が参入した、モバイル市場では、「記憶容量の大きさ」に基づく「記憶容量当たりの単価」ではなく、携帯用で求められる「サイズの小ささ」、「軽さ」、「耐久性の高さ」といった、これまでと異なる性能指標が重視されていました。

　大企業と比べて既存の性能では太刀打ちできないものの、はるかに低コスト構造の新興企業は、当初、異なるルールで戦えるモバイル市場を見つけたのです。小さい市場でも、その新興企業の低コスト構造ゆえに、事業を継続できたというわけです。

新興企業が成し遂げた3つの事実

1. 「低コスト構造（低価格でも利益を出せる構造）」を維持しながら、
2. 「足がかりの市場」で、異なる用途に基づく市場に参入。その上で、足がかりの市場をステップとして、
3. 性能改善により「中核市場の必要条件」もクリア。上位市場も席巻。

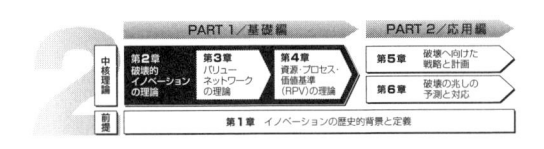

PART 1／基礎編　　PART 2／応用編

第2章　破壊的イノベーションの理論
第3章　バリュー・ネットワークの理論
第4章　資源・プロセス・価値基準（RPV）の理論
第5章　破壊へ向けた戦略と計画
第6章　破壊の兆しの予測と対応

第1章　イノベーションの歴史的背景と定義

という3つのことを成し遂げていることがわかります。

これらのことから、「破壊的イノベーション」とは「重視する性能指標」の非連続性、つまり**既存の価値基準を破壊し、塗り替える技術**といえます。

HDDのイノベーションのプロセスの全体像

一連のHDDの業界で起こった世代交代でも、従来重視されていた「性能」（容量、1MB当たりコスト、アクセスタイム）では一目瞭然で負けていた新興企業が、異なる性能指標、とくに「小型」「軽量」「低価格」といった点で既存のリーダー企業を駆逐するというパターンが、幾度となく繰り返されています。

ただし、よく勘違いされるように**HDDの6つの世代交代プロセスのすべてで「破壊的イノベーション」が起こったわけではない**ことに注意が必要です。6つの世代交代のうち、実際に破壊が起こったのは、重視すべき「性能指標」が変わった4つのプロセスだけです。

その実際のHDD業界の世代交代のダイナミズムを見てみましょう。

	性能の軌跡		イノベーション
	元の規格と市場	新たな規格と市場	
第一世代 1970 年〜	取替可能ディスクパック（メインフレーム* 市場）➡記録密度の向上	14インチウィンチェスター（メインフレーム市場）➡記録密度の向上	持続的イノベーション
第二世代 1978 年〜	14インチ（メインフレーム市場）➡記録密度の向上	8インチ（ミニコン* 市場）➡小型	破壊的イノベーション
第三世代 1980 年〜	8インチ（ミニコン市場）➡小型	5.25インチ（デスクトップ PC 市場）➡薄型・軽量	破壊的イノベーション
第四世代 1984 年〜	5.25インチ（デスクトップ PC 市場）➡薄型・軽量	3.5インチ（ポータブル PC 市場）➡耐久性・省電力	破壊的イノベーション
第五世代 1989 年〜	3.5インチ（ポータブル PC 市場）➡耐久性・省電力	2.5インチ（ポータブル PC 市場）➡耐久性・省電力	持続的イノベーション
第六世代 1992 年	2.5インチ（ポータブル PC 市場）➡耐久性・省電力	1.8インチ（携帯用心臓モニター装置市場）➡価格 * *容量当たり単価ではなく販売価格	破壊的イノベーション

＊メインフレーム：P80 の注釈参照
＊ミニコン：P80 の注釈参照

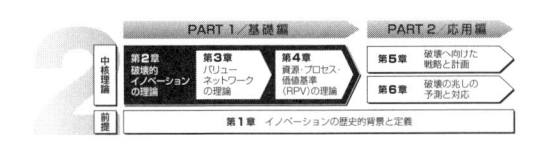

◎第一世代：「取り替え可能ディスクパック」から14インチへ

持続的イノベーション

　まずHDDの第一世代は、70年代前半まで売上の大部分を占めていた「取り替え可能ディスクパック」というものでした。これは現在のものと異なり、データを記録する部分を取り換える必要のあるタイプのハードディスク装置です。その**「取り替え」を不要にしたものが現在のハードディスク装置と同じウィンチェスター型**といい、その最初が14インチ型のディスクドライブでした。

　この取り替え不要にしたウィンチェスター型は画期的でした。データを記録する円盤部分とデータを読み書きするヘッド部分を一体化してディスク装置の内部に閉じ込めることで円盤部分を交換不可能にしたからです。

❖ **図表 2-13 ／ウィンチェスター型は持続的イノベーション**

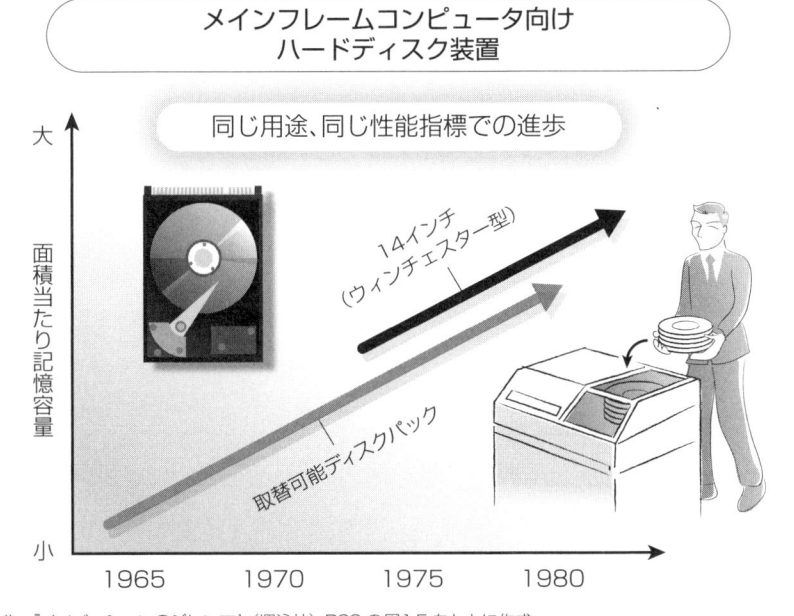

出典：『イノベーションのジレンマ』（翔泳社）P39の図1.5をもとに作成

　ところが、このときの主要市場は、同じメインフレームコンピュータ[*]用のま

までした。すなわち、このイノベーションは、取り替え可能ディスクパックから14インチディスクドライブへの置き換えを促進したものの、**破壊的ではなかった**のです。

利便性こそ向上したものの、メインフレーム用で重視される**性能指標は変わらず「記録密度（記憶容量）」の向上**だったからです。つまり、既存の性能を重視する「持続的イノベーション」だったのです。

＊メインフレーム・コンピュータ：企業の経営情報システム（基幹業務システム）などに用いられる大型のコンピュータシステム。「汎用機」「汎用コンピュータ」「大型機」「大型コンピュータ」などとも呼ばれる。ネットワークを通じて端末が接続され、利用者は端末を通じてコンピュータを利用するが、端末は処理装置や記憶装置が含まれていないため中央集権的構造になっている。

◎第二世代：14インチウィンチェスターから8インチへ
破壊的イノベーション①

その後、1978年から80年にかけて新しい「8インチドライブ」が出現しました。最初の破壊の発生です。

この小型のドライブの記憶容量（容量10～40MB）では、**メインフレームメーカーが要求する最低限必要な容量（300～400MB）を満たすことができず**、メインフレーム市場への参入は断念します。

ところが、この最低容量10～40MBで足りる新たな用途を探し、「ミニコンピュータ（ミニコン＊）市場」を開拓します。小型であることはメインフレーム市場の主要顧客には重要でなかったものの、ミニコン市場では受け入れられ、市場が確立したのです。

＊ミニコン：メインフレーム用の大型コンピュータに対して研究室や設計室のような環境でも運用可能な、当時としては「小型」のコンピュータ（ただし大きさは家庭用冷蔵庫の半分～1台分くらい）。

ひとたびミニコン市場が確立すると、ミニコン所有者がマシンの使い方を覚え、ニーズの向上とともに持続的な技術改善が図られます。

つまり、この市場の「記憶容量に対する需要」が増加するようになるということです。その需要は年25％で増加していきましたが、実際は需要の2倍近い年40％以上のペースで、容量を増加させる**「持続的イノベーション」**が起こりました。

このとき、供給の能力向上のスピードが需要の向上のスピードを抜き、過剰品質と出荷台数の大幅な増加により、容量当たりの価格の下落も進むことにな

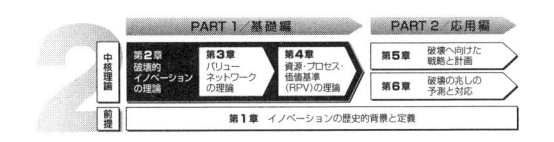

ります。結果として、80年代半ばには**比較的廉価なメインフレーム市場でも、前述の必要な容量（300〜400MB）を供給できるようになったのです。**

　主要市場の需要を満たすことで、8インチミニコン市場から、14インチメインフレーム市場へと上位市場を侵食することになります。当初メインフレーム市場に進出を模索し、断念したときとは180度異なる光景がそこにあります。

　つまり、この「持続的イノベーション」により性能需要の2倍近くの年40％の向上を果たしつつある時点で、

・**メインフレーム市場で最低限必要な記憶容量を満たし、**

・**1MB当たりのコストは14インチのものを下回り、**かつ、

・**機械的振動によるヘッドの絶対位置の変化もはるかに少ない**

という他の長所も明確になるのです。

　当初は主要市場でのニーズを満たせず、あきらめて異なる用途を満たす性能指標で異なる市場に参入。ところが、その長所そのままで上位の主要市場の用途をも満たす性能を獲得してしまったのです。

　これらの圧倒的な差別優位性は、3〜4年の間に市場環境を一変させ、8インチのドライブがメインフレーム市場から14インチのドライブをリプレースしていくことになります。

攻撃を受けた既存リーダーの反応

　このとき、下位市場からの攻撃を受けた既存の14インチメーカーは、どのような反応を見せたのでしょうか？

　じつは、何も対応しなかったといいます。8インチHDDがメインフレーム市場の記憶容量の基準を満たした上、単価も安く機械的振動による絶対位置の変化も少ないといった優位性が明らかだったにもかかわらず、14インチドライブのメーカーの3分の2は、なんと**最終的にも8インチを生産しなかった**のです。

残りの３分の１のメーカーも、開発は新興企業の参入から**約２年の遅れ**をとっていたといいます。

　クリステンセンは、「破壊的イノベーション」が上位市場を侵食し始めてから既存企業が製品開発を始めるのでは**「遅すぎる」**と指摘しています。

　大幅な利益率の下落を受け入れて、既存の顧客「だけ」を守るくらいしかできないからです。

　では、「14インチの主力企業の３分の２が、８インチを最後まで発売せず、残りの３分の１も発売するまで２年もかかった」理由は何でしょう。

　そもそも、なぜ既存の14インチドライブの主要企業は、８インチドライブで先制した破壊的イノベーターが14インチ市場を侵食する前の時点で、８インチドライブ開発の意思決定ができなかったのでしょうか。

　もちろん、物理的に８インチを開発する力がなかったわけではありません。
・**８インチを開発する技術力はあった**
・**顧客の声も十分聞いていた**
　法則１で見たとおり、「顧客の声を十分聞いていた」からこそ、開発できなかったというのです。つまり、失敗の真の原因は、既存の主要顧客のフィードバックを受け、企業内部の意思決定者が８インチの開発を却下したこと（法則２・３）、もっと端的に言えば、「既存の主要顧客に束縛されていた」ことにあったのです。

「破壊的イノベーション」は「持続的イノベーション」とともに発生

　「破壊的イノベーション」は、クリステンセンによる重要なコンセプトです。しかし、必ずしも「持続的イノベーション」が「破壊的イノベーション」と比べて"劣っている"といっているわけではありません。むしろ**「持続的イノベーション」は、「破壊的イノベーション」にとって重要な「補完的技術（能力）」**であるといえます。

　前述のとおり、14インチが主力だった時代のメインフレームメーカーは、当初８インチのHDDに見向きもしませんでした。絶対必要条件といえる**最低**

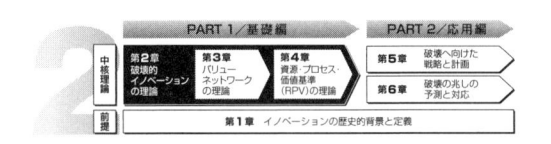

PART 1／基礎編　　　　PART 2／応用編

| 中核理論 | 第2章
破壊的
イノベーション
の理論 | 第3章
バリュー・
ネットワーク
の理論 | 第4章
資源・プロセス・
価値基準
(RPV)の理論 | 第5章 破壊へ向けた
戦略と計画 |
| | | | | 第6章 破壊の兆しの
予測と対応 |

前編　　　第1章　イノベーションの歴史的背景と定義

記憶容量を満たしていなかったからです。主要顧客のメインフレームメーカーが当時求めていた HDD は、「最低記憶容量＝ 14 インチの性能需要」を満たした上で、「1MB 当たりのコスト」の低いものだったのです。

❖ **図表 2-14 ／ 14 インチ市場での需要**

	意思決定要因
必要条件	最低記録容量 300MB
十分条件	1MB 当たりの単価が安いこと

　しかし、やがて破壊的な 8 インチドライブの性能向上の軌跡が 8 インチ市場の性能需要を超え、14 インチの性能需要に達したとき、14 インチ市場を侵食し始めます。

　そして、14 インチ市場のローエンド製品が 8 インチドライブにリプレースされ始めると、ほとんどの 14 インチメーカーは自社の食いぶちが危機に陥ったことに気づき、その対策を本気で考えるようになります。

　ところが、以下の 2 つの重大な現実が経営陣の判断を遅らせます。

> ・**商品化までの期間と精度で先行する新興企業に太刀打ちできない。**
> ・**既存の高価格製品から低価格な 8 インチへ自社でリプレースすると、食いぶちである主要市場の利益率が大幅に下がってしまう。**

　この「意思決定の遅延」は問題解決につながるどころか、自社を取り返しのつかない状況へと追いやり、最終的に多くは 8 インチを投入すらせず淘汰されることになります。

　これが HDD の進化の過程で起こった最初の「破壊的イノベーション」です。

　しかし、続いて新たな「破壊的イノベーション」の波が、この革新的な 8 インチドライブメーカーを襲うことになります。

◎第三世代：8インチから 5.25 インチへ

破壊的イノベーション②

1980 年、シーゲートテクノロジー社（以下、シーゲート）という企業が初めて 8 インチよりも小型の 5.25 インチの HDD を発売しました。

第二世代のときと同じように、当初 5.25 インチで可能だった「5 MB」と「10MB」という記憶容量は、ミニコン市場の顧客が必要とした最低容量「40 〜 60MB」を満たすことができず、ミニコン市場への進出を断念。その代わりに、それまで HDD 搭載が標準化されていなかったデスクトップ PC に目をつけます。

1990 年にはデスクトップ型でハードディスクを使うのは当然のことになりますが、驚くべきことに、80 年代はまだそれがデファクトとして標準化されるのか、まったく不明な状況でした。

しかしシーゲートは、8 インチ市場の記憶容量を満たせない以上、5.25 インチの顧客を探さねばならず、**当時はまだ HDD 搭載が標準化されていなかったデスクトップ市場を開拓**することにしたのです。

従来のミニコン用と異なる用途を探した結果、5.25 インチドライブがデスクトップ市場に入ると、技術進歩は前年を上回る「需要の 2 倍」で向上し、80 年代から 90 年にかけての記憶容量の増加率は年率 50%を超えていきます。

8 インチが 14 インチを侵食する過程で見られた年率 40%を、さらに 25%も上回る増加率で性能を改善していったのです。

その結果、1985 年の段階で 8 インチメーカーが 5.25 インチを発売しているのは全体の半数程度だったものの、デスクトップの顧客が HDD を使い始めて用途が増えると、「持続的イノベーション」によって 5.25 インチの容量が急増します。

そして、デスクトップ用という足がかりの市場の拡大にともない、従来のミニコンやメインフレームの性能需要（＝最低記憶容量）を追い越し始めると、第二の波として、足がかりとしてのデスクトップ用市場に加え、これらの上位市場でも一気に 5.25 インチの採用が増加し、8 インチドライブをリプレースし

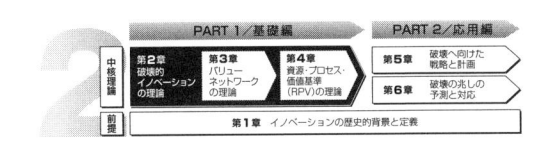

ていったのです。

　この5.25インチドライブの登場から8インチ市場を侵食する「破壊的イノベーション」が起きるまで、**5年程度**かかりました。しかし次の破壊ではこのスピードが一気にアップし、今度は**わずか2年**で5.25インチドライブから3.5インチへの「破壊的イノベーション」が起こることになります。

◎第四世代：5.25インチから3.5インチへ
破壊的イノベーション③

　5.25インチが8インチを侵食する1年以上も前の1984年、スコットランドのロダイムが3.5インチを開発していました。

　しかし、実際に市場を獲得したのは、1987年に出荷を始めたコナー・ペリフェラルズ（シーゲート創業者の一人であるフィニス・コナーの会社ミニスクライブのスピンオフ。1996年にシーゲートに吸収。以下、コナー）の3.5インチHDDです。キャッチフレーズは、「5.25インチよりもはるかに頑丈で、小型軽量のドライブのアーキテクチャ」でした。

　このコナーの3.5インチドライブも、当初、主要市場の5.25インチ市場が求める記憶容量や単価を満たせず、試行錯誤の結果、**外出時の持ち運び用として「足がかりとなる市場」**を見出しました。

　この市場では、記憶容量の大きさや1MB当たりの単価よりも、

> ・機械部品で操作していたことを電子的に処理させる
> ・電子処理されていた機能はマイクロコードに置き換える

という製品設計による特性が評価されました。

　つまり、軽くて耐久性に優れた省電力のドライブが、持ち運びできるポータブルパソコン等の用途で開花したのです。

　このとき、重要な性能指標は「記憶容量の大きさ」と「1MB当たりの単価」から、持ち運び可能な特性（「小型・軽量」と「耐久性・耐衝撃性〈信頼性〉」）へと移っていきました。

容量やコストより、「軽くて耐久性に優れた省電力のドライブ」が評価されるポータブルパソコンやラップトップパソコン、小型デスクトップパソコン市場を開拓し、性能の軌跡の非連続性を起こしたのです。

　じつは、**5.25 インチドライブの覇者で破壊的イノベーターであったシーゲート内では、コナーよりも前に 3.5 インチを開発していました。**
　事実、シーゲートの技術者はロダイム開発後 1 年以内、コナーが出荷する 2 年も前にすでに 3.5 インチを開発し、顧客評価も受けていたのです。
　ところが、デスクトップ PC 市場で必要だった 40 ～ 60MB の記憶容量に対し、20MB しかなくしかも割高だった 3.5 インチのドライブは、デスクトップ市場の主要顧客にはまったく評価されませんでした。その結果、あっさりとマーケティング部門と経営陣によって否決されてしまったのです。

◎第五世代：3.5 インチから 2.5 インチへ

持続的イノベーション

　ここまで、3 世代続けて「破壊的イノベーション」が発生してきました。ところが、コナーが市場を掌握して間もなく開発された新規格「2.5 インチドライブ」では、3.5 インチから 2.5 インチへの移行は起こったものの、「破壊的イノベーション」は発生しませんでした。

　コナーが 1987 年に 3.5 インチ市場へ参入してわずか 2 年後の 1989 年、プレーリーテックが 2.5 インチを発売しました。
　当初、約 3000 万ドル程度の小さい市場で独占していたものの、わずか 1 年後には 3.5 インチの覇者であるコナーも 2.5 インチを発売。同年末には、ついにコナーが 2.5 インチドライブで 95％シェアを獲得し大逆転、プレーリーテックを 91 年に破産に追いやったのです。

コナーはジレンマの教訓から学んだわけではなかった

　しかし、この市場で起こったのは「破壊的イノベーション」ではなく、コナーは「イノベーションのジレンマ」の教訓から学んだわけではありませんでした。3.5 インチと 2.5 インチドライブの市場は、ともにポータブル・コンピュ

ータ市場で、重視する**性能指標はともに「大きさと重量、耐久性、消費電力」**だったからです。

　しかし、HDD 業界で初めて 2 世代続けて王者として君臨したコナーも、とうとうその座から陥落することになります。

　破壊的な 1.8 インチドライブが登場したからです。

◎第六世代：2.5 インチから 1.8 インチへ

破壊的イノベーション④

　コナーが 2.5 インチでも王座を防衛したわずか 2 年後、1992 年にさらに小型で低価格の 1.8 インチドライブが登場しました。

　この 1.8 インチドライブは、記憶容量が 2.5 インチよりもはるかに小さく、容量当たりの単価も高いものでした。ところが、今度はコンピュータではなく、**携帯用心臓モニター装置**に新たな用途を求め、1 億 3000 万ドルの 1.8 インチドライブ市場の 98％を支配したのです。

　容量当たりの単価は高かったものの、必要となる記憶容量が小さいので、実際の販売価格は 2.5 インチドライブより安価でした。その後のストーリーは、他の「破壊的イノベーション」と同様です。

　上位市場である 2.5 インチの顧客を、ローエンドからリプレースし、最終的にはオセロゲームのごとく市場を 1.8 インチ一色にひっくり返すに至ったのです。

「異なる用途」で評価される足がかりを見つけた場合のみ破壊が起こる

　こうして見てきたように、「破壊的イノベーション」は、HDD 進化のすべての過程で起こったわけではありません。3.5 インチ→2.5 インチの世代交代のときのコナーのように、既存リーダー企業がそのまま王座を守ったケースもあったのです。

　6 世代（6 つの新製品）のうち、2 つは「持続的イノベーション」でした。そして、この 2 つを除く 4 つの世代で「破壊的イノベーション」が起き、そのすべてで旧世代のリーダー企業が駆逐されてしまったのです。

性能指標 \ 用途		メインフレーム	ミニコン	デスクトップ	モバイル	携帯用心臓モニター
記憶容量	1MB 単価	◎	↑	↑	↑	↑
大きさ①	小型		◎			
大きさ②	薄型、軽量			◎		
信頼性	耐久性、耐衝撃性、省電力				◎	
価格	販売価格（1MB単価ではない）					◎

　HDD の競争要因を大きく分けると、**「記憶容量」**、**「大きさ」**、**「信頼性」**、そして **「価格」** の４つに分類できます。

　実際は、必要条件と十分条件により、複数の要件が含まれますが、キーとなるのは「新たな用途の市場」と、それによる競争要因の変化です。

　本章で見てきた HDD のイノベーションの歴史をあらためて振り返ると、第2章の最初に見たポイントのいくつかがこの HDD の研究によって発見されたことがわかります。

✓「破壊的イノベーション」をリードするのは新興企業

　HDD 業界のそのときどきのリーダー企業は、改良を含む「漸進的イノベーション」と抜本的な技術進歩による「急進的イノベーション」を通して、「持続的イノベーション」をリードしてきた。

　だが、「破壊的イノベーション」をリードするのはいつも新興企業。彼らは、異なる用途の市場を開拓してそこで足場をつくり、その上で既存リーダーの主要市場を侵食していく。

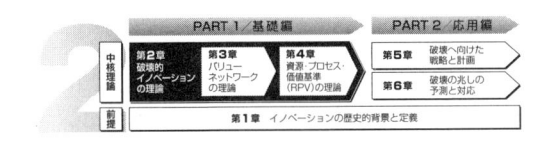

PART 1／基礎編　　　　PART 2／応用編

| 中核理論 | 第2章
破壊的
イノベーション
の理論 | 第3章
バリュー
ネットワーク
の理論 | 第4章
資源・プロセス・
価値基準
（RPV）の理論 | | 第5章 | 破壊へ向けた
戦略と計画 |
| 前提 | | | | | 第6章 | 破壊の兆しの
予測と対応 |

第1章　イノベーションの歴史的背景と定義

✓「破壊的イノベーション」は「（狭義の）技術的進歩」とは関係ない

　HDD の「破壊的イノベーション」においても、技術的進歩の連続性は必要条件ではない。アップルが開発した iPhone がまさにそうだったように、既存の技術だけを使って独自のアーキテクチャ（基本設計）にパッケージ化することでも、「破壊的イノベーション」を起こすことはできる。したがって、複雑かつ急進的な技術進歩は、「破壊的イノベーション」の必要条件ではない。

✓ 業界のリーダーは「既存の性能向上」の軌跡に囚われている

　既存の主要企業は自社にとって重要な主要顧客の声を重視し、自社の成功ニーズを満たせる利益率と売上高の期待が可能な市場を制約条件として捉えている。結果として、つねに先端技術の開発を通した既存の主要顧客が喜ぶ性能向上だけを目的としてきた。つまり、ソリューションは常に「持続的イノベーション」であった。

　多くのケースで既存のリーダー企業は、破壊的技術の存在に早い段階で気づいています。それどころか、自社でもいち早く開発してマーケティング活動まで行っています。それなのに、その後頓挫してしまうのです。

　その理由は、既存市場と**異なる用途で、異なる価値が評価される市場にアプローチすることができなかったから**です。

　では、なぜ「破壊的イノベーション」が生まれるきっかけとなる「異なる用途での市場」にアプローチし、開拓することができなかったのか？

　その理由をクリステンセンは**「バリューネットワーク」**という概念を使って説明しています。

　次章で詳しく見ていきましょう。

> 自社新製品が真に破壊的か、競合製品やサービスが真に破壊的な技術であるかどうか？を知るためには、その要件を満たしているかの具体的な検証をする必要があります。

●自社製品・サービスの破壊判定

破壊の検証プロセス

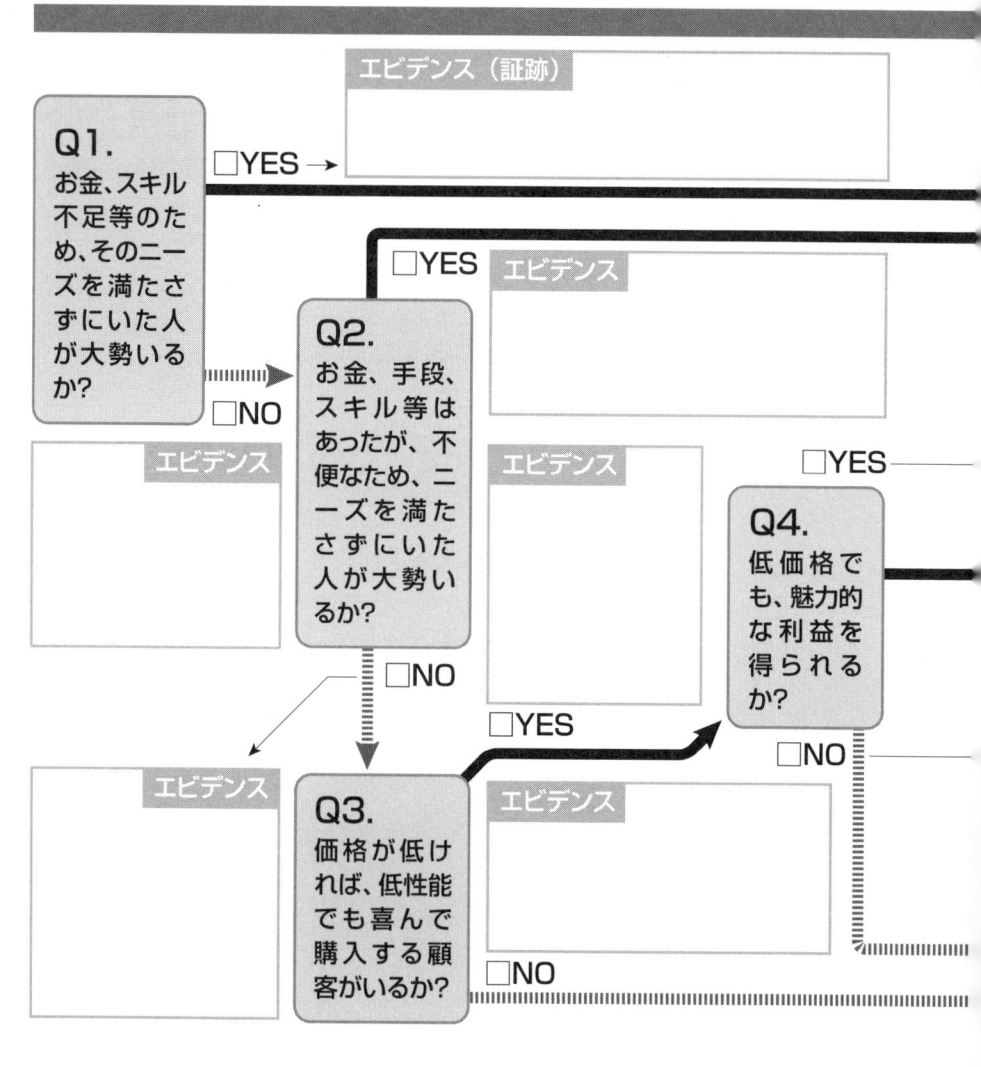

以下の5つの質問に答えることで、真の破壊かどうか確認することができます。YES、NO 判定の際に、必ず裏付けとなる情報（エビデンス）を明記しましょう。

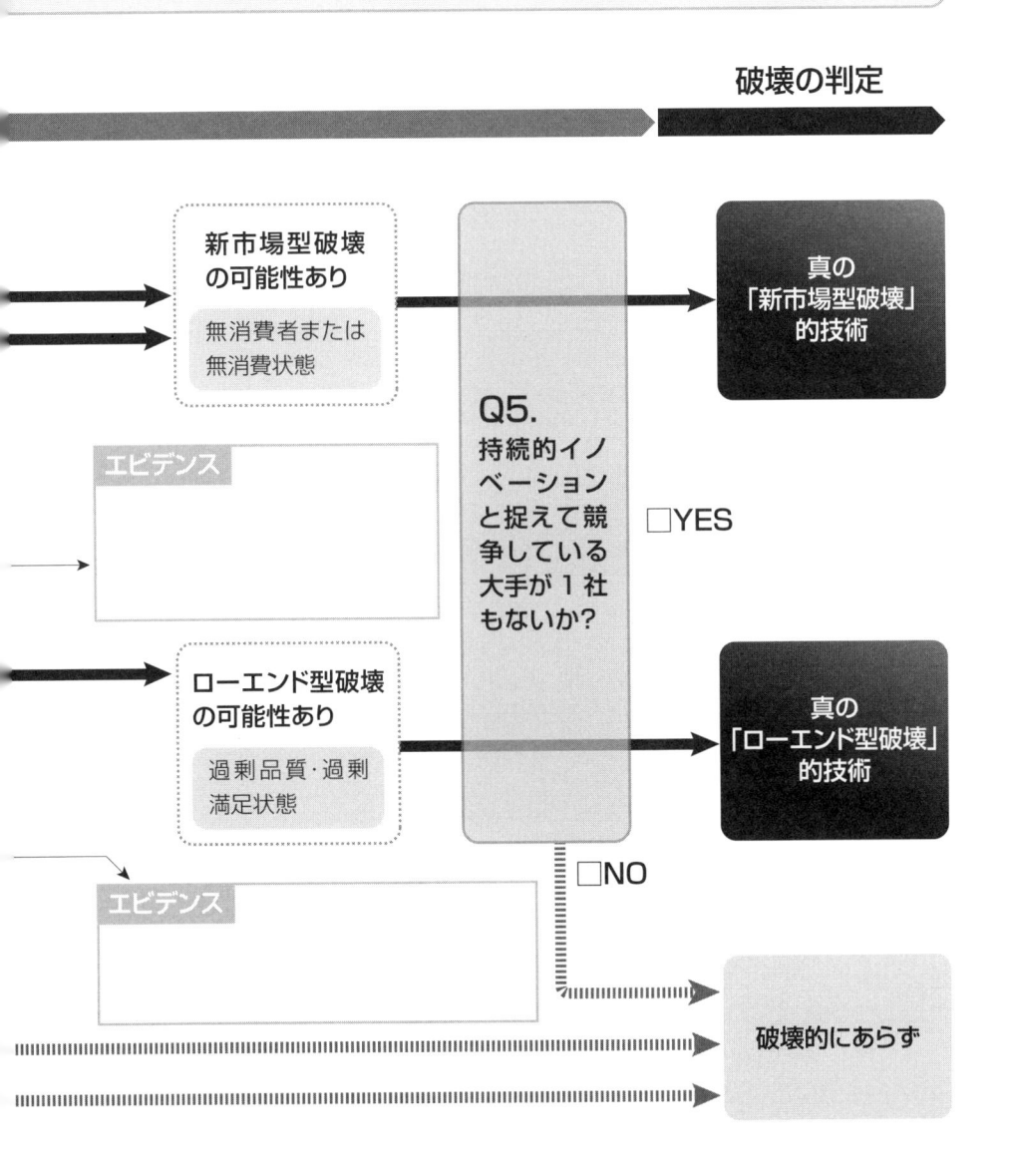

第3章

バリューネットワークの理論

PART 1／基礎編　　　PART 2／応用編

中核理論

| 第2章 破壊的イノベーションの理論 | **第3章 バリューネットワークの理論** | 第4章 資源・プロセス・価値基準 (RPV)の理論 |

| 第5章 | 破壊へ向けた戦略と計画 |
| 第6章 | 破壊の兆しの予測と対応 |

前提

| 第1章　イノベーションの歴史的背景と定義 |

1. バリューネットワークの 全体像とポイント

　本章で解説するバリューネットワークの理論は、「破壊的イノベーションの理論」を補完する中核理論の一つとして構成されています。

　バリューネットワークとは、同じ価値、同じ用途、重視される性能指標ごとに結びつけられた業界の枠組みをいいます。
　たとえば、同じ HDD でも、メインフレームコンピュータ用とポータブルパソコン用では、異なるバリューネットワークに属する HDD として分類されることになります。

　本章のポイントは、大きく以下の 5 つの原則でまとめられます。

1．バリューネットワークは、「組織の能力」に影響を与える
2．商業的な成功は、バリューネットワーク内の関係者のニーズに「どれだけ対応できたか」という対応度で決まる
3．大企業にとって「既存の主要顧客のニーズに応えない破壊的技術を無視する」リスクは致命的
4．破壊的技術に対抗する唯一の方法は、その企業の技術が価値を生み出せるようなバリューネットワークにいち早く参入すること
5．攻撃者が優位な状況の中で、実績ある企業がバリューネットワークにいち早く参入するためには、新規参入企業に比べて、いかに柔軟に戦略とコスト構造を革新できるかがカギ

　詳しく見ていきましょう。

❖ **図表 3-1 ／バリューネットワークの理論の 5 原則**

5 原則	意味合い
1. バリューネットワークは、**組織の能力**に影響を与える	バリューネットワークが異なると、同じ製品や部品であっても性能指標もコスト構造も異なる。そのコスト構造は組織の資源調達をはじめとする能力や意思決定に影響を与える
2. 商業的な成功は、**バリューネットワーク内の関係者のニーズに対する対応度**で決まる	自らのバリューネットワーク内のニーズにしか応えようとしない既存企業は、単純な「持続的イノベーション」しか起こせない
3. 大企業にとって「既存の主要顧客のニーズに**応えない**破壊的技術を無視する」リスクは致命的	(狭義の)技術進歩による性能向上の成長スピードが需要を超えたとき、致命的な結果を招く(そして、たいてい需要を超える)
4. 破壊的技術に対抗する唯一の方法は、その企業の技術が価値を生み出せるようなバリューネットワークに**いち早く参入する**こと	最も大きな障壁は、そのバリューネットワークに入りたくない(メリットがない)と既存企業が考えていること
5. 攻撃者が優位な状況の中で、実績ある企業がバリューネットワークにいち早く参入するためには、新規参入企業に比べて、いかに柔軟に**戦略とコスト構造を革新**できるかが重要	技術の問題ではなく、組織の問題。独立した異なるバリューネットワークの構築に向け、小さな別組織を作るか、外部に出資して取り込むなど。対応策なしには課題解決できない

2. バリューネットワークの
理論の探求

「バリューネットワーク」の壁

第2章で紹介したシーゲートの例のように、破壊的技術は「既存リーダー企業で先に開発されていることも多かった」という事実がありました。にもかかわらず、最終的には新興企業に破壊的イノベーターのポジションを奪われてしまいます。

また、このように破壊的技術がそのまま既存企業で花開かない原因は、「主要顧客に評価されない」ことにあったことも見てきました。

デスクトップパソコン用の5.25インチのディスクドライブ市場を支配していたシーゲートの例を簡単に振り返ってみましょう。

最終的にモバイル用を足がかりに上位進出し、デスクトップパソコン用の5.25インチドライブの市場を席巻することとなるコナーの破壊的な3.5インチドライブも、当初の記憶容量は「20MB」であり、それまでのデスクトップ市場で必要不可欠とされていた「40〜60 MB」の半分にも満たない容量しかありませんでした。

当然、3.5インチのディスクドライブでは、主要顧客にとっての必要条件である「最低記憶容量」を満たせないため、その時点で既存企業は「既存の主要市場（ここではデスクトップ市場）向け」の開発を断念してしまいます。

そうなると、この新たな3.5インチドライブに残された事業可能性は**「既存の顧客以外」の市場に見出すしかありません**。つまり、いまある性能でも十分ニーズを満たすことができる**「足がかりの市場」**への参入です。

ところが既存の5.25インチドライブの覇者であったシーゲートは、ここでも高いハードルに直面します。

主要顧客以外の用途では、
「意思決定に必要な情報」が集まらない

「既存の顧客以外」の可能性を模索しようとしても、新たな用途に関する市場はその時点で存在しておらず、社内の意思決定を仰ぐには「相対的に裏付けが足りない」という状況に直面します。

つまり、その市場で十分稼ぐことができる、という「蓋然性」（確実性・確からしさ）の度合いの問題です。

市場も顧客も、ましてや利益率も不明な中で、仮に数社のヒアリングで少しばかりの潜在ニーズをつかんだとしても、ほとんどの既存企業にとっては、現在の主要市場と比べてあまりにも小さな市場にしかならないはずだからです。

当時のシーゲートには、ワークステーション業界というさらなる「上位市場への進出」と、既存のミニコンやデスクトップPC用よりも「下位市場の模索」という2つの選択肢がありました。

❖ **図表 3-2／デスクトップ～ミニコン用を主要市場としている場合の
意思決定時の難しさの比較**

	◎ 上位市場への移行	✘ 下位市場への移行（却下）
ターゲット	ワークステーション業界	不明。ファックスやプリンタなど小型を求める業界か？
市場	毎年6億ドル	不明
顧客	プロトタイプが欲しい	興味はあるが、どう使えばよいかわからない（少なくとも、主要市場では容量は足りない）
利益率	35%	不明

実際、上記のような状況の中、会社の役員会で下位市場への投資を選択させる自信のある人は多くはないでしょう。自分が仮に判断する立場であったとしても、残念ながら、そのような「魅力」も「裏付け」もない潜在需要を示す計画に対して、会社としてGOサインを出すハードルは非常に高いといわざるを得ません。

限られたリソースを、慎重に配分しようとする企業の経営企画や財務部が、より顕在化した事業可能性を押しやってまでリスクをとる意味がないからです。つまり、**その会社が優良であればあるほど、「数ある投資機会」の中から最も投資効率のよいものを選択するため、魅力も裏付けも乏しい潜在需要（＝破壊的技術）に対して投資が決定される可能性は限りなく小さくなってしまう**のです。

　5.25 インチのドライブでデスクトップパソコン市場の覇権をとったシーゲートも、実際に同じ轍を踏んでいます。

　可能性が不明な 3.5 インチの HDD に投資するよりも、5.25 インチのワークステーション向け HDD といった「より高機能化した利益率の高い上位市場」（持続的イノベーション）へ投資をしたほうがはるかによい、と判断してしまったのです。

「意思決定の前提」を変える
──異なる用途の市場ニーズはその用途の市場に聞け

　このように、既存のリーダー企業においては、通常の意思決定プロセスで進むかぎり、「破壊的イノベーション」の種のほとんどが、承認されることなく散ってしまいます。

　では、どうすれば良いでしょうか？

　クリステンセンいわく、必要なことは以下の２つです。

1．既存の**「主要な顧客の声を聞き、意思決定を行う」というプロセスを変えること**。そして、そのために、
2．**そのプロセスを規定する「価値基準」を変えること**、すなわち、異なる（新たな）用途の「足がかりの市場」を探すこと。

　１のプロセスを変えることは重要ですが、ハードルも高いでしょう（第４章

参照）。売上の多くを依存する主要顧客の声を無視することは難しいからです。

　つまり、そのプロセスを変えるには、これまでの価値基準から離れ、破壊的イノベーションの種が持つ（高性能ではない）異なる用途に基づく異なる価値に適した「売り手や買い手などのプレイヤーを探す」しかありません。それが、現時点の破壊的技術の性能で訴求しうる「足がかりとなる市場」の探索です。

　そして、その対象を設定するためにクリステンセンが提示したコンセプトが、「バリューネットワーク」なのです。

バリューネットワークの視点

　クリステンセンと、ハーバード・ビジネススクールの同僚のローゼンブルームは、1994年11月発表の共著論文にて、**同じ用途の製品（構成部品）、またはサービスで連なったネットワーク構造をバリューネットワークと呼び、同じバリューネットワーク内で重視される性能指標は共通である**、と説きました。

　たとえば、企業の基幹業務を担う**「経営情報システム」**は、基幹業務システム用の大型の**メインフレーム・コンピュータ**と、そのコンピュータで動く会計ソフトなどの各種専用ソフト*、メインフレーム用の高速プリンタ（ライン・プリンタ*）などの要素で構成されています。
　メインフレーム・コンピュータはさらに、ハードディスクドライブ（HDD）やチップセット（複数の半導体大規模集積回路が組になったもの）、CPUなどのサブモジュールで構成されています。

*各種専用ソフト：会計ソフト、在庫管理ソフトなどのいわゆる応用ソフト（アプリケーションソフト）。その中で、ファイル圧縮やウィルス駆除、メモリ管理など、OSや他のアプリケーションソフトの持つ機能を補い、機能や性能、操作性を向上させるソフトは、とくにユーティリティソフトと呼ばれる。

*ライン・プリンタ：オフィスコンピュータ（オフコン）やメインフレームなどに接続して使われる1行ずつ印刷していくプリンタの総称。シリアルプリンタよりも高速な印刷が可能。業務用のものがほとんどで、パソコンではほとんど利用されていない。

❖ 図3-3／製品アーキテクチャとバリューネットワーク

■入れ子構造("Nested Structure")の製品アーキテクチャ(基本設計思想)

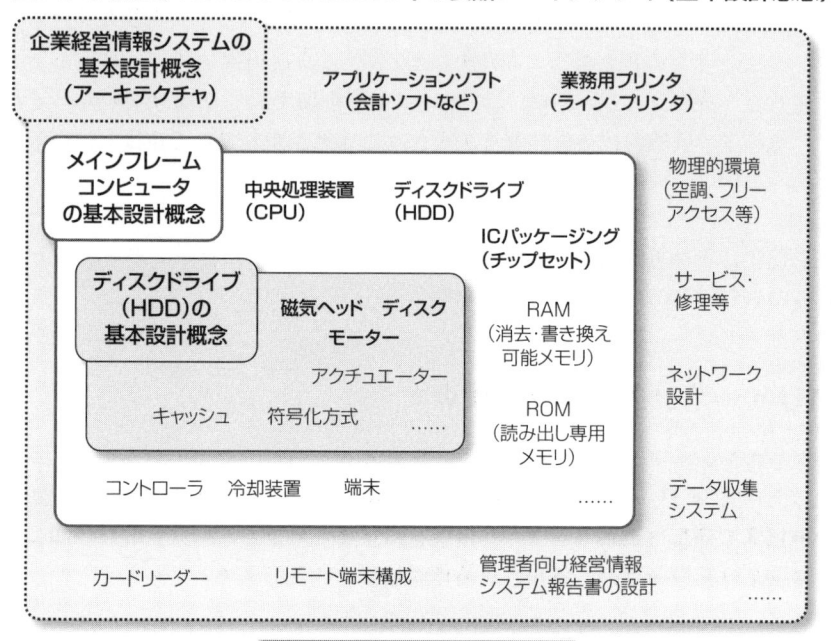

■企業用コンピュータのバリューネットワーク

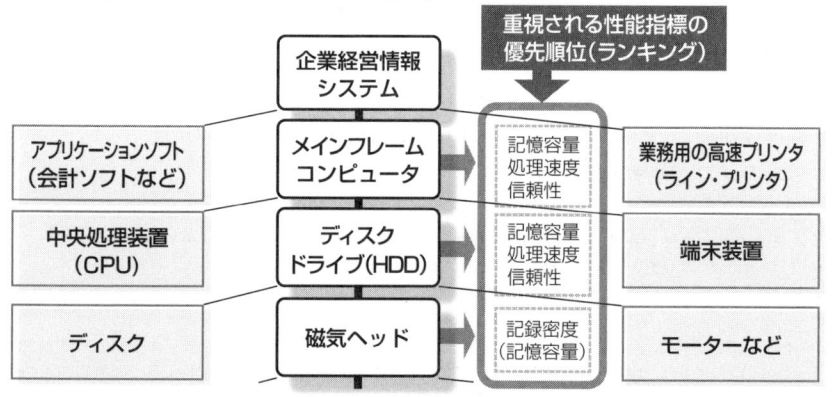

出典：Christensen, Clayton M., and Rosenbloom, Richard S.,"Explaining the Attacker's Advantage: Technological Paradigms, Organizational Dynamics, and the Value Network", Research Policy, vol.24, no. 2 (March 1995) をもとに作成

その**「経営情報システム」**で重視される性能指標とは、

● 企業が大量のデータを取り扱うために必要となる大きな **〈記憶容量〉**
● 業務処理のスピードアップのための大きな **〈処理速度〉**
● 企業の業務上の使用に耐え、システムのダウンがない **〈信頼性〉**

つまり、「経営情報システム」という製品の市場においては、
〈記憶容量〉〈処理速度〉〈信頼性〉
この3つの性能指標（のランキング）が、バリューネットワークを構成する
基本的な価値基準といえます。

また、同じネットワークに属するメインフレーム・コンピュータに対して
も、同様の価値基準、すなわち、

● 巨大な内部「記憶容量」
● 高い「処理速度」
● 高い「信頼性」

が求められます。さらに、メインフレーム・コンピュータを構成する主要サ
ブモジュールの一つ外部記憶装置の**HDD**に対しても、

● 記憶容量
● 処理速度
● 信頼性（故障率の低さ）

が求められます。
つまり、同じバリューネットワークにある構成要素は、ほぼ同様の「性能指
標」を共有するのです。

異なるバリューネットワークとの比較

次に、異なるバリューネットワークについても見てみましょう。

携帯用の**「ノートパソコン」**（ポータブルパソコン）に必要な性能指標としては、

- 持ち運びに便利なように**「小型軽量」**であること
- 耐衝撃性などの**「耐久性」**が高いこと
- 長時間の駆動ができるような**「省電力」**設計がされていること

などが挙げられるはずです。

そのため、ノートパソコンを構成する主要モジュールである外部記憶装置のHDDに対しても、同様に小型軽量（薄さ）で、持ち運び時のショックに耐久性があること、消費電力が小さいこと、などが求められます。

ところで、記憶容量当たりの価格が既存HDDよりもはるかに高く、HDDと比べて低容量にもかかわらず、128G、256Gといった容量のSSD（ソリッドステートドライブ）がノートパソコンに搭載されつつあります。このことは、

1. クラウドによるストレージサービスの普及による最低必要記憶容量の低下という必要条件の緩和と
2. SSDの価格下落

という2つの環境変化によって、検討が可能となったからといえます。しかし、そのもともとの背景としては、SSDが持つ性能特性が、

- HDDと比べ駆動部品がなく**「耐衝撃性」**が高く**「省電力」**であること
- **「小型軽量」**であること、そしてさらに
- **「処理速度が速い」**（読み込み速度：つまり起動が早い）こと

など、モバイル用途で評価される基本的価値を持ち合わせていたからこそ、採用が進んだといえます。

❖ 図3-4／製品アーキテクチャとバリューネットワーク

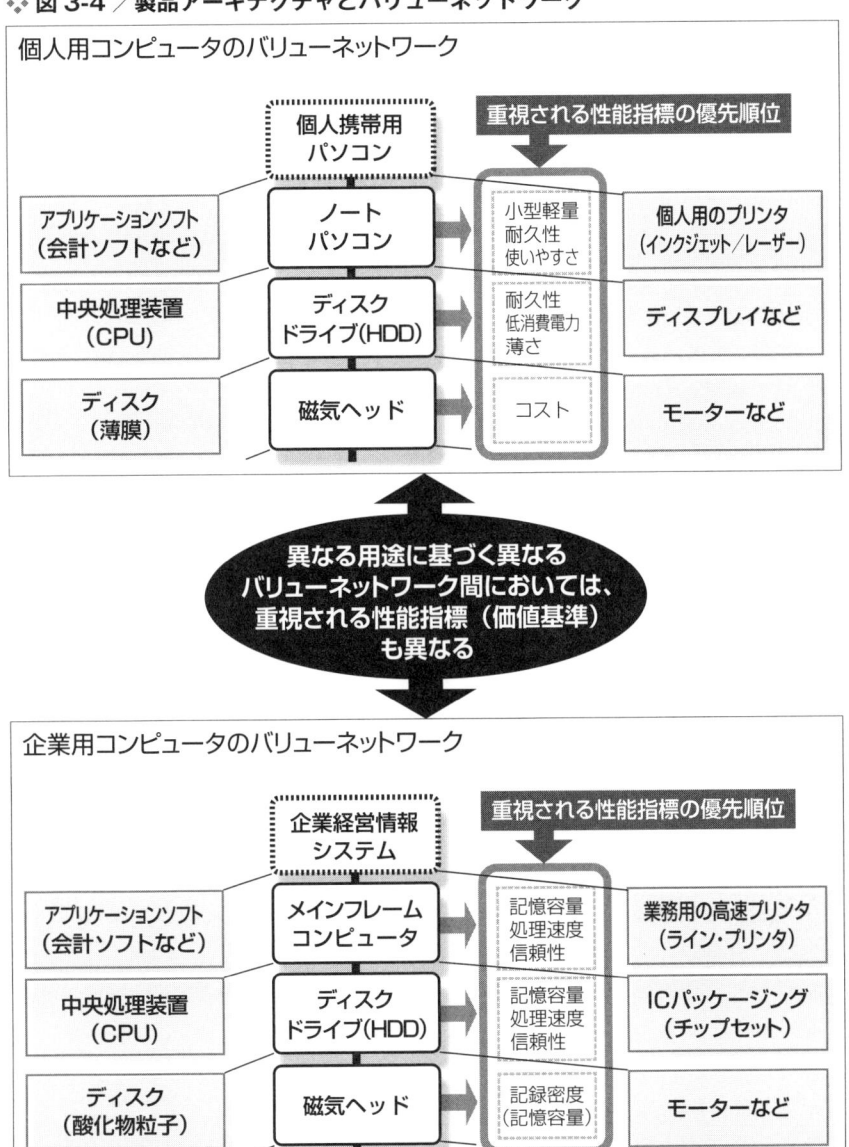

個人用コンピュータのバリューネットワーク

個人携帯用
パソコン

重視される性能指標の優先順位

アプリケーションソフト（会計ソフトなど）	ノートパソコン	小型軽量耐久性使いやすさ	個人用のプリンタ（インクジェット／レーザー）
中央処理装置（CPU）	ディスクドライブ(HDD)	耐久性低消費電力薄さ	ディスプレイなど
ディスク（薄膜）	磁気ヘッド	コスト	モーターなど

異なる用途に基づく異なる
バリューネットワーク間においては、
重視される性能指標（価値基準）
も異なる

企業用コンピュータのバリューネットワーク

企業経営情報
システム

重視される性能指標の優先順位

アプリケーションソフト（会計ソフトなど）	メインフレームコンピュータ	記憶容量処理速度信頼性	業務用の高速プリンタ（ライン・プリンタ）
中央処理装置（CPU）	ディスクドライブ(HDD)	記憶容量処理速度信頼性	ICパッケージング（チップセット）
ディスク（酸化物粒子）	磁気ヘッド	記録密度（記憶容量）	モーターなど

出典：Christensen, Clayton M., and Rosenbloom, Richard S.,"Explaining the Attacker's Advantage: Technological Paradigms, Organizational Dynamics, and the Value Network", Research Policy, vol.24, no. 2 (March 1995) をもとに作成

このようにバリューネットワークで重要なポイントは、「価値を測る基準」、すなわち**重要な"性能指標"は、「製品やサービスの用途」によって異なる**ということです。たとえば、同じ HDD という部品でも、「用途」が異なれば（つまり属するバリューネットワークが異なれば）重視される「性能指標」は異なります。

　（狭義の）技術進歩による基準でなく、同じ種類の「価値（バリュー）基準」で規定するバリューネットワークの考えでは、経営情報システムで重視される性能指標も、そのシステムで使われるメインフレーム・コンピュータや、そのメインフレーム用の HDD で重視される性能指標と同じです。

　つまり、「バリューネットワークの上流で重視される価値基準」は、下流に至るまで踏襲されることになります。

急進的技術でも失敗する理由とバリューネットワーク

　第1章で紹介したアバナシーとアッターバックは、新技術を通した経済効果の半分は、ドミナントデザインが確立した後の「プロセス改良」によるものとしています。

　ハードディスクドライブ業界のクリステンセンの研究でも、だいたい同じような結果が得られたといいます。しかし、「急進的イノベーションが成否を分ける」という結論には同意していません。

　自動車業界では、技術者が蒸気エンジンでなくガソリンエンジンを推進し、それがドミナントデザインとしてデファクト化しました。そのことで数十年にわたって技術の方向性が固まり、プロセス改良によって飛躍的な生産性の向上を遂げることができました。

　そのガソリンエンジンの開発で蓄積された能力や知識は、過去に蒸気エンジンで得られた能力や知識とはまったく異なるものだったからこそ、蒸気エンジンに固執していた企業は、市場から姿を消したのです。蒸気エンジンに必要なスキルと能力が、すでに意味を持たなくなったからです。

　まさに「急進的イノベーションが成否を分けた」といえるでしょう。

　ところが、クリステンセンによる HDD 業界の研究では「（狭義の）技術進

歩の非連続性」、すなわち「**急進的イノベーション**」が成功へのカギだという説明をつけることができませんでした。

　ディスクドライブ業界では、実績ある大手にとって「急進的イノベーション」であっても、事業の成否にはつながらなかったからです。クリステンセンの言葉でいえば、唯一因果関係が認められたのは**「異なるバリューネットワークに対応できたかどうか」**ということです。

異なるバリューネットワークの破壊に対する対応

　変化の兆しに気づいて、対応する。これは技術の問題ではなく、「組織の能力」（第4章）の問題です。

　そして、企業にとってこの「組織の能力」を必要とする異なるバリューネットワーク間の移動（異なる用途の製品・サービス開発や参入）は非常に難しい、とクリステンセンはいいます。

　HDD の歴史では、大きく以下の事実が見られました。

HDD のイノベーションに関する事実

> ✓ 取り換え可能ディスクパックから 1.8 インチまで合計 6 つのイノベーションが発生。
> ✓ 6 つのうち、その 4 つまでが破壊的なイノベーション。
> ✓ 破壊的な 4 つのイノベーションすべてで、既存のリーダー企業は破壊的技術を投入した新興企業に駆逐された。

　そして、「破壊的イノベーション」に追従、対応または対抗できなかった理由として挙げたのは、

> 1．既存市場において、「主要顧客の意見」を支持した
> 2．その「主要顧客以外では市場性がない」と判断をした

　という 2 つでした。

この2つの行動は、どちらも**「組織の価値判断基準に沿った意思決定の問題」**といえます。つまり、既存企業にとって破壊的技術に投資することは、**「利益率」**においても、**「市場の規模」**においても、**「主要企業のニーズ」**においても、すべての面において合理的ではないと判断されることで、組織の意思決定の中で却下されてきたものだからです。

❖ **図表 3-5 ／破壊的技術と合理的な投資**

非合理な根拠	概要
1.利益率が低い	破壊的製品のほうがシンプルで低価格、利益率が低いことが多いから
2.市場が小さい	破壊的技術が最初に商品化されるのは一般に新しい市場や小規模な市場だから
3.主要顧客の要求と合わない	大手企業にとって最も収益性の高い顧客は通常破壊的技術を利用した製品を求めず、また当初は使えないから（※）

※収益性と成長率を高める新製品を求めるハイエンドの主要顧客のニーズを破壊的技術は当初満たしていないから（例：HDDの最低容量）

クリステンセンは、組織の意思決定の問題とは具体的には**「資源配分に関する意思決定の問題」**と定義しています。

そして、この問題に対応するためには、破壊的技術となり得る新規の事業アイデアに関して、目先の「利益率」や「市場規模」、「顧客の声」といったものに左右されないように、組織の能力を独自で構築するか、独立した小さな別組織を作るか、そのような組織に出資して取り込む必要があると指摘します（第4章参照）。

❖ **図表 3-6 ／破壊的イノベーションに対する意思決定の罠を避ける方法**

➢　組織の能力を独自に構築する
➢　異なるバリューネットワークの構築に向け小さな別組織を作る
➢　外部に出資して取り込む

　前述のとおり、クリステンセンによると、「企業は、あるバリューネットワークの中で経験を積むと、そのネットワークに際立って見られる需要に合わせて能力、組織構造、企業文化を形成することが多い」といいます。つまり、知らず知らずのうちに、「既存の主要事業が最も効率よく回る」ように、組織の能力が最適化されてしまうのです。

　逆にいえば、バリューネットワーク内の効率性が確立されることは、組織のあらゆる面で、逆に「柔軟性を失わせる」きっかけにもなる可能性があるということを意味しています。

　バリューネットワーク内の効率性に縛られ、バリューネットワーク外の効率を阻害するからです。

バリューネットワークの内部効率性

　HDD製品は、メインフレームやデスクトップPC、ノートPCといった他の製品の中に部品として組みこまれています。重要なことは、価値の測定基準、つまり重視される性能指標は、それが属するバリューネットワーク内で統一されているということでした。

　つまり、メインフレームで使用されるHDDとノートPCで使われるHDDとでは、同じHDDという情報記憶媒体でも、重視される価値の測定基準は異なっているのです。

❖ **図表 3-7 ／ディスクドライブの性能に関する価値基準**

	メインフレーム用	ポータブルパソコン用
性能指標の 優先順位	✓記憶容量 ✓処理速度 ✓信頼性	✓耐久性 ✓省電力 ✓大きさ

　バリューネットワークの視点からいえるポイントは、以下の3つです。

バリューネットワークの内部効率性と組織の能力

1. 同じ製品であっても、バリューネットワークによって主な「性能指標」が異なる
2. 同じバリューネットワーク内であれば、製品のレベルが異なっても、「性能指標は共有する」
3. 主要なバリューネットワークであれば、「性能指標」が組織の能力や組織構造、企業文化に影響を与える

とくに3つ目は会社全体に与える影響度が甚大です。

　一般的に企業は、売上比率が高く、利益貢献度で多くを依存する「主要顧客のニーズ」を聞き、そのニーズを最適にこなせるようなリソースの配分を行うように動いています。

　つまり、**社内の意思決定を含む仕事上のあらゆるプロセスは、知らないうちに経営的に依存する事業とその主要顧客のためになるよう最適化される仕組みになっている**ということです。

　具体的に考えてみましょう。

バリューネットワークと
RPV（資源・プロセス・価値基準）の理論

　クリステンセンがバリューネットワークに関してもっとも強調したかったことは、バリューネットワーク内で共有する性能指標が、直接的にも間接的にも組織の能力に影響を与え、組織構造を決めていく、つまり価値基準を決める起点となり得る、ということです。

　このことを、クリステンセンは後述する**「資源、プロセス、価値基準（RPV）の理論」**としてまとめています。（第4章）

　この「資源、プロセス、価値基準（RPV）」という3つの要素で重要なポイントは、RPVの間で優先順位の**方向づけ**がされているということです。

　初めにその組織で重要視される **「価値基準」** があり、それに基づいて社内の各種業務の効率的な **「プロセス」** が規定され、そのプロセスが事業に関する **「資源配分」** の意思決定を規定することになる、という流れです。

　たとえば、主要顧客から頻繁に改善要望が来る場合、「定期訪問で顧客要望を聞くためのミーティング」の設定や、その「ミーティング内容のフィードバックのための社内会議」、さらにその「意思決定のための会議」が定期的に開催されていきます。こうした暗黙の改善活動のプロセスすべてが、**主要顧客のニーズに合わせたサイクルで標準化**されていくということです。

　したがって、たとえばミニコンのように、2年に一度の頻度で新製品が投入されるプロセスと、半年に一度というデスクトップ PC のプロセスとでは、おのずと製品開発のためのミーティングのサイクルも大きく変わってくるはずです。

バリューネットワークとコスト構造

　主要顧客がいる製品の属するバリューネットワーク内で、あらゆることが最適化されるということは、当然ながら事業の競争優位の大きな源泉の一つとなる **「コスト構造」** も、その最適化される要素に含まれます。

　デスクトップ PC 用の HDD の粗利益率はおよそ 25 ～ 35 ％ですが、ミニコン用では 40 ％前後、メインフレーム用では 55 ～ 60 ％近くと大きな開きがあります。つまり、異なる用途でつながったバリューネットワークは、製品の特性だけでなく、その**ネットワーク特有のコスト構造**も共有することになります。

　クリステンセンが言う「企業はあるバリューネットワークの中で経験を積むと、そのネットワークに際立って見られる需要に合わせて能力、組織構造、企業文化を形成することが多い」というのは、日々のさまざまな業務プロセスを見ても一目瞭然です。

「累積生産量に対する単位コストの経験曲線効果（低下率）」や、「製品開発サイクルの周期」、もしくは「顧客とそのニーズに関する組織内のコンセンサス」といったあらゆる経験則や仕事上の事実上のルールといったものも、知らず知らずのうちにそのコスト構造に組み込まれているといえます。

たとえばHDDのメインフレーム用では、一般的に非常に高い研究費、技術費、開発費をかけて事業を推進します。

もともと生産量が少ないものをカスタマイズで対応するため、製造間接費は直接原価より高く、エンドユーザーへ直接販売するための営業費もサポートコストも高くなります。

そうなると、価格政策もまったく変わってくるのです。

❖ **図表 3-8 ／コスト構造の比較**

	メインフレーム用	ポータブルパソコン用
粗利益率	55 〜 60%	15 〜 20%
製造間接費	直接原価より高い	直接原価より低い
販売コスト	高い（営業人件費）	低い（量販店・通販）

上記の表を参照してください。

表のように、メインフレーム用14インチドライブメーカーの粗利は、最低でも55 〜 60%が必要でした。

これに対し、消費者向けに販売されるポータブルパソコンでは、15 〜 20%程度で十分です。部品は部品メーカーから既存の部品技術を調達して製品を構成し、安価な労働コストによって膨大な数を製造します。また販売も直接営業による販売ではなく、量販店や通信販売といったマスのチャネルを活用するので、低粗利率でも十分なのです。つまり、**バリューネットワーク内の影響は、企業内だけでなく、企業と企業や、企業と消費者を含めたネットワークまで、広範囲に含むものとしてコスト構造を形作っています。**

言い換えると、異なる用途のニーズを満たすための性能指標は、その実現に適したビジネスモデルによって、収益構造も最適化されることになるのです。

バリューネットワークがコスト構造にも大きな影響を与えることを考えると、既存企業が「持続的イノベーション」に強く、逆に新規企業が「破壊的イノベーション」に強いのも頷けます。

クリステンセンによると、既存のバリューネットワーク内で最適化されているからこそ、既存のリーダー企業であっても別の価値基準を重視する新製品が

出てきたとき、それに対応できない、といいます。言い換えると、**それまでの組織の能力が「無能力」の証明**になってしまうというのです。

バリューネットワークと技術のSカーブ

バリューネットワークを考える上で、もう一つ重要な概念があります。

イノベーションと収益（成果）の関係性を明らかにしたマッキンゼー・アンド・カンパニーのシニア・パートナーだった、リチャード・フォスターによる技術の「Sカーブの理論」です。

❖ **図表 3-9 ／ HDD 記憶容量向上のための「Sカーブの理論」**

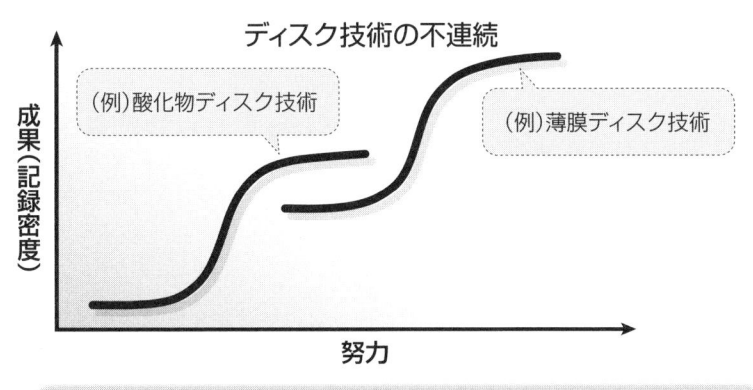

出典：リチャード・フォスター著『イノベーション─限界突破の経営戦略』（TBS ブリタニカ）P96の図４に加筆

フォスターは、イノベーションを**初期段階、普及段階、成熟段階**の３つに分けました。

初期段階では技術性能向上の速度は遅く、労力に比べて成果が上がらないものの、**普及段階**ではその技術が理解され扱いやすくなり、技術の向上も加速するとしています。

そして**成熟段階**に達すると次第に限界に近づき、リソースをかけなければ性能が向上しないという、**「S字の技術性能のカーブ」**を描くと考えました。技術のライフサイクルです。

ここでの論点は、「いかにSカーブの成熟段階のきっかけを見極め、後継技術を開発するか？」という点です。
ところが、ここでもクリステンセンによる破壊的イノベーションの理論では異なる解釈が加えられました。
それは、Sカーブの変曲点である次の後継技術による性能の向上も、「持続的イノベーション」で乗り越えてしまうことがあるからです。

❖ **図表3-10／破壊的技術のSカーブとバリューネットワーク**

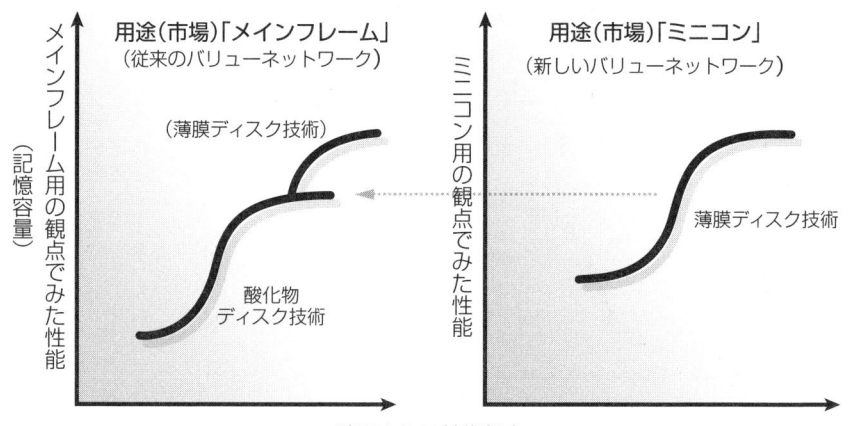

出典：『イノベーションのジレンマ』（翔泳社）P75の図2.6をもとに作成

これまでにHDD業界の事例で「破壊的イノベーション」が、当初は異なる足がかりの市場で実績を挙げ、その後「持続的イノベーション」で上位市場に進出し、リーダーを駆逐した実例を見てきました。
そこでは、ほとんどが上位市場の求める性能需要の向上のスピードを、「持続的イノベーション」による供給性能の向上のスピードが追い越してしまっていました。

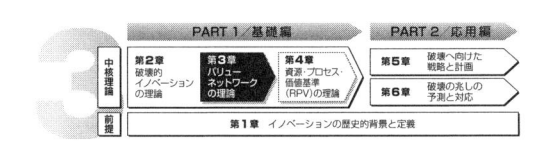

破壊的技術によるバリューネットワークの移動

破壊的技術は、以下のようなプロセスを辿って上位市場へと移ります。

まず、**新しいバリューネットワークで商品化された後、既存の確立されたネットワークを侵食**します。

そして、**そのネットワークで求められるレベルと品質を満たすまで性能が上がると、さらに上位のネットワークも侵食し始め**、ものすごいスピードで既存技術と既存の企業を駆逐するのです。

この侵食は、とくにその用途における性能指標が顧客にとって「過剰満足」、つまりすでに「必要にして十分」の状態にあるときに起こります。

顧客にとって「必要にして十分」であれば、既存のリーダー企業がいくら性能向上を果たしたところで、追加の収益を獲得できないからです。こうした場面においては機能性や信頼性よりも、利便性や価格など、異なる性能指標が重視されることになります。

かくして、上位から下位のバリューネットワークへの移動ができない既存の大企業は、次のような憂き目を見ることになります。

新興企業に侵食される大企業

✓ 破壊的技術の種は大企業で芽生えていても、大企業の意思決定ではじかれ、新興企業が足がかりの市場でシェアを獲得する。

✓ 新興企業はその後改良を通し主要市場のローエンドへ進出し、いずれ上位市場へ侵攻。大企業の主要市場を侵食する。

✓ 自分たちの主要市場を侵食され始めてから、大企業は破壊的技術の開発を再開するが時すでに遅く、その市場を捨てるか、新技術に基づく自社安価品との置き換えで大幅な収益低下をもたらす。

これらを念頭に、本章のまとめとして、第2章の冒頭サマリで見た「破壊的イノベーション」が起こるプロセスについて、もう一度復習してみましょう。

ステップ1. 破壊的技術は、まず既存企業で開発される。

破壊的技術のプロトタイプは、多くの場合初めに既存の主要企業で非公式に作られる。

＝実は新興企業が最初ではなかった

ステップ2. マーケティング担当者が主要顧客に意見を求める。

プロトタイプの開発部隊がマーケティング担当者にニーズ確認依頼をすると、用途の異なる「主要顧客」に意見を求める。

＝売上を依存する主要顧客に盲目的

ステップ3. 既存企業が「持続的技術」の開発速度を上げる。

「主要顧客」は、最低要件を満たさない低機能・低価格製品は不要のため良い返事を出さず、結果としてマーケティングも財務も経営陣も棚上げにする。その代わり主要顧客のさらなるハイエンドのニーズに応えるために開発速度を上げる。

＝過剰品質の状態に輪をかけて、さらなる過剰へリソースを投資

ステップ4. 新会社が設立され、試行錯誤の末、破壊的技術の市場が形成される。

その間に破壊的技術の展開に向け新興企業が法人化され、試行錯誤の末、破壊的技術の足がかりの市場が形成される。

＝既存の大企業が過剰品質な市場に忙しく、足がかりの市場は「放置」状態

ステップ5. 新興企業が上位市場へ移行・参入する。

破壊的技術用に異なる用途の足がかり市場を獲得する中、技術進歩によって既存企業の主要市場のローエンドへ参入を果たし、最終的に上位市場へも移行する。

＝既存市場のローエンドを侵食されても、既存の大企業は危機感が薄い

PART 1／基礎編　　　　　PART 2／応用編

第2章　　第3章　　第4章　　　　第5章　破壊へ向けた
破壊的　　バリュー　資源・プロセス・　戦略と計画
イノベーション　ネットワーク　価値基準
の理論　　の理論　　（RPV）の理論　第6章　破壊の兆しの
　　　　　　　　　　　　　　　　　予測と対応

第1章　イノベーションの歴史的背景と定義

ステップ6．既存企業が顧客基盤を守るために遅まきながら時流に乗る。

実績ある既存企業が侵食を受け、顧客基盤を守るために再度急速に対応をしようとするが失敗する。

＝既存市場の上位市場を侵食されて初めて危機を察知するも、時すでに遅し

この流れを、具体的に 5.25 インチ HDD で市場の大部分を摑んでいたシーゲートに対するコナーの 3.5 インチ HDD に当てはめると、117 ページの**「図表 3-11　破壊的イノベーションの 6 つのステップ」**のようにまとめることができます。

これらのことから、破壊的技術に直面した既存企業が検証すべき 2 つの点が明らかになります。

> **(1)「破壊的技術となり得る新製品で重視される性能指標が、用途の異なる 既存のバリューネットワークの中で評価されているか？」**

（もし評価されていなければ、取り返しのつかない意思決定がされる可能性あり）

> **(2)「既存顧客のニーズに応えられない技術が、いずれ応えられるようにな る可能性があるか？」**

（「持続的イノベーション」の多くのケースでは、性能供給の向上スピードが性能需要のスピードを上回る）

この検証を適切に行い、破壊に対応するためには、組織の「資源」や「プロセス」、「価値基準」に関する**これまでの考えを変えていく必要があります。**

組織の能力に関わるこれらの重要な要素を**「資源・プロセス・価値基準 （RPV）の理論」**としてまとめたクリステンセンの考えについて、次章で詳しく見ていきましょう。

❖ **図表 3-11 ／破壊的イノベーションの 6 つのステップ**

ステップ		HDD における概要 (シーゲート vs. コナー)	備考
ステップ 1	「破壊的技術」は新規企業でなく、既存企業で開発される	●商品化は新規参入組のほうが早いが、開発段階では既存大手内でひそかに技術者が進めているケースが多い (上層部の指示でなく、市販部品を使った技術者の自主的な行動によることが多い)	シーゲートの例ではプロジェクト承認のため 80 のプロトタイプが開発されていた
ステップ 2	マーケティング担当者が主要顧客に意見を求める	●マーケティング担当へプロトタイプを見せ、小型で低価格 (性能の低い) ドライブのニーズがあるかリサーチを依頼➡既存の主要顧客へプロトタイプを見せるも関心を示さず (性能向上のみ) ➡マーケティング部門は悲観的売上予測を立て利益率も高性能製品より低く見込む➡財務アナリストも同調して反対➡幹部も棚上げを決定	万が一承認されても優先順位が下げられた ※収益を依存する既存の主流事業とカニバリゼーションを起こすため
ステップ 3	既存の大企業が持続的技術の開発速度を上げる	●既存企業は「利益率も低く、市場規模も小さいと思われる新技術の市場」よりも、「上位市場」へ革新的な製品を矢継ぎ早に投入しがち	逆に、既存市場での性能向上より上位市場への移動を模索
ステップ 4	新会社が設立され、試行錯誤の末、破壊的技術の足がかりの市場が形成される	●新興企業で破壊的な製品のアーキテクチャを開発するため、新会社が設立される➡ところが既存市場で主要企業からの受注には失敗し、新たな顧客を模索➡これが奏功し、試行錯誤の末、製品の主要な「別の用途」が生まれる	例：ミニコン、デスクトップ PC、ラップトップ PC 用の HDD 市場
ステップ 5	新規参入企業の破壊的製品が上位市場へ移行する	●新会社が新たな市場に事業基盤を作ると、持続的イノベーションにより需要よりも早いペースでドライブの容量を増やし (約 50%)、すぐ上の実績ある大手コンピュータメーカーが求める性能に到達	デスクトップ市場からスタートしたシーゲートはミニコン、エンジニアリングワークステーション、メインフレームの上位市場を侵食
ステップ 6	既存の大企業が顧客基盤を守るため、遅まきながら時流に乗る	●小型モデルが上位市場を侵食すると既存企業はやっとステップ2で棚上げしていたプロトタイプを持ち出し、顧客基盤を守るため発売➡しかし参入が遅すぎ、新たな市場で十分なシェアを獲得できず。多くは撤退し、生き残った企業も自社内での利益率が良い既存製品との置き換えで食い合い	シーゲートの 3.5 インチはポータブル PC やノート PC メーカーにはほとんど販売されない (デスクトップ PC メーカーだけにしか採用されず)

不確実な世界において、破壊に対して競争力を維持するためには、自社製品のバリューネットワークを確認する必要があります。

バリューネットワークから言えるポイントは以下の3つです。

✔ 同じ製品であってもバリューネットワークによって主な「性能指標」が異なること

✔ 同じバリューネットワーク内であれば製品のレベルが異なっても「性能指標は共有する」ということ

●バリューネットワークの分析

用途	主流市場と異なる バリューネットワーク		事例	
	主流市場 の用途	異なる用途 （足がかりの市場）	主流市場 の用途	異なる用途 （足がかりの市場）
対象製品・ サービス			メイン フレーム用 HDD	ポータブル PC用 HDD
性能指標 の 優先順位			✔ 記憶容量 ✔ 処理速度 ✔ 信頼性	✔ 耐久性 ✔ 省電力 ✔ 大きさ
コスト 構造			✔ 粗利率 : 55～60% ✔ 製造間接費 : 直接原価 より高い ✔ 販売コスト : 高 （営業人件費）	: 15～20% : 直接原価 より低い : 低 （量販店・通販）

異なる用途の足がかりの市場）

> ✔ 主要なバリューネットワークであれば、「性能指標」が組織能力や組織構造、企業文化に影響を与えるということ
>
> それが主流市場の用途に基づく性能指標に基づいたものなのか？　もしくは主流市場とは異なるバリューネットワークに属する製品なのかを分類します。

●破壊的技術に直面した企業が検証すべき２つの点

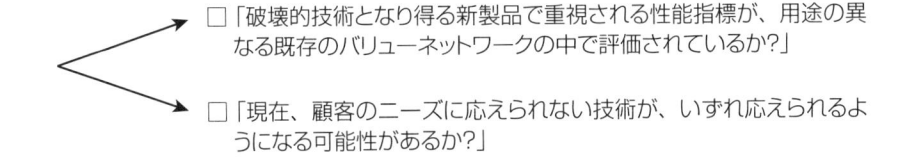

☐ 「破壊的技術となり得る新製品で重視される性能指標が、用途の異なる既存のバリューネットワークの中で評価されているか?」

☐ 「現在、顧客のニーズに応えられない技術が、いずれ応えられるようになる可能性があるか?」

※どちらか YES がある場合、見直し・再検討が必要となる

●破壊的イノベーションのステップと現在の位置

	概要	現状
Step 1	「破壊的技術」が開発される（たいていは既存大企業が早い）	
Step 2	マーケティング担当者が主要顧客に意見を求める（本来、主要企業でなく異なる用途の潜在顧客に聞くべき）	
Step 3	実績ある企業が持続的技術の開発速度を上げる	
Step 4	新会社が設立され、試行錯誤の末、破壊的技術の足がかりの市場が形成される	
Step 5	破壊的製品が主要の上位市場へ移行する	
Step 6	既存企業が顧客基盤を守るため、勝負を始める	

第4章

資源・プロセス・価値基準（RPV）の理論

	PART 1／基礎編			PART 2／応用編	
中核理論	第2章 破壊的イノベーションの理論	第3章 バリューネットワークの理論	第4章 資源・プロセス・価値基準（RPV）の理論	第5章 破壊へ向けた戦略と計画	
				第6章 破壊の兆しの予測と対応	
前提	第1章 イノベーションの歴史的背景と定義				

1. RPV理論の全体像とポイント

　企業は成功のために**「資源」**を獲得していく必要があります。しかし、資源だけでは勝てません。

　たとえ優秀な人材がいたとしても、組織内で全体最適な役割分担と効率的な業務の処理方法や手順といった**「プロセス」**が共有されていなければ、効果的なアウトプットは期待できないからです。4番バッターだけ集めたチームでは勝てません。

　また、業務「プロセス」は、組織内で重視される**「価値基準」**を共有していなければ、効果的になりません。気づいたら「無駄な業務」を「効率良くこなし続けている」だけだった、ということもよくあります。

　つまり、企業は優れた「資源」以上に、その「資源」を効率的に活用する「プロセス」や、そのプロセスを導く意思決定に影響を及ぼす組織内で重視される「価値基準」が、資源よりもはるかに重要です。

　この「資源」や「プロセス」「価値基準」といった要素は、互いにつながっており、整合性をもってこれらの要素を活用できる企業こそが、「組織の能力」を高めることができるのです。

　つまり、破壊的技術などの変化に対応するためには、**異なるバリューネットワークに対しても、すみやかに正しい意思決定と行動ができるような「組織の能力」**を上げていくことが必要です。

　クリステンセンは、この「組織の能力」を向上させていくために必要な概念を**「資源・プロセス・価値基準（RPV）の理論」**としてまとめています。

　クリステンセンによると、安定した企業にとって破壊的イノベーションを妨げる壁とは、「能力の高い人材を、新しい仕事の成功には役立たないプロセスや価値基準の中で働かせようとする」状況そのものです。

　ところが、昨日と同じ「プロセス」や過去の成功体験から得られた「価値基準」に凝り固まった既存の主要企業にとって、新たな破壊的技術に対応するために最適な「プロセス」や「価値基準」を臨機応変に適応することは至難の業

です。

　このような難しい対応の失敗を避けるためにも、新たな環境変化に対応して臨機応変に組織の「プロセス」と「価値基準」を変える組織体制やチーム編成が必要であるといいます。

　そして、その対応法としてクリステンセンは、下図の3つの方法を挙げています。

❖ 図表4-1 ／破壊的技術への対応法

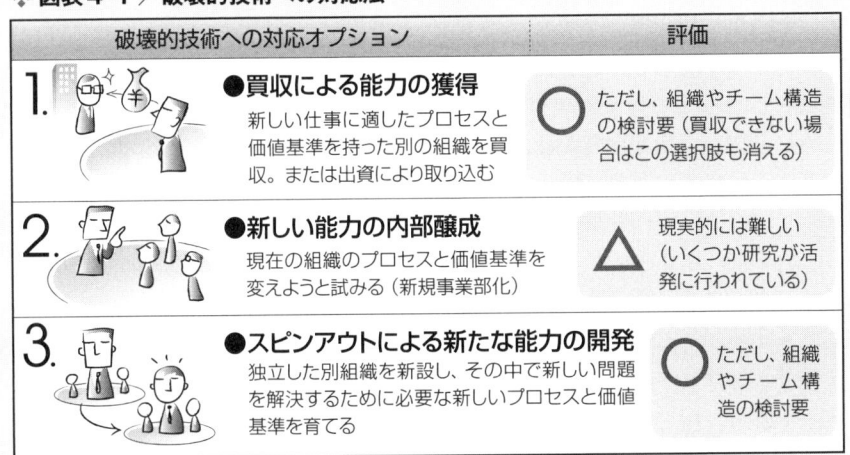

破壊的技術への対応オプション	評価
1. ●買収による能力の獲得 新しい仕事に適したプロセスと価値基準を持った別の組織を買収。または出資により取り込む	○ ただし、組織やチーム構造の検討要（買収できない場合はこの選択肢も消える）
2. ●新しい能力の内部醸成 現在の組織のプロセスと価値基準を変えようと試みる（新規事業部化）	△ 現実的には難しい（いくつか研究が活発に行われている）
3. ●スピンアウトによる新たな能力の開発 独立した別組織を新設し、その中で新しい問題を解決するために必要な新しいプロセスと価値基準を育てる	○ ただし、組織やチーム構造の検討要

　このうち、2の方法は現実的には難易度が高い（とくに、価値基準を既存事業と破壊的事業で共有しない場合）としています。

　また、それらを実行する際の組織やチーム構造についても、検討すべきことが多いと述べています。具体的に見ていきましょう。

2. RPV理論の探求

破壊的イノベーションに必要な「組織の能力」

第3章のバリューネットワークでも触れましたが、「資源・プロセス・価値基準の理論（RPV）」は、「破壊的イノベーションの理論」における自社分析の中核といえる補助理論です。

『イノベーションのジレンマ』でいう**組織が陥る意思決定のジレンマの原理**を説明する根っこの理論がRPVであり、「破壊的イノベーション」に対応するために必要な**「企業固有の組織の能力」**、つまり**「ケイパビリティ」**について**教えてくれます。**

このケイパビリティを重視する戦略論には、バーニーらの「資源ベースの戦略論（RBV = Resource-Based View）」などがあります。ポーター等の「ポジショニング論」が市場や競合といった外部の競争環境に重きを置いたのに対し、持続可能な競争優位を実現可能にする源泉として**「自社固有の組織の能力」**に重きを置き、注目を浴びました。「市場が多様化・複合化していく中で、既存の市場や製品セグメントだけを固定的に見ていくことの重要性は薄れた。だから、外部要因よりも内部要因にこそ優位性を見出すべき」と主張したのです。

資源ベースの戦略論（RBV）との力点の違い

クリステンセンのRPV理論も、自社の組織のケイパビリティ（能力）に注目しているという点では、資源ベースのRBV学派の理論と共通する部分もあります。

他方、クリステンセンが注目したのは、組織の能力（ケイパビリティ）を形作る構成要素とする、「資源」「プロセス」「価値基準」の間の関係性です。すなわち、ケイパビリティの本質的な源泉は「資源」そのものにあるわけではなく、むしろその資源の活用を効率的に進めるための日常的な業務「プロセス」

や、そのプロセスを生むきっかけとなった「価値基準」にあるというものです。

　HDD で見てきたジレンマも、既存市場の脅威となり得る破壊的技術を組織が重要と認識しない誤った「価値基準」に真の問題がありました。その破壊的技術を組織が重視しなかったがために、そこに必要な投資を効率的にするという有効な資源配分プロセスも働かず、結果として意味のあるアウトプットにつながらなかったのです。

　この意味でいえば、破壊的技術に駆逐された大手 HDD メーカーは、持続的技術も破壊的技術も成功させるだけの「資源」（人材、資金、技術）を持ち合わせていたものの、「プロセス」と「価値基準」が従来通りのままだったために、その「資源」を効果的に活用することができなかった、といえます。

「魅力的な市場の選択」か──「組織能力の向上」か

　前述のように、ポーターは企業を取り巻く外部環境を分析し、持続可能な競争優位の源泉となり得る自社「独自のポジショニング」を採ることで競争に勝つことを唱えました。

　他方、バーニーらは環境に合わせて戦略を正しく実行できる「内部資源（有形・無形資産、ケイパビリティ）」を高めることを、持続可能な競争優位の源泉としました。

＊バーニーらとクリステンセンでは、「資源」という言葉の使い方が違います。バーニーらが「資源」（広義のケイパビリティ）という言葉にすべての資産や狭義のケイパビリティ（能力）を含めているのに対し、クリステンセンは組織の能力（ケイパビリティ）として「資源・プロセス・価値基準（RPV）」を定義しています。

　ここでバーニーらが唱えたのは、「持続可能な競争優位の源泉」は、所属する業界の特質によって決まるわけではなく、その企業が提供するケイパビリティ（能力）であるという前提の下、

> ●希少かつ模倣が困難な（またはコストがかかる）ケイパビリティは、他のタイプの資源よりも、持続的競争優位をもたらす要因となる可能性が高い

という点です。

競争優位の源泉			持続可能性の源泉	判定		
①経済的価値	②希少性	③模倣可能性	④組織力			
脅威や競合を無力化できるか？value	競合が入手可能か？rarity	模倣コストが高いか？imitability	①-③を満たす経営資源活用に必要な組織の方針や手続きが整備されているか？organization	競争優位性の程度	経済的パフォーマンスの程度	コンピタンス
No			No	競争劣位	標準以下	弱み
Yes	No		↑	競争均衡	標準	強み
Yes	Yes	No		一時的競争優位	一時的に標準以上	強みで固有のコンピタンス
Yes	Yes	Yes	↓ Yes	持続可能な競争優位	持続的に標準以上	強みで持続可能な固有のコンピタンス

出典：ジェイ・B. バーニー著『企業戦略論【上】基本編—競争優位の構築と持続—』（ダイヤモンド社）をもとに作成

　具体的には、希少な資源や模倣が困難なプロセス等に基づいた組織の能力を装備し、それを通じて顧客ニーズに応える戦略を採ることであるとしました。
　そしてそのために必要な4つの視点（頭文字をとってVRIOフレームワーク）で組織の能力を評価すべき、としました。

　その上でケイパビリティを作りだす要素として、別の4つのポイントを挙げています。

ケイパビリティを作る4つの要素

1．自社独自の経験
2．サプライヤーとの緊密な関係性
3．顧客との密接な関係性
4．従業員との密接な関係性

たとえば、トヨタ自動車のケイパビリティは「2. サプライヤーとの緊密な関係性」にあるとしています。

多くの欧米企業が、トヨタ自動車とサプライヤーとの関係性を模倣しようとして失敗したように、「ケイパビリティ」は外から見えにくく、模倣が困難であるため、持続的な競争優位をもたらす決定的な要因となるというのです。

ポジショニング論への問題提起から資源ベース論へ

ところで、このバーニーらの資源ベース論に基づくケイパビリティへの注目は、もともとポーターに対する批判的視点によって形成されていました。ポーターによる "市場でのポジショニング" が持続可能な競争優位性の源泉になるという主張に対する、「企業が持つ経営資源は同質ではない（企業内の固有の資源や能力の影響を無視している）」といった批判が代表的なものです。

そしてその補完として主張され始めたのが、前述のように「個々の企業の（同質でない）固有の資源や模倣（移転）の困難性こそが、収益と競争優位の源泉となる」という資源ベースの理論（RBV）の基本的考えです。特許や希少な資源、特定の製造工程に熟練した人材など、「模倣」や「代替」が不可能な優れた資源や特徴的な能力を持っている企業は、競合相手が市場を通して獲得できない場合、それが強みの源泉となるはず、としました。

この基本的な考えは、その後、企業固有の資源は固定的なものではなく、「戦略的な資産として競争優位性を**持続可能**にするためには、これらの資源や能力を新たに作成・結合・調整する学習能力」も必要と強化されることになります。

資源ベース論からダイナミック・ケイパビリティの議論へ

ところが1990年に入り、この資源ベースの理論にも別の論点が見出されることになります。それは、皮肉にも資源ベース論の大前提である「企業内部の移転困難（模倣困難）な異質な資源」が、**逆に企業の柔軟性を奪う**、という点です。

この組織能力の「硬直性」の問題は、たとえばハーバード・ビジネススクール教授のドロシー・レオナルド・バートンによって1992年に指摘され、**「ひとたび企業固有の資源や独自能力によって競争優位性を構築すると、逆に優位性を喪失させるコア・リジディティ（硬直性）をもたらす」**、と警笛が鳴らされました。

　すでにお気づきの方もいらっしゃるかもしれませんが、このコア・リジディティ（組織の中核能力の硬直性）は、まさにクリステンセンが言う「破壊的な技術に直面したとき"組織の能力が無能力の証明になる"」という既存リーダー企業が陥ったジレンマの源泉といえるものです。

　同じハーバード・ビジネススクール教授のバートンとクリステンセンがともに問題提起したこの「組織能力の硬直性」こそが、より柔軟に環境変化に対応できる能力を指す**「ダイナミック・ケイパビリティ論」**（動的なケイパビリティ）の重視するテーマです。1990年代に入り、時を同じくして発表されたバートンやクリステンセンによる同様の主張を含む異なるテーマの論文が、資源ベース論による（固定的な）ケイパビリティ論からの拡張、すなわちより動的に「急激に変化する環境に対処するために組織内外の資源を統合、構築、そして再構成する能力」（Teece, Pisano, and Shuen, 1997）を重視する「ダイナミック・ケイパビリティ論[*]」への論点の移行のきっかけとなったといえます。

＊ダイナミック・ケイパビリティ論は、カリフォルニア大学バークレー校教授のデビッド・J・ティースらによって最初に定義された。

　クリステンセンの主張のように、「破壊的イノベーション」が起こる不確実で変化の激しい競争環境においては、価値があり希少で模倣コストが大きい経営資源やケイパビリティに関しても、それが硬直的であれば、あっという間に優位性が失われる危険性があります。

　実際、バーニーらがポーターに対する反撃のために挙げた、「競争が激しく魅力の乏しい業界でも、ケイパビリティによって高い収益性を実現している企業（例：デル）」の多くが、いまや輝きを失っています。

「破壊的イノベーション」の発生のような「不確実な経営環境」を前提とした場合、新たなバリューネットワークに求められるケイパビリティを定義し、適

応させていかなければならないといえます。

注：正確には、「Diamond ハーバード・ビジネス・レビュー、2015 年 1 月号『世界標準の経営理論（第 5 回）競争の型を見極める重要性「ポーター vs. バーニー論争」に決着はついている』（入山章栄著）で入山氏が言及しているように、業界によって不確実性や独占可能性に関する環境に違いがあり、それによって前提とすべき基本的な戦略の型（柱）は異なる、とされる。
つまり、ポジショニング論、RPV 論などの戦略論の完全な移行でなく、あくまで相互補完的な前提で、フィットすべき戦略がある、という。

ダイナミック・ケイパビリティ

　ダイナミック・ケイパビリティがその重要性を増している大前提は、前述の「硬直性（コア・リジディティ）」が問題となる「環境変化」への対応にあります。つまり、クリステンセン以降（AC）の重要テーマである「不確実性に対する適合」です。

　具体的にいえば、市場ポジションでも、固定的な企業内部の能力でもなく、「外部環境に対して適合していくために、いかに社内外のケイパビリティを活用して組織の能力を構築するか？」ということです。これらの動的なケイパビリティが高い企業ほど優位性を持つ、というのです。
　ただし、「言うは易し、行うは難し」です。議論は活発ながら、実務家にとって実行可能な具体的な提案は現時点ではそれほど多く見られません。例外は、戦略的連携を通した自社にないケイパビリティの獲得、つまりオープン・イノベーション等の積極的活用です。

❖ 図表 4-3 ／「ダイナミック・ケイパビリティ」のプロセス

1. 環境変化や機会の認識（Sensing）

2. 環境変化や機会を獲得するため、ケイパビリティの配置や組み合わせをプロセスとしてどう行うか（Seizing）

3. 適合を持続させるために、ケイパビリティの配置や組み合わせをどう変化させるか（Reconfiguration）

出典：Teece, David J.,"Explicating Dynamic Capabilities: The Nature and Microfoundations of (Sustainable) Enterprise Performance,", Strategic Management Journal , vol.28, issue13, 2007, pp.1319-1350 をもとに作成

すべてのケイパビリティは企業内部で構築するのではなく、企業外部の契約や連携を含めて、不確実な環境変化への適合性をすみやかに行うために動的な能力を構築するということです。

　製造業でも文字どおりグローバルでサプライチェーンが組まれる現代では、必ずしもすべてを自社内で垂直統合型で提供することが唯一の正解ではありません。海外に集積した製造受託企業へのアウトソースや、開発・生産の現地化に伴う戦略的連携先の確保など、「環境変化への適合」という大命題のために、とにかく最適かつ柔軟なケイパビリティ構築が可能かどうか、という点がますます重要になっているからです。

　また、このことは製造業に限りません。例えば、スマートフォン用の無料ゲームアプリなどでも同様です。基本構造の同じゲームの水平分業による量産化や、魅力的なキャラクターやコンテンツとの戦略的連携など、タイムラグのないグローバル競争に晒される中、これまで以上に迅速な意思決定およびプロジェクトの遂行が求められています。特定のケイパビリティを内製化するかアウトソースするかに固定的な正解はなく、まさに市場に応じて柔軟に対応していくことを、本章のテーマどおり、組織内での整合性を貫きながらやり続ける必要があります。

❖ **図表 4-4 ／環境変化に基づく新たな能力の獲得方法**

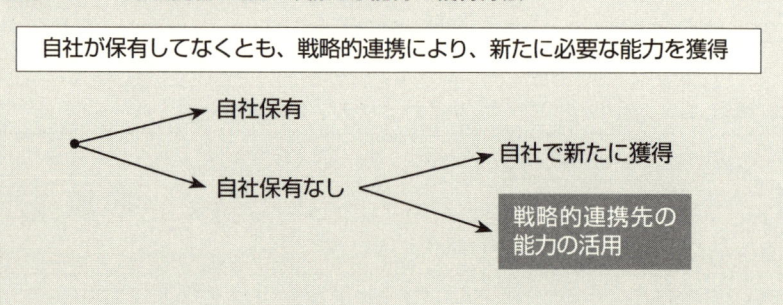

「破壊的技術」に対抗するために必要な 組織の能力とは？

大企業が「破壊的技術」に対応できない真の原因を「組織の能力（硬直性）」に見出したクリステンセンは、組織が事業機会をうまく獲得して成功するために必要な「組織の能力」として、以下の3つの要素を挙げました。

✓ その組織に成功するための「資源」がある。**……十分条件**
✓ 組織内で成すべきことを容易にする「プロセス」がある。**……必要条件**
✓ さまざまな機会の中から、特定の機会に高い優先順位を与えるような
「価値基準」がある。**……最も重要となる前提条件**

❖ **図表 4-5 ／組織の能力を規定する3要素**

	資源	プロセス	価値基準
概要	有形無形のモノや資産	明文化に関係なく確立された業務のパターン	組織が優先順位づけを行う基準
例	✓現金 ✓人 ✓技術 ✓ブランド ✓製品 ✓設備機器　など	✓人材採用 ・教育プロセス ✓製品開発プロセス ✓予算統制プロセス ✓資源配分プロセス 　　　　　など	✓市場規模 ✓市場成長性 ✓利益率 ✓顧客の要求 ✓倫理観 　　　　　など

この3要素は、自分の組織が現時点において**「どのようなイノベーションを実現でき、どのようなイノベーションを実現できないか」**について教えてくれます。加えて、足りない部分に関して何をどのように変えていくべきか？　といった視点で考えることが、実務に活かしていく上で重要です。

具体的に各要素について見ていきましょう。

① 「資源」の視点とポイント

人材、設備、技術、商品デザイン、ブランド力、情報、資金、供給業者、流通業者、顧客との関係などを含む「資源」は、3つの要素の中では最も明示的でわかりやすいものといえます。

クリステンセンの言葉でいえば「雇ったり解雇したり、購入したり売却したり、価値を減らしたり高めたりできるもの」です。

このように、「プロセス」や「価値基準」より組織間で融通させることが簡単で認識しやすい「資源」ですが、クリステンセンは「資源」自体に依存すべきではないと注意を喚起します。**資源自体に、価値の高い製品やサービスを作り出す「決定的な能力」が含まれているわけではないから**です。

たとえば、代表的な資源の1つである「人材」の獲得は、優秀な人材を競合よりも先に採用するための企業の効率的な「採用プロセス」によって決まります。またその「採用プロセス」を決めるのは、「どんな人物を評価し、採用するのか？」という企業があらかじめ持つ「価値基準」です。つまり、**組織の成果に決定的な影響を与えるのは、「プロセス」とそれを規定する「価値基準」**なのです。

このように、クリステンセンのRPVの理論は、「価値基準」＞「プロセス」＞「資源」という明確で不可逆的な前提のもとで成り立っています。

② 「プロセス」の視点とポイント

企業は「資源」というインプットを通して、価値の高い商品やサービスを生み出します。このとき企業内部で確立された効率的な業務のパターンを、クリステンセンは「プロセス」と呼んでいます。

たとえば、クリステンセンが特に重視する**“資源配分プロセス”**は「**どのプロジェクトに人材と資金をつぎ込み、どの企画につぎ込まないかを決定するプロセス**」（『イノベーションのジレンマ』）といった、重要な意思決定プロセスを含みます。

プロセスには、明文化された正式なプロセスもあれば、暗黙の了解として企

PART 1／基礎編			PART 2／応用編	
第2章 破壊的イノベーションの理論	第3章 バリュー・ネットワークの理論	第4章 資源・プロセス・価値基準(RPV)の理論	第5章 破壊へ向けた戦略と計画	第6章 破壊の兆しの予測と対応
第1章 イノベーションの歴史的背景と定義				

業独自で非公式に実践されているものもあります。つまり、文字どおり業務上で発生するあらゆるプロセス[＊]が含まれるのです。

＊あらゆるプロセス：製造プロセスや商品開発プロセス、調達プロセス、市場調査プロセス、予算作成プロセス、事業計画プロセス、人材開発と給与決定プロセス、資源配分プロセスなど、非明示的な業務を含む。

　これらの「プロセス」は属人的な能力に依存せず、効率的に業務を進めるメリットを組織にもたらします。

　その一方、気をつけなければならない点も存在します。それは、これらのプロセスが**標準化による「効率化」を促す反面、組織に「硬直性」をもたらしかねない**ことです。

　既存の大手企業が破壊的技術に直面し、競争環境やゲームのルールが変わりつつあるときには、変化に対応して企業の業務プロセスや、プロセスに影響を与える事業の価値基準も見直すことが必要になります。それを怠ると上位市場に投資を続けるだけで、新たな脅威に対抗できず、座して死を待つことになりかねません。

　潜在的な破壊の脅威に直面した際には、既存の主要市場と異なる用途に基づく性能指標に最適化できるよう、本来は企業内で標準化されたプロセスを適切に設計しなおす柔軟性が必要です。

　その柔軟性がなければ、前章で見てきたように、既存のバリューネットワークで効率的なプロセスが、異なる破壊的技術のバリューネットワークでは「まったく非効率かつ致命的なプロセス」になる可能性があるからです。

　プロセスを効率化しようとすればするほど「標準化」されていき、それに伴って「柔軟性」も失うため、正確には標準化と柔軟性が**トレードオフの関係に**あるといえます。ここで重要なことはトレードオフをつねに意識しながら、変化に柔軟に対応できる状態を維持することなのです。

　具体的には、標準化しながら柔軟性も担保するために、**上位概念である「価値基準」の適合性**を確認する必要があります。

③「価値基準」の視点とポイント

　組織の能力を決定する第3の要因が価値基準です。

　何度も繰り返しますが、この第3の要因が最も重要です。資源はプロセスに

よって効率的に活用され、プロセスは価値基準に基づいて設計されるからです。

　まず、ここでいう組織の「価値基準」とは、何を指しているのでしょう。
　クリステンセンは、RPV 理論における「価値基準」とは**「仕事の優先順位を決めるときの基準」**としています。こうした価値基準に基づいた判断は現場の従業員によって日々なされています。そのため、企業は組織が大きくなればなるほど、あらゆるレベルの従業員が戦略や事業モデルに合った仕事の優先順位を決定できるように、価値基準にズレがないよう共有していくことに気を使わなければなりません。

　一般には、GE バリューに代表されるような、組織内での優先順位を判断する評価基準といえる"共有する価値観（Shared Values）"といった意味合いで価値基準という言葉を使いますが、クリステンセンは、最終的にこの評価基準に最も影響を与える2つの要素を具体的に指摘しています。

　クリステンセンによれば、利益率の低い市場をターゲットとする事業企画が否決されがちなように、既存の優良企業の価値基準は、最終的には、自社の事業ドメインにかかわる機会の中でも**「収益性（利益率）」**と**「市場規模」**という2つの次元に向かって収斂（しゅうれん）していく傾向にあるといいます。
　言い換えると、「企業規模にふさわしい一定以上の利益額を継続的に増やしていく"規模"と"成長性"を満たすこと」が、**すべての価値基準の制約条件になっている**、というのです。

「収益性（利益率）」と「市場規模」へ収斂される「価値基準」

　「破壊的イノベーション」の事例で考えてみましょう。
　企業が大きくなるにつれて小さな新興市場に参入できなくなるのは、**資源が不足しているからではなく、「価値基準」が合わないことが原因**でした。つまり、破壊的技術に投資をするお金がないのではなく、そこに投資することが「合理的でない」と判断している点です。

　この「利益率」と「規模」の成長率という価値基準は、すなわち**「利益額の伸び」**を表します。

「利益額の伸び」は、単に利益率が高いだけでは満たせないため、「破壊的イノベーション」の最初のプロセスである「用途の異なる小さな足がかりとなる市場を見つける」というステップで、投資判断は否決されてしまうのです。

　つまり、この**ジレンマから脱却するためには、そもそもこの「価値基準」そのものを変える必要がある**ということです。

❖ **図表 4-6 ／利益率と市場規模に収斂されがちな「価値基準」の傾向**

価値基準の収斂	概要	事例	結果
1. 利益率 許容できる「粗利益率」	●上位層向けの製品・サービスには間接費がかさむため、コスト構造が変化 ➡結果として高粗利益率事業を志向	（例）トヨタ　コロナで米国市場に参入したものの、ローエンドの他社追従で儲からなくなる	・カローラ、カムリ、レクサスへと上位市場へ移行
2. 市場規模 企業が関心を引く存在であるために必要な潜在「市場規模」	●期待収益を満たす成長は、大きくなればなるほど維持が困難 ➡小さな事業によってもたらされる収益が大企業に貢献することは困難	（1）年商4,000万ドル（約40億円）の10%成長 ➡翌年400万ドル分（約4億円）が必要	・この2つの需要を解決する市場規模はまったく異なる
		（2）年商400億ドル（約4兆円）の10%成長 ➡翌年40億ドル分（約4,000億円）が必要	・4,000億円分もの成長ニーズを満たす新規事業などほとんど存在しない （結果として優先順位が下がるか、切り捨てられる）

持続的技術と破壊的技術における価値基準の違い

　大きな組織では、固定費も大きく、投資家の期待も高いため、**利益額の大き**

な機会が優先されがちです。逆にいえば、利益額の小さな機会に取り組めるのは、低コスト構造を持つ小さな組織といえます。

　多くの成熟した企業が買収や合併に走りますが、その際、とくに大きな買収案件に興味を示しがちです。その傾向は M&A のアドバイザリー業務を行う投資銀行や、成熟企業の再編や再生に関わるファンドも同様といえるでしょう。

　そこに共通する重要な価値基準は**"同じ資本でどれだけリターンが稼げるか"**を示す**「投下資本利益率（ROIC）」**であり、上場企業であれば**「投資家の要請に応える期待収益率」**です。簡単にいえば、「かかるパワーはほぼ同じなので、投資効率を高め、原資を確実に回収するために、できる限り大きい案件を狙え」となりがちなのです。

　HDD 業界では 1952 年から 1992 年まで、約 116 件の新技術導入がありました。そのうち 111 が既存の性能向上につながる持続的技術で、破壊的技術はわずか 5 件だけでした。**111 の持続的技術をリードしていたのはすべて大企業で、破壊的技術をもたらした 5 件は、すべて新興企業**だったといいます。

　価値基準の問題と同様、破壊的技術で当初の足がかりとした市場は、遥かに小さく利益率も小さい市場だったからです。

既存リーダーが依存する「持続的イノベーション」と対極の「破壊的プロセス」

　111 の持続的技術を推進し続けた、業界のリーダーのプロセスを振り返ってみましょう。

　既存リーダーは、持続的技術の開発を続け、S 字カーブの曲がり角に来るまで、さらなる性能向上を目指します。

　このとき、社内においては**「技術の可能性を評価し、新しい持続的技術に対する顧客の需要を予測するプロセス」**が動いています。つまりこのとき「改良を実行する能力」が開発されていることになります。

　このプロセスは暗黙の了解のように自然と社内の仕事に組み込まれているはずですが、当然ながらそのような性能向上を伴う改良は主要顧客も欲しがり、

社内的にも利益率と規模を向上させるという価値基準にも一致しているわけです。

新市場で小規模企業が優れている理由

他方、「破壊的イノベーション」は、「持続的イノベーション」のように「技術ロードマップに沿った進化を遂げていく」わけではありません。

つまり、それに対処する異なる価値基準やプロセスを持たない限り、破壊的技術を育てることは困難です。

小規模な企業ほど破壊的な新市場を開拓する能力が優れている理由は、RPVで考えると一目瞭然です。「資源」は少ないものの、足がかりとしての**「小規模市場」を受け入れる価値基準があり、「低い利益率に対応できるコスト構造」と業務プロセスがあるから**です。

簡潔にいえば、固定費が低く、利益化のために大きな市場を狙う必要のない企業だからこそ、比較的小さな市場向けに、低利益率でもストレスなく参入できるのです。

優れた資源からプロセス、価値基準への移行

テレビ用デジタル編集システムメーカーのアビッド・テクノロジー社は、ビデオ編集プロセスを簡便化し、大躍進を遂げたものの、その躍進は長くは続かなかったといいます。次のヒットに恵まれなかったからです。

このとき、アビッドは、ヒット製品を作る技術と生産するための優れた資源を持っていましたが、**「継続的に新製品の開発、品質流通サービスを管理する有効なプロセス」**がなかったといえます。それは「継続的に有力製品を開発していく」重要性が、彼らの価値基準の前提に含まれていなかったからです。

それとは対照的に、マッキンゼーでは、どのプロジェクトチームにどの人材を割り当てようと関係がないほど、組織内の「プロセス」と「価値基準」が強力に働いているといいます。

毎年何百人もの優れた人材が入社し、同じくらいの人間が卒業していくにもかかわらず、組織の能力を維持し続けているのは「資源」だけの問題ではありません。

マッキンゼーでは、中核となる能力は資源以上に「プロセス」と「価値基準」に基づいており、属人的な能力だけに依存しない「再現性の高い組織」ができあがっているといえます。

組織の能力と無能力の分かれ目は「能力の移行」の可否

少人数での起業など「組織の能力」の源泉が「人材」にあるうちは、同じ想いを持った優秀なメンバーだけで運営でき、新たな問題にも属人的な人材の能力で対応できます。

ただ、それは本来マネジメントとは呼びません。どんな企業も、組織が大きくなる過程で、属人的な能力に依存せずに「仕組み」で回るようにガバナンス体制を整え、組織の能力を上げていくことが求められます。

そのためには、組織能力の基準が**「資源」**から、効率的な仕組みを作る業務の**「プロセス」**や、そのプロセスを生み出す拠り所となる**「価値基準」へ移行**する必要があります。この「能力の移行」が、ひいてはその価値基準を象徴する独自の企業文化の形成につながります。

破壊の兆しに直面したとき、「能力の移行」は死活問題に

また、仮に既存の価値基準が、組織内で100％完璧に理解されていても、さらに難しいことがあります。破壊的技術の出現のように、いままでの価値基準を変えなければならない事態が起こったときは、一気に組織のマネジメントは思考停止状態に陥るからです。

破壊的技術に対応しようとする場合、組織の価値基準をその破壊的技術に応じて変えるべきかどうか検討する必要があります。場合によっては会社全体の製品のポートフォリオを考える必要すら出てくるかもしれません。
「持続的イノベーション」に基づいた製品の依存度が高すぎないかどうか、高すぎる場合は破壊的技術に対する種まき投資をどの程度行っていくべきか……

こうした製品や事業のポートフォリオ（第5章）について見直さない限り、破壊的技術に投資するという意思決定プロセスにはつながらないからです。

パソコン市場参入に4回失敗したDEC

　60年代から80年代にかけて、目覚ましい成功を収めたミニコンメーカーDECは、組織の「プロセス」や「価値基準」を破壊的な技術に対応して変化させることができなかった企業の一つだと、クリステンセンは指摘します。

　DECは80年代初期にパソコン市場が生まれたとき、その波に乗ることができなかっただけでなく、なんと4度も参入を試みて、4回とも失敗しています。DECが保有する開発力や資金力、ブランドといった**「資源」の存在は明らか**で、技術者はパソコンよりはるかに高度なコンピュータを設計し、潤沢な資金も優れたブランドも保有していました。

　しかし、「資源」はあったものの、パソコンで成功するために最適な「プロセス」と「価値基準」を持ち合わせていなかったのです。

　ミニコン市場で主要部品の多くを社内設計し、独自の構成で組み立てていたDECは、**新製品の標準設計プロセスを2〜3年の周期で運用**していました。製造プロセスのほとんどの部品は内製化され、特定の期間内で生産される品種数に応じて、一定数量を生産する「バッチ方式」で組み立てられたものを、直販チームが顧客企業の技術部門に直接販売していたのです。

　ところが、パソコンのプロセスは、ミニコンのプロセスとはまったく異なります。設計のサイクルは、**標準化された汎用的な要素（モジュール）別の部品構成によって、6〜12か月と半分以下で運用**。かつ優れた世界中の外注先による大量生産で、小売り業者を通じて消費者や企業に販売されていました。

　さらに、大きな間接費がかかるミニコン事業において採算のとれない粗利益率40％以下はNGという判断だったため、それより粗利率の低いパソコン事業はDECの価値基準に合わないとされ、**資源配分プロセスにおいて、高性能ミニコンがパソコンより優先された**のです。**異なるバリューネットワークに存在しているパソコン市場で必要なプロセスと価値基準を、DECは持ち合わせ**

ていなかったといえます。

　ミニコン市場と比べ、製品特性が乏しい上に収益性も低く、かつ小規模なローエンドのパソコン市場に参入するインセンティブは大きくありません。中途半端な状況で DEC はパソコン市場に4回参入し、4回とも失敗に終わったのです。それほど、**「能力の移行」が難しい**ということです。

❖ **図表 4-7 ／ DEC が破壊的技術に対応できなかった原因**

	資源	プロセス	価値基準
ミニコン市場でのDECのケイパビリティ	開発力、設計力、資金、ブランド ⬇	標準設計プロセス：2〜3年 製造プロセス：内製化、バッチ方式 販売プロセス：技術部門へ直接販売	粗利益率40％以下NG（50％以上は Good）
パソコン市場に必要なケイパビリティ	◎ 潤沢な資源の活用	×標準設計プロセス：6〜12か月 ×製造プロセス：外注・大量生産 ×販売プロセス：小売店	×8〜18％程度

　では、ただでさえ難しいプロセスや価値観を変える判断を、DEC のように破壊的技術に直面した場合、いかに速やかに行えばよいのでしょう。

　クリステンセンは考え得る3つの対応策を提示しました。

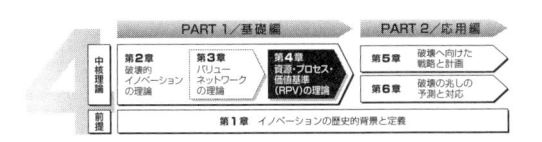

3. RPVの変化への対応

RPVの変化への3つの対応策

クリステンセンは、経営者が組織の能力が新しい仕事に適していないと判断した場合、「新しい能力を生み出すために次の3つの対策が考えられる」と主張します。

変化への3つの対応策

1. **買収**による新たな能力の獲得
2. 新しい能力の**内部醸成**
3. **スピンアウト**による新たな能力の開発

本章の冒頭のまとめでも見たように、クリステンセンは3つのうち、とくに2の組織内部での対応に関する難易度の高さについては、再三注意を喚起しています。

異なる「価値基準」や「プロセス」を持つ複数の事業をいかに1つの組織で併せ持つか？というテーマは、最近とくに研究が活発な分野です。しかしながら、現時点では新たな能力を組織の内部で生み出すという方法が実現できるのは、強いリーダーシップの下、「CEOが自ら注意して監督」できるような例外的な状況に限られるといいます。

プロセスと価値基準の力——資源配分プロセスの論理が強力であるからこそ、組織の力学を考えたとき、1か3の方法を中心に対応すべきと唱えています。

それぞれ具体的に見ていきましょう。

❖ 図表 4-8 ／「新しい組織の能力獲得」の失敗事例と成功事例

	失敗事例	成功事例
1. **買収による能力の獲得** ➡（新しい仕事に適したプロセスと価値基準を持った別の組織を買収）	**ダイムラークライスラー合併** ・クライスラーの優れた「プロセス」 ➡迅速で創造的な製品設計プロセスと、サブシステムの供給業者の製品を統合するプロセス ・ウォール街は合併によるコスト削減を提案し、実際に会社も実行。これにより貴重なプロセスは失われ、2007年にクライスラーはサーベラスに売られることに。	**ジョンソン＆ジョンソン** 3回の買収によって、破壊的技術の嵐の中で地位を確立 1. 使い捨てコンタクト 2. 内視鏡手術 3. 糖尿病患者用血糖値測定器 すべて小規模な時点で買収し、独立性を維持したまま資源を投入し、いずれも10億ドル規模の事業に成長させている。
2. **新しい能力の内部醸成** ➡（現在の組織のプロセスと価値基準を変えようと試みる）	**GMのプロセス改善** コスト削減と品質向上のためのコンピュータなどの製造資源に600億ドル投資したが、時代遅れのプロセスに最先端の資源は意味なかった。（組織の最も基本的な能力は「プロセス」と「価値基準」にあり、それらが資源をどう組み合わせて価値を生み出すかを決める）。	**トヨタのプロセス改善** 70〜80年代にかけてトヨタは高度な製造技術や情報処理技術などの資源に積極投資することなく、開発、製造、サプライチェーンのプロセスにイノベーションを起こした。
3. **スピンアウトによる新たな能力の開発** ➡（独立した別組織を新設し、その中で新しい問題を解決するために必要な新しいプロセスと価値基準を育てる）	**コンパックのオンライン販売事業** ・1999年、デルに対する競争力強化のため、ネット販売の事業を始めた。しかし、小売業者のクレームにより、数週間で撤回。この戦略はコンパックと小売業者の間の既存の価値基準、収益モデルにとって破壊的で大きなコンフリクト（対立）を引き起こした。 ・この問題の対処➡独立会社によって直販事業を立ち上げ。また緊張を緩和するためブランド名の変更も。	**ウォルマートのオンライン販売事業** スピンアウトで実施。この組織はウォルマートの優れた物流管理プロセスやインフラ利用ができないとの批判もあったが、オンライン事業は旧来のブリックアンドモルタルとはまったく異なる物流プロセスが必要なため適切。従来はオンラインでも倉庫から1つずつ配送していたが、今では各拠点の倉庫から当該エリアの配達区域の商品をまとめて配送。

1 ▶ 買収による能力の獲得

　有力な方法の1つが、「すでに成功に必要なプロセスと価値基準を持った組織を買収する」という方法です。

　ただし、このとき**買収する理由が「資源」の獲得にある場合**、子会社を親会社に統合する意味はあるものの、**成功の源が「プロセス」や「価値基準」にある場合**は注意が必要です。統合によってシナジーの源泉を失う可能性があるからです。

　詳しく見ていきましょう。

ダイムラークライスラーの失敗

　ダイムラーベンツとクライスラーの合併では、クライスラーは競合に比べて優れた資源は持っていなかったものの、90年代の成功を導いた迅速で創造的な「製品設計プロセス」など、いくつかの優れたプロセスは持ち合わせていた、とクリステンセンはいいます。

　にもかかわらず、当時の経営陣は2社を統合することでコスト削減の利を採る道を選択し、ダイムラークライスラーが誕生しました。

　ところが、ほどなくその世紀の合併は、頓挫することになります。

　じつは『イノベーションのジレンマ』執筆時はまだ合併前で、合併が実現した際は**「クライスラーの貴重なプロセスが失われる」**とクリステンセンは警鐘を鳴らしていました。

　その予言は的中し、合併が実現した後、プロセスは失われ、さらに合併の解消（事業の売却）にまで至ってしまいます。2007年にクライスラーはサーベラスへ売却されることが決まり、ダイムラーとクライスラーは、統合価値を生み出すことなく離別することになったのです。

IBMの失敗

　IBM もかつて大きな失敗を経験した、とクリステンセンは指摘しています。

　1984 年に IBM は PBX（交換機）メーカーのロルムを買収しました。ロルムは新たな PBX 製品を開発し、市場を開拓するという「優れた市場開発プロセス」を持っていましたが、IBM が 1987 年に完全に自社構造に統合してしまったのです。

　この統合により、ロルムの成功要因である「市場開発プロセス」は失われ、ロルムの PBX 事業も大きく失敗してしまいました。

　ダイムラーにとってのクライスラーと同様、当初から IBM にとっては、ロルムが持つ資源はすでに保有しているものばかりで、何一つ魅力的でなかったのです。

　ロルムの能力は PBX の「市場開発プロセス」にあったものの、IBM はロルムの優れた「市場開発プロセス」を、大型コンピュータ事業で築いた IBM 社内のプロセスに押しこんでしまったのです。

　しかも、ロルムの先進的で価格競争力のある営業利益率 10％以下の製品は、18％という営業利益率を誇る IBM の製品と比べ軽視されることになりました。

　それを軽視すれば買収の意味がなく、本末転倒になることは明白であるにもかかわらず、IBM の優秀な経営陣は、事業を現時点での数字（粗利益率と規模）という価値基準で判断してしまったのです。

　クリステンセンは、**外から見えにくい「プロセス」や「価値基準」は、定量的に評価しやすい「資源の価値」と比べ、完全に無視されやすい**と警笛を鳴らしています。

ジョンソン・エンド・ジョンソンの統合による成功例

　もちろん、失敗例だけではありません。

　製薬・医療機器、ヘルスケア関連製品を扱う多国籍企業・ジョンソン・エンド・ジョンソンは、**「異なるバリューネットワークの市場」への参入を目的とする買収の場合、プロセスや価値基準は統合しない**など、臨機応変に適応させていったのです。言わば、「投資育成のプロ」といえます。

　ジョンソン・エンド・ジョンソンが、破壊的技術の獲得と展開を成しとげた、3つの買収例として、クリステンセンは以下の事例を挙げています。

　1．使い捨てコンタクト：ビスタコン（ボシュロムなどの既存コンタクトに
　　　対する破壊的技術）

　2．内視鏡手術：エチコン・エンドサージェリー（高侵襲の外科的手術に
　　　対する破壊的技術）

　3．糖尿病患者用血糖値測定器：ライフスキャン事業部（病院での血糖値
　　　測定に対する破壊的技術）

　いまでこそ、同社の利益に多大な貢献をしている事業ですが、じつはこれらは**すべて小規模な時点で買収し、独立性を維持したまま**資源を投入。いずれも10億ドル規模の事業に成長させた、究極の成功例といえるものです。

　中には、血管形成術：コーディス事業部（心臓バイパス手術に対する破壊的技術）のように、買収後、その後リストラや売却報道が取りざたされている事業も存在はしています。

　しかし、この事業とて「失敗」とはいえません。2011年に4億ドルまで落ち込み、リストラを実行せざるを得なかった同事業ですが、「破壊的イノベーション」を経て、すでに長期間十分投資を回収した後の「持続的イノベーション」の段階にあったからです。

　10年以上前には26億ドルの売上を誇っただけでなく、その後、ライバルに対する特許のライセンス料の請求など、すでに10年以上にわたって多大な利益貢献をもたらし、投資の回収を終えているのです。

特許が切れ、競合の参入によって価格の下落が進み、「持続的イノベーション」への投資が嵩（かさ）みつつある中での撤退は、必ずしも後ろ向きの撤退ではありません。最大のシェアを誇るボストン・サイエンティフィックは、知的財産権の侵害に関する和解で、ジョンソン・エンド・ジョンソンに20億ドルもの支払いをしています。

寿命ある事業のサイクルの中で、いかにポートフォリオを維持し、ライフサイクルの中でいち早く撤退の意思決定を行うか。そのことで賢明な新陳代謝を図った例といえます。

2 ▶ 新しい能力を内部で生み出す

2番目の方法は、確立した組織の中で「新たな能力」を開発しようと努力することです。ただし前述のとおり、この方法の実現可能性に対してクリステンセンは懐疑的です[*]。

資源を補強して組織力を強化するのは簡単ですが、異なる価値基準に基づくプロセスの変化なしに人材や技術ライセンス、資金注入をしても変化を起こすことは難しいといえるでしょう。そして、組織が大きければ大きいほど、そのプロセスや価値基準の変化を起こすハードルが高いからです。

*ただし、組織内部のオペレーションの改善や変革は、下記トヨタの例のように一部の日本企業が比較的強いとされる分野でもあります。

資源よりも内部でプロセスを変えることのほうが難しい

70〜80年代にかけて、トヨタは高度な製造技術や情報処理技術などの資源に積極投資することなく、開発、製造、サプライチェーンのプロセスにイノベーションを起こしました。

他方GMは、コスト削減と品質向上のため、コンピュータなどの製造資源に600億ドルも投資したものの、時代遅れのプロセスで最先端の資源は意味を成さなかったといいます。

重要な判断基準となる価値基準によってあらゆるプロセスが決まり、そのプ

ロセスが資源を最適に組み合わせて価値を生み出す方法が決められます。繰り返しになりますが、組織の最も基本的な能力は「プロセス」と「価値基準」にあります。

　プロセスを変えるのは以下の2つの意味で非常に難しい、とクリステンセンは指摘します。

---

(1)「**現在のプロセス**」がもっとも組織内で機能しやすいように固定されている

　　➡業務の標準化のトレードオフとしての“**硬直性**”

　　　＊慣例と異なるやり方で人びとやグループが対話し、従来とは異なるタイミングで異なる課題に取り組む場合、経営者は対象となる人材を引き抜き、新しいグループと従来の組織を明確に分ける必要がある（スティーブン・C・ホイールライトとキム・B・クラークによる「重量チーム」。詳細は後述）。

(2)**経営者が既存のプロセスの成功体験を捨てられない**

　　➡これまで完璧に機能してきたという成功体験に固執

　　　（その目的のために使う限りうまくいっていた）

　つまり、たとえ資源に柔軟性があっても、プロセスと価値基準に柔軟性を持たせることは非常に難しいのです。

破壊的変化の予兆に対して取り組む組織と戦略・計画とは？

　破壊的変化の予兆が見え始めたら、即変化に対応する能力を備えておく必要がある、とクリステンセンは進言します。

　破壊的技術が足がかりの市場から主流市場の上位市場へ移動し、実際に自社のシェアが侵される危機に直面する前に、新しい課題に取り組む組織が必要になるからです。

　とはいえ、プロセスは目的ごとに違うため、1つのプロセスで異なる2つの

ことを行おうとしても整合性が取れず、かえって混乱を招くことが多くあります。

たとえば、存在していない新市場で事業を行う場合は、既存の市場調査や計画のプロセスでは実行に至りません。

長距離ドライブ用の市場ができていた米国のオートバイ市場で、スーパーカブのような短距離用に楽しむ小型バイクの潜在市場は、調査によって必ずしも顕在化する類のものではないからです。

最初、既存のオートバイディーラーは、小型オフロードバイクを取り扱ってくれませんでした。仕方なくホンダの社員が気晴らしに近所のツーリングに出かけたところ、それを偶然見かけた消費者が、その小型"オフロードバイク"の存在に気づいたのです。

それをきっかけに、体験としての価値が人々の噂を通して広まり、初めて市場が認識され始めました。

「小型バイクで短距離のツーリングがしたいか」と尋ねて、YES の数を数えるような市場調査では顕在化しないニーズなのです。

このように「破壊的イノベーション」に直面した際の戦略と計画は、実行計画というより、**学習し発見するための計画（第5章）**であるべきだ、とクリステンセンはいいます。

かりに何もわからない状況で、意図的戦略に基づく仮説によって予測や計画を立てたとしても、有為な結果は得られません。

ちなみに HDD 業界では、業界専門誌の「ディスクトレンドレポート」が前年の各市場分野の販売台数と売上高を公表するとともに、その後4年間に出荷される販売台数の分野別予測を提供していました。しかしながら、その予実は文字どおり絵にかいた餅のような結果になっています。

たとえば、持続的技術である 2.5 インチと 14 インチのディスクドライブの予測と実際の出荷台数の差（4年後の数値）は、それぞれ **8%**、**7%**と誤差の範囲内でした。

ところが、破壊的技術である **5.25 インチのドライブでの予実ギャップは**

265%、3.5インチでは 35%、1.8 インチでは 550% であったのです。
（※8 インチの予測は発表していない）

❖ **図表4-9 ／HDD出荷台数の予実ギャップ（初回出荷後4年間）**

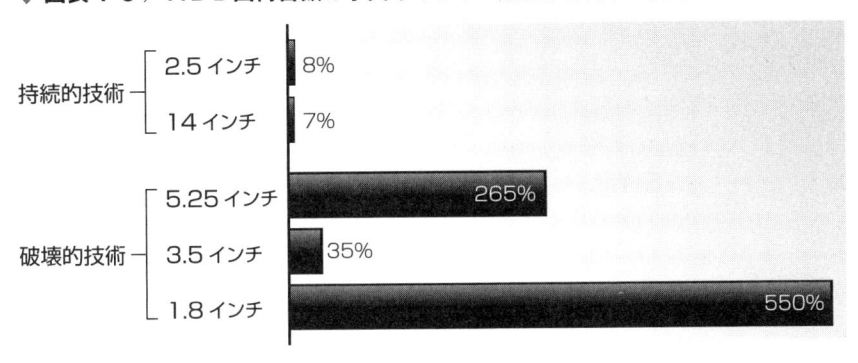

　このように、**試行錯誤と直感と手さぐりで参入する「プロセス」**を、明確な既存事業と並行して採用していくのは非常に難易度が高い運用となります。この不確実な予測に頼って評価し、大きな意思決定をするリスクのほうが大きいといえます。

　異なる目的を達する用途の製品や事業を進めるためには、やはり **2つの異なる「プロセス」**が必要なのであり、社内で既存と破壊的技術の2つを同時に育てようとする試みは、失敗するリスクが高いといえます。

　異なる特徴を持つ技術の投資育成を両立させられるような「双面型の組織（詳細は後述）」の構築などが研究されていますが、次で説明する「スピンアウト組織」などの代替策を含め、より良い選択肢になり得る条件について、さらなる理論化と検証などが進んでいます（3.「スピンアウト組織によって能力を生み出す」の説明後にまとめて紹介）。

3 ▶ スピンアウト組織によって能力を生み出す

　組織の新たな能力を生み出す第3の方法は、スピンアウトです。『イノベーションのジレンマ』発表後、最も代表的な対応策として広く認知されてきまし

た。

　多くの日本企業でも、2000 年以降注目されたネット関連事業への対応手段として積極的に採用されてきました。

　インターネット接続（プロバイダー）事業では、ソニーが So-net（東証一部上場後にソニーが 100％買収）、NEC が Biglobe（東証一部上場後、売却）、富士通は @Nifty（連結子会社、2014 年 4 月 10 日ロイター等による売却報道あり）、三菱電機は DTI（JASDAQ 上場後、売却）、パナソニックは Hi-Ho（売却）など、とくにインターネット黎明期（れいめいき）にできたプロバイダー事業運営会社としてスピンアウトした例が代表的です。

　破壊的技術の脅威がある中、主要事業のコスト構造に見合わない状況に対応するためには、低コスト構造の新組織を構築して、収益性や競争力を身につける必要があります。

　実際、それによって多くの会社が上場を果たしました。とくに、新しい組織の規模が主流組織の成長需要に対して小さい場合、スピンアウトが有効といえます。

　ただし単にスピンアウトしただけでは、主流の組織の意思決定から外れただけで終わってしまうことが多いともいえます。そのため、前述の内部での新たな能力醸成と合わせて、組織構造やチーム編成に工夫が必要になります。詳しく見ていくにあたり、まず組織学習の視点で、既存組織における新たなイノベーション実現にまつわる課題について見ていきましょう。

イノベーションに求められる「双面型」(両利き)の組織の議論

　真に新しい発明は、数多く誕生してくる新製品の中でも、非常に少ないといわれています。

　次ページの図表 4-10 のとおり、ほとんどの新製品は、既存のものを当該市場に適応させたり、他社のものを自社で改良した上で適応させるといった、いわば「知と知の組み合わせ」によって生まれた新製品です。

　たとえば、**「懐中時計」**に**「ベルト」**を組み合わせてできた**腕時計**のように、既存の知と知の組み合わせで思考の枠を広げることを「Exploration（探

索)」のプロセスといいます。

❖ 図表 4-10 ／新製品の分類

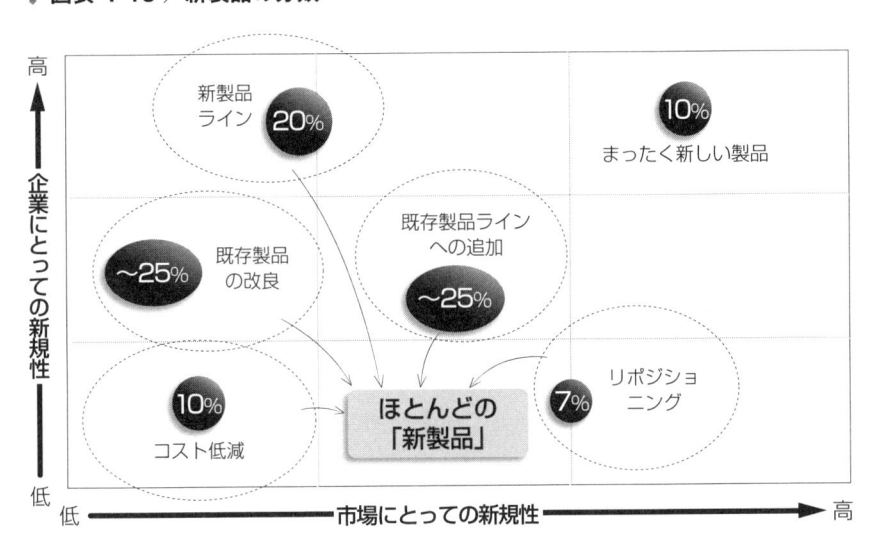

出典：“New products management for the 1980s”, New York : Booz, Allen & Hamilton, 1982 をもとに作成

　他方、懐中時計を防水加工したり、精度を改善したり、見やすいように工夫をしたりするといったように、既存の資源や能力を使って「深掘り」することを「Exploitation（活用）」のプロセスといいます。

　すでに懐中時計の市場があって売れている状態では、「探索」によって新製品を考えるより、形を変えたり、技術的な工夫をするなど既存の懐中時計に改良を加える「活用」のプロセスを重視しただけのほうが、確実で効率がよいといえるでしょう。

　本書の文脈でいえば、**新たなイノベーションに投資するよりも、中核事業を重視したほうが（短期的な）利益に結びつきやすい**、ということです。

　新たなものを生み出すというのは、確実性がないからです。この状況は、結果として中期的なイノベーションが停滞するリスクを示唆しており、組織学習

の観点から組織が陥る典型的な「サクセストラップ（"成功の罠"）」、または「コンピテンシートラップ（"能力の罠"）」とされています。

このように、過剰な"既存の資源・能力"の「活用」が必要な"新たな能力"の「探索」を排除する状態を避けるために、視野を広げることと深掘りすることの両方を促す「双面型の組織（Ambidextrous organization[*]）」が必要となります（ハーバード・ビジネススクール教授、マイケル・L・タッシュマンら）。

＊ Ambidextrous organization の訳として、『イノベーションへの解』では「両手ききの組織」、『世界の経営学者はいま何を考えているのか』（入山章栄著、英治出版）では「両利きの組織（経営）」、とされています。
『「双面型」組織の構築』（Diamond ハーバード・ビジネス・レビュー、2004 年 12 月号、原題 "The Ambidextrous Organization" Harvard Business Review）では「双面型組織」、『競争優位のイノベーション』（ダイヤモンド社、原題 "Winning Through Innovation"）では「両刀使いのできる組織」と統一されていません。本書では、ハーバード・ビジネス・レビューの日本語訳で活用され、日本のマネジメント領域において一部活用されている「双面型の組織」を使用します。

つまり、「安定と管理を重視して、短期の効率を目指した運営をすると同時に、リスクを冒し、行動から学びながら長期的なイノベーションを目指す運営をする」必要があるからです（『競争優位のイノベーション』ダイヤモンド社）。

「知の探究と活用」の両立を実践する組織

『双面型組織の構築』の中で、ハーバード・ビジネススクールのマイケル・L・タッシュマンと、スタンフォード大学のチャールズ・A・オーライリーⅢ世らは、こう述べています。スピンアウトなどによって独立した組織を作ることは重要だが、それだけでは破壊的事業の芽を外に追いやって、主流事業に専念するだけにとどまってしまう、と。

つまり、独立した組織を作っても、主流事業に専念されないように、**既存の管理構造から外れず、トップマネジメント間で情報のすり合わせができる事業部として組織構造を作ることが重要**だというのです。

もう少し具体的にいえば、機能別組織ではなく、事業部制組織の1つとして新規事業をぶら下げること、その事業で開発から営業まで全機能を独立して持たせ、その事業を既存事業と同じ力を持つマネジメントの管轄下に置くべき（従来の管理構造から外さない）ということです。クリステンセンも、RPV の

"価値基準"を新たに作るための方法として、「新しいコスト構造を持った新しい事業部門を設置すること」と明示しています（『イノベーションへの解』）。

　タッシュマンらの詳しい研究によると、クロスファンクショナル組織（Cross-functional teams）での運用や、製造部や販売部等と並べて設置された独立型機能別組織（Unsupported teams）での運用では、成功例が出なかったといいます。

　また、既存の機能別組織内にミッションを与え、管理下で新規事業を行う機能別組織（Functional designs）では、約25％の成功例だったのに対し、「双面型組織」（Ambidextrous organizations）では90％以上の成功例があったと報告しています。

＊35件のブレークスルーイノベーションの結果。

❖ 図表 4-11 ／組織の形態別・新規事業の成功確率

組織形態	双面型組織	機能別組織	独立型機能別組織	クロスファンクショナル組織
成功例	90％以上	25％	0％	0％
チームの独立性	◎事業部として独立	◎プロジェクトチームとして独立（各部門が協力）	◎プロジェクトチームとして独立	◎プロジェクトチームとして独立
従来の管理構造	◎従来経営構造の配下に置く	◎従来の管理構造に組み込む	×従来の管理構造から外れる	×従来の管理構造から外れる
組織図例				

出典：マイケル・L・タッシュマン、チャールズ・A・オーライリーⅢ世著『「双面型」組織の構築』（Diamond ハーバード・ビジネス・レビュー、2004年12月号、原題 "The Ambidextrous Organization" Harvard Business Review）をもとに作成

また「双面型組織」の場合、既存事業の深掘りと新規事業の立ち上げとは種類がまったく異なる事業体を有する組織となります。そのため、異なる戦略、組織構造、仕事のやり方、組織文化を並行稼働できるリーダーシップ（双面型リーダーシップ）の必要性も説いています。

　経営者や現場で事業を運営する実務家の多くは、これらを両立させるために、全社戦略として提示された異なる事業に分散投資する「事業ポートフォリオ」が社内で共有されればそれで十分では？と思いがちですが、他方でその実現の難しさも感じるはずです。

　事業のライフサイクル上、プロダクトポートフォリオの「問題児」のようなポジションの、中期的な種まきが重要だとわかっていても、そこに踏み出せない。株主や投資家の要請が厳しい中、気づくと次の決算での成果のための目先のアクションに特化しがちになることもまた事実だからです。

❖ 図表 4-12 ／双面型組織の力を引き出すには

> 2つの事業は、まったく異なる戦略、組織構成、仕事のやり方、組織文化を必要とする。

●特徴	Exploitative business 既存事業の深耕	Exploratory business 新規事業の開発
戦略的意図	コスト、利益	イノベーション、成長
重要なタスク	業務遂行能力、効率、漸進的イノベーション	適応力、新商品開発、ブレークスルー・イノベーション
コンピタンシー	業務効率	起業家精神
組織構造	形式的、機械的	適応的、自由奔放
評価指標・報奨	利幅、生産性	着実な達成、成長
組織文化	効率、低リスク、品質、顧客	リスク・テイキング、スピード、柔軟性、実験
リーダーシップ	権威的、トップダウン	ビジョナリー、全員参加

 Ambidextrous Leadership 双面型リーダーシップ

新旧それぞれの事業部門が異なる事業目的を掲げながら、権威、トップダウン、ビジョナリー、全員参加、シニア・マネジャーの結束、共通のビジョンや価値観、シニア・マネジャーの報奨制度の共通性によって、一つにまとまっている。

出典：マイケル・L・タッシュマン、チャールズ・A・オーライリーⅢ世著『「双面型」組織の構築』（Diamond ハーバード・ビジネス・レビュー、2004年12月号、原題 "The Ambidextrous Organization" Harvard Business Review）をもとに作成

スピンアウトの意味のレベルと重量チームの役割

　一方、クリステンセンの言葉でいえば、重要なのは**「物理的な分離」でな
く、主流組織の「資源配分プロセスからの独立」**だといいます。

　双面型リーダーシップでいう「チームの独立性」と「従来の管理構造とのつ
ながり」を、RPV にリンクさせて提案しています。

　つまり、既存の「プロセス」と「価値基準」に含まれる能力を、経営者が破
壊的事業で「利用できる場合」と「利用できない場合」があります。それによ
って、スピンアウトで対応する「適切な組織とチームの設計」が異なる、と紹
介しています。

　これは、前述のタッシュマンらも引用するクラークらの**「重量開発チームの
編成指揮」**（カリフォルニアマネジメントレビュー〈34〉1992 年春号）の考え方の
適応です。

「重量チームの編成指揮」の概要

　重量チームとは「チームメンバーの貢献度が大きく、全員が同じ場所で仕事
をするチーム」、いわゆる特殊部隊です。

　各メンバーの役割は、チームの機能別のグループの一員でなく、**ゼネラルマ
ネジャー**として、プロジェクト全体の成功に責任を持つこと。人事や経理、開
発といった各機能分野のメンバーの決定や作業に、積極的に関与することとな
ります。

　重量チームは「新たなプロセス」が必要な事業再生や変革といった場面で、
大きなイニシアチブとパワーが必要となる場合にも有効だといえます。

　**価値基準の適合性が低い場合、主流組織の価値基準では、スピンアウトされ
た「事業プロジェクト」の優先順位が低くなりがちです。**そのため、開発と商
業化を実施する**「自律的な組織」**が必要になるといいます。

　反対に、価値基準の適合性が高い場合、主流組織のエネルギーと資源がプロ
ジェクトを支えることが期待できるため、スピンアウトを検討する必要はない
といえます。

		組織の「価値基準」との適合性	
		低い（破壊的）	高い（持続的）
組織の「プロセス」との適合性	低い	**「異なるプロセス・価値基準」** （**C**：破壊的イノベーション） ✓「自律的な組織」 ＊スピンアウト組織 ✓「重量チーム」 で重量チームを活用	**「異なるプロセス」×「同じ価値基準」** （**A**：急進的×持続的イノベーション） ✓「主流組織」 ＊既存組織内で ✓「重量チーム」 重量チームを活用
	高い	**「同じプロセス」×「異なる価値基準」** （**D**：破壊的イノベーション） ✓「自律的な組織」 ＊スピンアウト ✓「機能的なチーム」 組織で実行	**「同じプロセス・価値基準」** （**B**：漸進的×持続的イノベーション） ✓「主流組織」 ＊既存組織内で ✓「軽量チーム」 実行

それぞれ見ていきましょう。

A：「異なるプロセス」×「同じ価値基準」
（A：急進的イノベーション×持続的イノベーション）

　急進的で非連続な（狭義の）技術進歩で、クリステンセンのいう持続的な技術変化に直面している場合、**「主流組織」**を中心とした**「重量チーム」**が効果的といいます。

　組織の「価値基準」に適合するものの、性能の抜本的飛躍という解決すべき問題の場合、既存のプロセスとは異なるため、新しい種類の反復作業や協調、つまり新たなプロセスが必要になるからです。

B：「同じプロセス・価値基準」
（B：漸進的イノベーション×持続的イノベーション）

　会社のプロセスや価値基準に適合するもので、技術進歩も連続的で改良型、かつ持続的イノベーションの戦いを考えてみましょう。このケースでは、プロセスも従来のものとほぼ同様のため、**「既存組織」**に基づく**「軽量チーム」**（プロジェクトマネジャーが調整役として入る）で十分です。

　この種のチームでは、主流組織の中でプロジェクトマネジャー役が、機能分野の境界を越え、複数のチーム間の協調を促すことで対応が可能です。

C：「異なるプロセス・価値基準」
（C：破壊的イノベーション）

　新しいプロセスと、異なる価値基準が必要となるCの領域に含まれるケースを見てみましょう。いわゆる「破壊的技術」に直面しているような場合は、最も大きなパワーを必要とします。

　そのため、主流組織から離れた**「自律的なスピンアウト組織」**で新事業を強力に進めつつ、かつ**「重量チーム」**の形態をとることが重要です。

　グループ内の利害を調整するような、組織の壁を越えた課題の解決をけん引できる専任チームが必要だからです。

D：「同じプロセス」×「異なる価値基準」
（D：破壊的イノベーション）

　主流組織と同等の商品やサービスを、はるかに間接費の低い事業モデルによって販売する必要のあるケースです。いわばローエンド型破壊への対抗プロジェクトには、**「自律的なスピンアウト組織」**でR&Dやマーケティング、経理といった縦割りの**「機能的なチーム」**運営が有効です。

双面型の組織へ向けた研究と議論の行方

　クリステンセンの著書の発表後も、「急速に変化する環境に適応するために社内外の能力を統合・構築・再構成する企業の動的な能力」である前述の「ダイナミック・ケイパビリティ」や、それらを確立する重要テーマとして重なり合う、「双面型組織」に関するさまざまな提言や新たな研究が活発にされています。

　どちらも不確実な世界において、ある事業の成功のための能力が、新たな事業の成功のために役立たないどころか、マイナスにさえなってしまうという組織能力の「コア・リジディティ」（硬直性）の問題を解決するという、バートンやクリステンセンによって提起されたテーマに対する組織的な解決を目指したものです。

代表的なものとして、本文でも紹介したオーライリー＆タッシュマンによるマトリクスがあります。双面性が有効となる条件を整理したこのマトリクスは、「戦略的重要性」と「現有能力とのシナジー（オペレーションレバレッジ）」の２軸で分けられ、両方高いものは「双面型組織」で対応し、両方低いものをスピンオフで対応することを提案しています。

❖ **図表 4-14 ／双面型組織が求められる場面**

出典：O' Reilly, Charles A., III, and Tushman, Michael L.,"Ambidexterity as a dynamic capability: Resolving the innovator's dilemma", Research in Organizational Behaivor, vol.28, 2008, pp.185-206 に加筆

　その名も「ダイナミック・ケイパビリティとしての双面性：イノベーターのジレンマの解決へ」（"Ambidexterity as a dynamic capability: Resolving the innovator's dilemma", 2008）と題されたこの論文で紹介されたこのマトリクスは、組織にとって重要で、かつシナジーの高いものは（当然）主流組織内で対応すべき、という理想的な視点で整理されたものです。

　ただし、理論的考えとしては、本章で紹介したものと基本的には変わっていません。つまり、現有能力の「活用」と、新たな能力の「探索」を同一組織内でありながらも、事業部として「分ける」ことで、リソースの活用を可能としながら、自律性を維持しようとするものです。

　そうすると、「なぜスピンアウトではダメなのか」という疑問も出てきます。

　オーライリーとタッシュマンは、シナジー（現有能力活用によるレバレッジ効果）を重視するためには、単一組織内における事業部分離の方がより統合レベルが高く効果的であるとしています。

　ここは論点の相違がみられるようです。

　クリステンセンが提起した問題の論点はメリットではなく、むしろデメリット、すなわち実現可能性の問題です。1991年にこの双面性の問題を最初に提起したとされるスタンフォード大学名誉教授のジェームズ・マーチも、組織活動の本質的な要素は組織の資源や現有能力の「活用（exploitation）」と「探索（exploration）」であるものの、組織能力の向上を阻害する落とし穴（下図）の存在から、両者の適切な共存ないしバランス化が困難であるとしてこのテーマの議論が始まりました。

❖ 図表 4-15 ／組織能力の向上（組織学習）を阻害する３つの落とし穴

近視眼のタイプ	近視眼の例
「時間的」な近視眼 （temporal myopia）	現有能力の有効活用のために長期的な新規能力の獲得を犠牲にすること （例：短期的な利益の重視）
「空間的」な近視眼 （spatial myopia）	身近な部分最適の視点が優先され，全体最適の視点が軽視されること （例：目の前にある事業を重視）
「失敗」の近視眼 （failure myopia）	成功体験による教訓が優先され、失敗のリスクが過小評価されること （例：既存事業の成功体験を重視）

出典：Levinthal, Daniel A. and March, James G.,"The Myopia of Learning", Strategic Management Journal, Vol.14(1993), pp.95-112 をもとに作成

　クリステンセンが紹介したクラークらの重量チームの一連の提案では、RPVに基づき、新事業（新技術）に必要な「価値基準」を共有する場合は既存組織での対応が望ましいものの、そうでない場合は主流組織から離れ

た自律的組織での運用を求めています（「プロセス」と「価値基準」の両方が既存組織にあるプロセスや価値基準と適合するような場合は、「既存組織内」で「軽量チーム」により実行、異なる「プロセス」ながらも「価値基準」を適合するような場合は、「既存組織内」で重量チームにより実行）。

　こうした経緯を受け、オーライリーとタッシュマンも2013年の論文にて、クラークの重量チームの提案と同様に、双面型の組織が成り立つ前提をブレークダウンしたものを発表しました。具体的には、実現可能性に関する要素として、(1)現有能力とのシナジーを実現するために、既存組織が新事業へ積極的に資源や能力移転を促すインセンティブを設定するとともに、(2)新たな能力の探索プロセスの評価方法を、既存事業の業績や成果と変えるなどの必要性を提示しました。

　ただし、事業会社の現場では昔から工夫され、実現手段のため挑戦されている方法論でもあります。(1)のシナジーのための能力移転を促すインセンティブをいったん作っても、「昨年の事業成果に基づいて、新事業を縮小・撤退」という憂き目を見ることは現実的なものとして懸念されます。

　(2)の評価についても同様です。とくに報奨と昇進昇格につながる人事の内部フローで最も実務上大きなハードルは、「運用」時の設計と実行の徹底にあります。例えば、①評価基準の設定と②評価、③フィードバックというループをしっかり回す必要がありますが、現場のボトルネックは、最もパワーがかかる評価の前後の①評価基準の設定と③評価後のフィードバックにあるからです。
　結局、クリステンセンのいうRPV間の整合性を徹底できる環境整備をいかに行なうか？という議論に戻ってきます。

　ちなみに、異なるケイパビリティが必要となる事業の両立が難しいのは、統合の**初期段階**にあります。子会社化や、スピンアウト等で異なるケイパビリティを重複する新たなプロセスや価値基準がグループ内で十分確立・認知されれば、その時点で事業部として主流組織に統合することはそれほど難しいとはいえません。

　例えば、前述のジョンソン・エンド・ジョンソンでは、内視鏡手術など低侵襲手術用製品を扱うエチコン・エンドサージェリー社を社内新規事業としてスピンアウト組織で設立後、順調な事業拡大とともに、社内プロセスや価値基準を確立した上で、事業部へ吸収しています。

　他方、使い捨てコンタクト事業を行うビスタコン社は、ジョンソン・エンド・ジョンソンが 1980 年代に買収し、順調に拡大してきたのにもかかわらず、いまだに自律的な子会社として運営を続けています。そのコスト構造やビジネスモデルの違いからくる異なるプロセス、価値基準等により、主流組織に統合すべきケースと、そうでないケースに分かれるようです。

RPV の理論では、企業が従来から取り組む主要事業と新たな破壊的事業では、異なる「プロセス」や「価値基準」を必要とすることが多く、それらを両立できない組織の硬直性が、破壊的イノベーションに対応できない真の原因として挙げられていました。

これらの変化に対応し、「組織の能力」を向上させていくために、以下の3つの点を明らかにします。

●必要となるケイパビリティの確認

		資源	プロセス	価値基準
異なるバリューネットワークに必要なケイパビリティ	(主流市場)			
	(異なる市場)			
(事例)	ミニコン市場	開発力、設計力、資金、ブランド	・標準設計プロセス 　:2〜3年 ・製造プロセス 　:内製化、バッチ方式 ・販売プロセス 　:技術部門へ直接販売	粗利益率40%以下NG (50%以上はGood)
	パソコン市場	開発力、設計力、資金、ブランド	・標準設計プロセス 　:6〜12か月 ・製造プロセス 　:外注・大量生産 ・販売プロセス 　:小売店	8-18%程度

（組織の能力：RPV）

1. 自分たちが属する異なる用途別のバリューネットワークに必要なケイパビリティを分解し、違いを理解する
2. ケイパビリティに対応した組織構造とチームを分析する
3. 会社としてのケイパビリティへの対応法を選択する

●ケイパビリティに対応した組織とチーム作り

「プロセスとの適合性」×「価値基準との適合性」による分類

		組織の「価値基準」との適合性	
		低い（破壊的）	高い（持続的）
組織の「プロセス」との適合性	低い	□「異なるプロセス・価値基準」 （**C**：破壊的イノベーション） ✔「自律的な組織」 ✔「重量チーム」 *スピンアウト組織で重量チームを活用	□「異なるプロセス」×「同じ価値基準」 （**A**：急進的×持続的イノベーション） ✔「主流組織」 ✔「重量チーム」 *既存組織内で重量チームを活用
	高い	□「同じプロセス」×「異なる価値基準」 （**D**：破壊的イノベーション） ✔「自律的な組織」 ✔「機能的なチーム」 *スピンアウト組織で実行	□「同じプロセス・価値基準」 （**B**：漸進的×持続的イノベーション） ✔「主流組織」 ✔「軽量チーム」 *既存組織内で実行

●ケイパビリティへの対応法

選択肢	方法
	1. 買収による能力の獲得 （新しい仕事に適したプロセスと価値基準を持った別の組織を買収）
	2. 新しい能力を内部で生み出す （現在の組織のプロセスと価値基準を変えようと試みる）
	3. スピンアウト組織で能力を生み出す （独立した別組織を新設し、その中で新しい問題を解決するために必要な新しいプロセスと価値基準を育てる）

応用編

第5章

破壊へ向けた戦略と計画

1. 意図的＋創発的戦略の
   策定プロセス

　企業戦略の父といわれる経営学者イゴール・アンゾフは、予測可能な未来の分析を通して明確な計画を練り、それを実行していくトップダウンによる「意図的戦略」の必要性を説きました。

　つまり、それまで年間予算をベースに、その延長線上の3か年程度を計画として企画立案していたものを、より戦略的に将来の課題と機会について立案することを提案したのです。

　アンゾフは戦略的な要素として、(1)「戦略・市場分野」における自社の中核の特定、(2)「成長の方向付け」についての明示、(3)「競争優位」の確認、(4)「シナジー」の機会についての検証という4つを掲げました。

　具体的には、**市場の潜在規模と自社の売上とのギャップを自社の潜在的成長市場として捉え、そのギャップを埋める戦略的要素に基づいた施策の検討**を促しました。

　例えば、競合リプレース施策として差別的な製品のポジショニングや競争優位性のある価格政策、既存ユーザーの使用頻度や購入頻度、購入金額拡大へ向けた各種ユーザー拡充施策、潜在顧客へリーチするための流通施策やラインナップの拡充などの施策の検討などです。

　アンゾフによると、企業の成長（前述の4つの戦略的要素の「(2)成長の方向付け」）は、「製品」と「市場」という2面から成っており、それぞれの面の新規拡大を通し、「市場浸透」「市場開拓」「新製品開発」「多角化」という4つの成長戦略を検討すべきであるとしました（次ページの図表5-1参照）。

　一方、経営をアートとするカナダ・マギル大学のヘンリー・ミンツバーグは、これらの意図的な戦略の固定化を否定します。日々の経験から学び、現場中心に計画や戦略を柔軟に変えていく「創発的戦略」の活用を支持し、議論を呼んだのです。

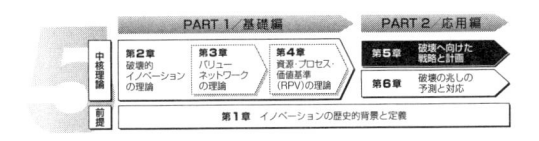

❖ 図表 5-1 ／アンゾフの成長マトリクス

		製品	
		既存	新規
市場	既存	**1. 市場浸透戦略** （シェア拡大） ・広告宣伝の強化 ・価格政策の改定 ・CRM 施策等	**3. 新製品開発戦略** ・新製品投入サイクル変更 ・製品のバージョンアップ （製品計画的陳腐化）等
	新規	**2. 市場開拓戦略** ・国内 ⇒ 海外進出 ・業務用 ⇒ 一般用進出	**4. 多角化戦略** ・水平型（PC メーカーのプリンタ進出等） ・垂直型（受託企業の設計や販売進出等） ・集中型（ビール会社のバイオ事業進出等） ・集成型（小売業のオンライン銀行進出等）

出典：H. イゴール・アンゾフ著『アンゾフ戦略経営論 新訳』（2008 年、中央経済社）をもとに作成

　ただし、ここで「意図的戦略」か「創発的戦略」か、という議論に惑わされてはいけません。二者択一の問題と捉えるべきではないからです。

　確かに、ダイナミック・ケイパビリティの議論と同様、不確実性が増している現在のような環境において、「創発的戦略」のアプローチを臨機応変にする重要性が、ますます高まっていることはいうまでもありません。実際、クリステンセンによると、「意図的戦略」を有効にするためには、次の３つの条件が必要であるといいます。

「意図的戦略」実行の３条件

```
１．成功に必要な条件を把握
２．全従業員にとって理にかなう
３．予期しない状況がない
```

３番目の条件が例外なく必要とされる前提を考えると、「意図的戦略だけでは事実上無理がある」ということは明確です。

　しかし、いくら「不確実」に対し「臨機応変」に対応せよ、といっても、他方で「飛んで来た球をただ反射的に打ち返す」だけの対応もまた、理想的な経営とは程遠い「戦略なき経営」ともいえます。

　クリステンセンも指摘するように、自社の大方針に基づきながらも、将来が不確実で適切な戦略が明らかでない部分は**「創発的戦略」**で主導し、戦略が明らかになれば**「意図的戦略」**主導で進めていくことが重要です。

Column

クリステンセンとアンゾフの共通点

　「トップダウンの使えない意図的戦略」とミンツバーグに斬られたアンゾフですが、クリステンセンが重視するものと共通する部分もあります。
　まず、将来の予測可能性（不確実性）に関する認識です。
　前述の有名なアンゾフの成長マトリクスが初めて紹介された論文 "Strategies for Diversification"（1957）でも、不確実性に関する懸念は十分認識されていたといいます。

　ミンツバーグによってプランニング学派と区分けされたアンゾフは、意図的戦略を志向しながらも、予測可能性の程度により将来の見通しを分類し、速やかに対応できるよう警笛は鳴らしていたのです。逆にいえば、警笛こそ鳴らしているものの、組織内でのオペレーションは「何とか気を付けて臨機応変にうまくせよ」ということです。

　具体的な運用については掘り下げられていない点を鑑みると、ちょうど外部環境を重視するポーターにとって企業内部の視点であるケイパビリティが「オペレーション効率性に過ぎない」というのと同様の力点の違いがあったということです（無視しているわけではありません）。

　ちなみに、アンゾフが「乱気流（Turbulence）」として表現した変化の

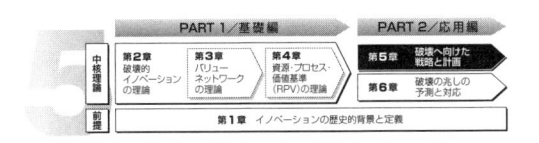

急激さ（≒不確実性）の原因として挙げられた考察も興味深いものがあります。つまり、今から30年以上も前の段階で、

1）環境変化が非連続（新奇性が増し、成功体験が役に立たない）で
2）環境対応のコストが増大し、
3）環境変化の速度が加速し
4）環境が複雑化している

　という、およそ現代の不確実性の説明にもそのまま採用できる考察がされていたのです。

　つまり、アンゾフは、1980年代にはすでに、不連続な環境変化が企業にとって主要課題になっており、それらの変化に対応できるように、企画立案プロセスを改良することを目指していたといいます。『「戦略経営」の実践原理』（ダイヤモンド社、原題"Implanting Strategic Management"）の中で主張する前述の4つの乱気流の要因により、5段階の環境の乱気流が示されています。つまり、新たなプロダクトラインやマーケットへと事業拡大を目指していく中で、予測可能性と変化のスピードによって5つに分け、分析を促していました。

❖ 図表5-2 ／ 5段階の乱気流

過去と現在の連続性（予測可能性）	5段階の乱気流	概要
連続	1. 反復型（Repetitive）	変化のペースはゆっくりで、予測可能
	2. 拡大型（Expanding）	市場は安定的かつ徐々に拡大
	3. 変化型（Changing）	顧客の要求はかなり速く変化し、市場は漸進的成長
非連続	4. 不連続型（Discontinuous）	予測可能な変化とより複雑な変化の混合
	5. 突発型（Surprising）	予測不可能な変化が新製品を生み、新たな変化

　また、もう一つの共通点は、将来への積極的な投資の重要性についての

認識です。

　ちょうどクリステンセンが現在の延長上の持続的イノベーションだけでなく、用途の異なる破壊的技術の種にも積極的に対応する重要性を説いているように、アンゾフも成長マトリクスで単にフレームワークを提示しただけではなく、彼の力点はリスクも大きいが潜在的成長が大きく見込まれる新製品—新市場の象限にある**「多角化」**に置かれていました。

　つまり、当時から、大きな成長のためにはコア事業という「知の活用」だけに依存することなく、新たなイノベーションという「知の探索」を積極的に模索するべし、という提言を行っていたといえます。

　それを象徴するアンゾフによるオリジナルの成長マトリクスをご覧ください。

　多角化（Diversification）が最も潜在成長余地の大きな対象として、視覚的にも圧倒的に面積が大きいマトリクスで説明されています。

EXHIBIT I. PRODUCT-MARKET STRATEGIES FOR BUSINESS GROWTH ALTERNATIVES

　また、詳細については理論化や深い分析がされていないものの、多角化に伴うリスクの大部分は、組織における過去の成功体験や伝統といった既定路線に縛られる経営にあるとアンゾフは指摘し、過去をリセットし、多角化に必要な新たな能力や技術、資源が必要になるとも説いています。

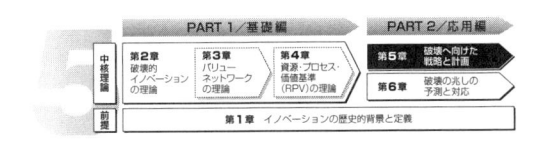

創発的戦略の前提

　一般に、「創発的戦略」が有効なのは、不確実性が高い状況といわれます。

　クリステンセンによると、「不確実性が非常に高い状況にある企業」は、固定的な戦略的計画に固執するのではなく、**市場が発するシグナルへの対応方法を開発する必要がある**といいます。

　その意味では、成長著しいIT業界のみならず、成熟化とグローバル化が同時に進み、一部の寡占化とニッチ分野への分散化という真逆の動きがみられる他の多くの業界においても、「創発的戦略」の重要性は増しているといえます。

　ただし前述のとおり、事前に戦略目標と手順を決めて計画どおりに進める「意図的戦略」と、計画実施後に試行錯誤しながら進む「創発的戦略」は二律背反の関係ではないということを忘れてはいけません。

　「意図的戦略」がいわば**「設計重視の計画」**だとすると、「創発的戦略」はさしずめ**「運用重視の計画」**といえます。リーンスタートアップなどは後者の一例といえます。

リーンスタートアップと「創発的戦略」

　では、「創発的戦略」の具体的な運用例の一つとして挙げられることの多い「リーンスタートアップ」とは何か。それは、「製品投入を早めて、短期間で多くの改定を加えることで、通常よりも早く自律成長基調まで製品および事業の立ち上げを行う」方法です。

　提唱者のエリック・リースによると、不確実性が多いスタートアップでは、「どんな人が顧客になるのか」「どういった製品を作るべきか」など、計画の大部分を仮説で設定せざるを得ません。

　その不確実な状況に対して、決め打ちで博打的に進めるのではなく、なるべく早期に**「実用最小限の製品（MVP：Minimum Viable Product）」**を投入し、仮説の検証を行うことが重要です。

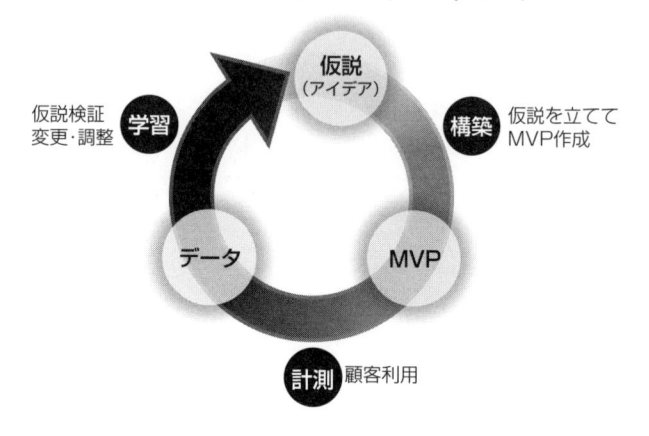

❖ **図表 5-3 ／リーンスタートアップのフィードバックループ**

　MVPによって、企業側も顧客側も、**構築（Build）―計測（Measure）―学習（Learn）**というフィードバックループを通じて、製品作りを目指していきます。

　その意味において、リーンスタートアップは多少の機能や性能、品質の精度を犠牲にしても、フィードバックループを通した学びのプロセスを最短化することで、事業の立ち上げを最優先させる手法といえます。

　中小企業向けの会計ソフトの雄 Intuit は、個人事業主向けにサービスを開始し、上位市場への移行を果たした「破壊的イノベーション」の事例として『イノベーションのジレンマ』でも紹介されていますが、リーンスタートアップの実践者としても知られています。

　インドなどの海外新興国での新サービス立ち上げや、グローバルな機能開発などでこのリーンスタートアップを実践しているほか、学生インターンシッププログラムでも実践しており、毎年複数のアイテムの製品化が実行されています。

　日本ではオムロン・ヘルスケア社が、リーンスタートアップの実践で知られています。そうして開発されたのが、睡眠のサイクルを研究し、体動による寝具の動きから目覚めやすい時間にアラームを鳴らしてくれる「ねむり時間計」

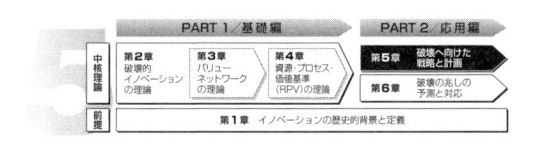

です。

　従来、大音量やスヌーズ機能で、強制的に眠さや疲れを無視して起こしていたアラーム機能ではなく、起きやすいタイミングですっきり起こしてくれるアラーム機能へと変えました。

　通常は、製品発売の約2週間前というリリースを、半年前から公表。WEBサイト（ねむりラボ）をオープンして情報を発信するとともに、そこで製品のニーズやベネフィットを顕在化させました。さらに、そうして集まったユーザーの声を製品開発に反映させた結果、発売後2週間で販売目標達成率180%を達成したといいます。

　『イノベーションの最終解』の共著者であるスコット・D・アンソニーは、「すべてのイノベーターは、リーンスタートアップについて詳しく学ぶべきである」といっています。とくに、「自分のアイデアが優れたものかどうかを確認するのは、市場に投入してみるまではほぼ不可能」です。

　だからこそ、製品を投入する前の段階で、手直しに時間をかける浪費はすべきではなく、むしろ「実用最小限の製品」（MVP）の段階で、最低限必要なレベルを満たした「そこそこ」（good enough）の製品を投入し、顧客の反応を見るフィージビリティスタディのようなプロセスを実践の場で早めることが有効であるといいます。

　製品をいち早く市場に出した後は、顧客から使用感に関するフィードバックを学び、それを製品に反映させてまた市場に投入する、というループを繰り返すのです（スコット・D・アンソニー著『「リーン・スタートアップ」を既存の企業で実現するには』Diamond ハーバード・ビジネス・レビュー　ブログ、2013年11月8日）。

　まさに、ミンツバーグが1985年の論文で「創発的戦略」と名づけたプロセスそのものです。

　同様のプロセスは、プロセス管理を徹底して効率化をする「リーン生産方式」や、デザインする際に行う思考の手順をビジネスにも採りいれた「デザイン思考*」などで実践されてきました。リーンスタートアップは、これらの考えを応用したものです。

＊デザイン思考：ビジュアル上のデザインの手法でなく、スタンフォード大学教授でIDEO（アイデ

ィオ）共同創業者のデイヴィッド・ケリーが提唱したイノベーションを起こすための全体設計と実現の考え方。製品が使われる環境、ユーザーの生活などをじっくりと観察し、製品のプロトタイプを作った上で、それを現場で試し、さらに改良を加えることを繰り返しながら製品のデザインを進めていくというコンセプト

❖ 図表 5-4 ／デザイン思考の5ステップ

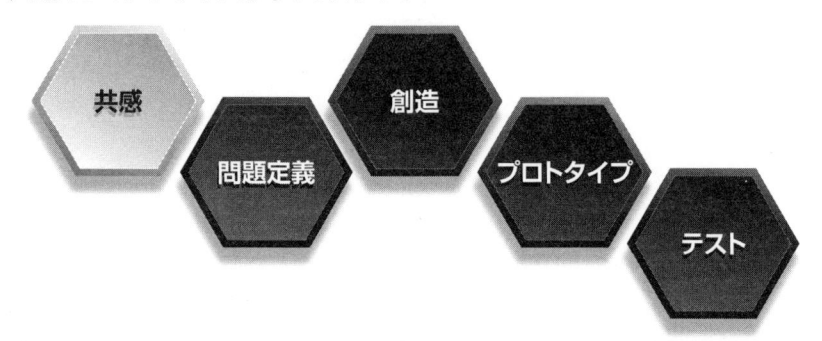

出典：スタンフォード大学ハッソ・プラットナー・デザイン研究所著／一般社団法人デザイン思考研究所編
『デザイン思考家が知っておくべき 39 のメソッド –the d.school boot camp boot leg –』

2つの方法を組み合わせる

　一方、この創発的戦略にまつわる考えに対する誤解もあります。

　じつは、イノベーションを学び、前述のリーンスタートアップなどの「創発的戦略」の重要性に傾倒する IT スタートアップ企業の中には、「あえて計画を作らない」と宣言する経営者も存在します。

　しかし、限られたリソースでインパクトのある施策に資源を集中させるためには、戦略的に経営上重要な変数を特定することが必要です。その中で、**"ある程度明確なもの"** と、**"真に不確実なもの"** に応じて、最低限の仮説とマイルストーンを設定することが有効になります。

「当たらないからまったく検討しない」 のと **「当たらないが、確実性の高いものと不確実性の高いものを可能な限り特定して認識しておく」** のとでは、事業運営における意思決定の有効性において雲泥の違いがあるからです。

　不確実なものは創発的に対応しても、明示的で確実なものまで創発的な仮説

検証によってリソースを浪費する必要はありません。

　重要なのは、臨機応変に「意図的戦略」と「創発的戦略」を組み合わせて進めていくことといえます。ミンツバーグがクラフティング戦略（Crafting Strategy）と呼ぶこの組み合わせは、トップの「戦略計画」と現場の臨機応変な創意工夫を通して「創発された戦略」によって、環境変化に適合した運用が可能ということです。

　この組み合わせの重要性については、クリステンセンが人生のイノベーションを説いた著書『イノベーション・オブ・ライフ』（日本語版：翔泳社、原題 "How Will You Measure Your Life?"）の中でも触れられています。

　人生において成功したいなら「意図的戦略」と「創発的戦略」の２つを上手に組み合わせるべきである、とクリステンセンは主張します。

　たとえば、結婚したいと思う恋人ができたとき、意図的に戦略を練って結婚に向かって邁進すべきでしょう。しかし、相手が自分を明らかに好きでなかったり、結婚を前提としたお付き合いでなかったりした場合は、「意図的戦略」には修正が必要になるはずです。

❖ **図表 5-5 ／戦略策定の２つの視点**

	創発的戦略	意図的戦略
視点	動的（Dynamic）	静的（Static）
概要	「何がうまくいくのか、いかないのか？」に関するフィードバックを市場から収集して臨機応変に計画を変更していく戦略計画のアプローチ	目標を設定し、到達手順を定め、その手順に従って行動していく戦略計画のアプローチ

　このとき、視野を広げることで、新たに結婚したい好きな人が現れたとします。総合的に判断して、新たな恋人との結婚を目指す方針に変更することが次の戦略になります。

　たとえそれが次善策であったとしても、実現の可能性を考慮すれば、その時点での最善策といえるでしょう。

　これが「創発的戦略」というわけです。

ただし、理想（意図的戦略）がなければ効果的な出会いに気づくこともできません。「意図的戦略」に加え、臨機応変に現実的な「最善策」を選ぶ「創発的戦略」を組み合わせることが重要なのです。

「予定どおり進まない」前提で何ができるか

　一般的な計画策定プロセスは硬直的なため、戦術や施策レベルの変更は効いても、戦略レベルの変更は難しい場合があります。

　そもそも戦略などの大方針は、変更する前提にはなっていないことが多く、現実の世界で進んでいる方向と、日々の意思決定との矛盾がどんどん拡大しがちです。

　こうして現実との乖離が明らかになり、その解消がもはや不可能になっても、**当初決めた「意図的戦略」に固執すると、その計画自体が破滅に向かってしまいます。**

　まるで、ギャンブルのリスクを認識しながら少しずつ賭けていた人が、ある一線を越えると「ここまで来たらもう引き下がれない」と、勝つまで賭けるモードに豹変するような状態といえます。

　クリステンセンは、破壊的技術に対しても、最初から多額の資金を投下してしまわないように注意をし、試行錯誤で何度か想定と違っても、**「軌道修正できるだけのお金を残しておく」**ことが何よりも重要といいます。

　同時に、このような課題に対応するため、**「意図的戦略」と「創発的戦略」を組み合わせ、柔軟性を持った計画策定プロセスを採ることの重要性を説きます。**その実践例として、**「仮説指向計画法」***が紹介されています。

＊『イノベーションのジレンマ』、『イノベーションへの解』では、「発見志向の計画法」とありますが、本書では訳語としてすでに一般化されている「仮説指向計画法」に統一します。

クリステンセンが評価する仮説指向計画法

　この「仮説指向計画法」（Discovery-Driven Planning）は、ペンシルバニア大学ウォートンスクール教授のイアン・マクミランと、コロンビア・ビジネスス

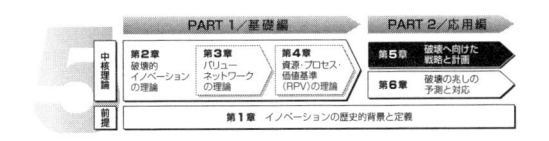

PART 1／基礎編			PART 2／応用編	
第2章 破壊的イノベーションの理論	第3章 バリューネットワークの理論	第4章 資源・プロセス・価値基準(RPV)の理論	第5章 破壊へ向けた戦略と計画	
			第6章 破壊の兆しの予測と対応	
第1章 イノベーションの歴史的背景と定義				

クール教授のリタ・マグレイスが考案した「計画立案と実行」に関する方法です。

この「仮説指向計画法（DDP）」は、まず計画達成に向けて**重要な前提事項（＝仮説）を明らかにしていく**ことに最大の意義があります。

「仮説指向計画法」では、目標となる財務的な成果を意図的な戦略計画として設定した上で、**「どのような仮説が検証されればこの目標が実現するか？」**という KPI（目標の達成度合いを計る定量的な指標）を設定していきます。

❖ 図表 5-6 ／創発的戦略プロセスをマネジメントするための仮説指向計画法

計画の違い	持続的イノベーション ➡意図的計画法	破壊的イノベーション ➡仮説指向計画法
	数字や規則に基づいてプロジェクト開始の決定を下してもかまわない	パターン認識に基づいてプロジェクト開始を決定すること
手順	1. 将来に関する仮定を立てる。	1. 目標とする財務成果を打ち出す。
	2. これらの仮定に基づく戦略を策定し、その戦略に基づいて財務予測を立てる。	2. どのような仮定の正しさが証明されれば、この目標が実現されるか？
	3. 財務予測を基に投資決定を行う。	3. 重要な仮定の妥当性を検証するために、学習計画を実行する。
	4. 予測される財務成果を実現するために戦略を実行する。	4. 戦略を実行するために投資を行う。

出典：『イノベーションへの解』（翔泳社）P279 の表 8-1 をもとに作成

つまり、コストプラスの価格対策のような積み上げベースの計画ではなく、ストレッチした目標利益を何によって達成させていくか、それを具体的にブレークダウンしていくことで、仮説が外れた際、速やかにその仮説を組み直し、リカバリー策を検討・実行できるよう、利益創出の因果関係に注目した動的な計画を完成させていきます。そのために、まず利益構造の分解（プロフィットツリーの作成）からスタートすることが重要です。

たとえば、単位価格と販売数量で売上と利益が決まっても、実際は値引きが必然で販売価格を下げる必要があることが明らかなこともあります。そんな時、目標利益を達成するには、機能追加をして対象顧客をハイエンド層に変えるか、販売方法を抜本的に変える（例：販売数量を高めるためにチャネルを見直す）などの前提となる仮説の因数分解を変える必要があります（実際は、182〜183ページの図表5-9のように、下の図表5-7よりもはるかに掘り下げた仮説設定が必要）。

❖ 図表5-7 ／利益構造のブレークダウンとKPIの設定

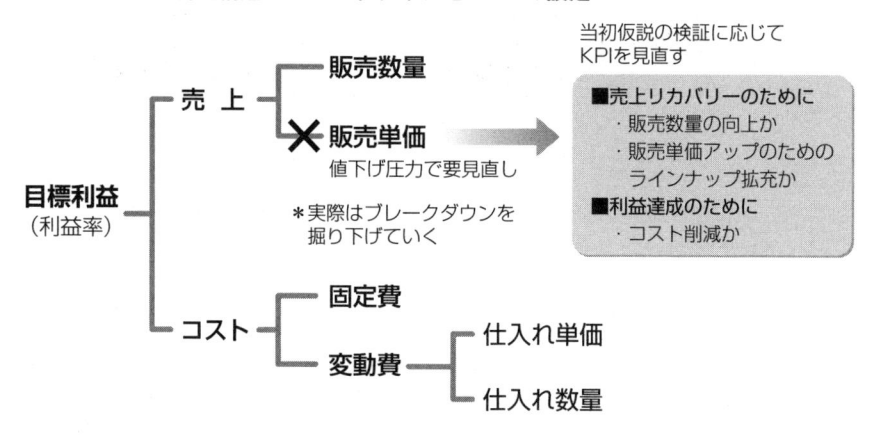

　このように仮説指向計画法では、計画実現までの**仮説検証サイクルを「いかに短く、早く、たくさん回し、そして組み直すことで計画達成に近づけるか」**という点が重要なポイントとなります。この点は、商品開発から市場投入まで顧客のフィードバックを通して製品を完成していく「リーンスタートアップ」に共通し、対応するものといえます。

予実ギャップを具体的に埋めていく

　具体的には、財務目標からその達成の仮説といえるKPIをブレークダウンした、いわば**「逆損益計算」**をもとに、計画を実行しながら仮説の検証をし、修正を加えていきます。

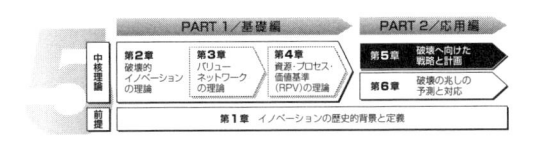

　過去の趨勢から類推して目標計画を立てるのではなく、将来の目標から達成するためのブレークダウンをしていく「逆損益計画」は、むしろ本来の計画の立て方ともいえます。実行上でも、予実ギャップを「超」具体的に分析して修正していく理想的なプロセスといえるでしょう。

❖ **図表 5-8 ／パナソニックのウォーターフォールチャート**

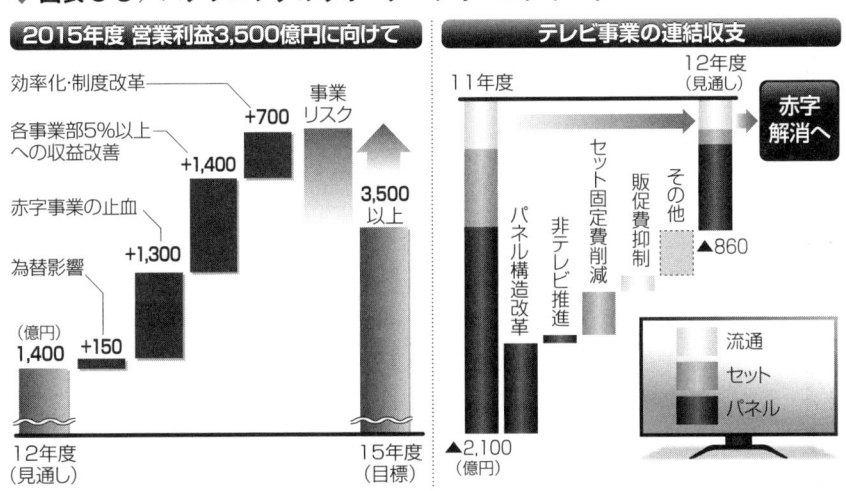

出典：パナソニック「2013-15年度3か年中期計画」（2013年3月28日発表）をもとに作成

　これらの考えは、概念的には投資銀行やコンサルティングファーム、企業などでも活用される階段チャート（またはウォーターフォール〈滝〉チャート）などと同様です。

　例えば、パナソニックの2013〜15年度の3か年中期計画（2013年3月28日）によると、2012年度の営業利益1400億円から2015年度に3500億円以上の達成へ向けて、赤字事業の立て直し等を中心に重要施策を提示しています。とくに赤字事業の代表としてテレビ事業では過去1年間で▲2100億円からパネル事業の構造改革等の成果により▲860億円と1000億円超の改善の実績見通しとともに、次の3か年で赤字解消することを掲げていました。

　それが、約1年半後の2014年10月31日発表の「中期計画と成長戦略の進

────── マイルストーンごとに仮説(KPI)の見直し ◄──────

概念図	1.利益目標と当初仮説の設定・見直し(逆損益計算書)	仮説のブレークダウン（チェックリスト化）
	(例)必要利益を達成するための以下の主要KPIの設定	(例)主要KPI達成のためのより小さなKPIの設定(アクティビティ)

| ポイント | 合計KPI
・売上
・費用
単価当たりKPI
・顧客当たり販売数量
・当該市場シェア
・単価当たりの原価 | 1.売上関連
2.製造関連
3.物流関連
4.設備投資と減価償却関連 |

(例)フロッピーディスク事業の場合

必達利益率(対売上)	10%
必達利益	40億円
必要売上高	400億円
許容原価	360億円
販売員給与	20億円
製造要員給与	30億円
製造変動費	50億円
包装費	10億円
運送費	25億円
減価償却費	133億円
許容管理固定費	92億円
1枚当たり	
販売価格	160円
総原価	144円
原材料費	20円

1．販　売
必要販売枚数＝250百万枚
平均注文単位(仮説8)＝10,000枚
必達受注件数(250百万／10,000)＝25,000件
受注に要する訪問回数(仮説9)＝4回
必要訪問回数(4×25,000)＝100,000回／年
販売員1人当たり訪問回数(仮説10)＝2回
年間販売員活動日数(100,000／2)＝50,000日
年間必要販売員数(仮説11)
　50,000活動日数／250＝200人
販売員1人当たり給与＝1,000万円(仮説12)
販売員年間給与総額(10百万円×200)＝20億円

2．製　造
ディスク表面の品質規格：
　競合トップメーカーに対するディスク1枚のキズの割合が50%以下(仮説15)
1ライン当たり生産能力＝25枚/分×1440分/日×348日(仮説16)＝12.5百万枚
必要生産ライン(250,000万枚/1,250万枚/ライン)＝20ライン
製造要員(30人/ライン(仮説17)×20ライン)＝600人
製造要員1人当たり給与＝500万円(仮説18)
製造要員給与総額(600×500万円)＝30億円
ディスク1枚当たり原料材費＝20円(仮説19)
原材料費総額(20×250,000万枚)＝50億円
ディスク10枚当たり包装費＝40円(仮説20)
包装総額(40×25,000万パッケージ)＝10億円

3．出　荷
ディスク10,000枚の注文1件当たり必要なコンテナー＝1(仮説13)
1コンテナー当たり運送費＝100,000円(仮説14)
運送費総額(注文件数25,000件×100,000円)＝25億円

4．設備および減価償却費
設備投資額対売上高比＝1対1(仮説5)＝400億円
設備の寿命＝3年(仮説7)
年間減価償却費(400億円/3年)＝133億円

仮説検証のための時間軸の追加（マイルストーン化）

（例）プロセスごとのKPI検証

コンセプト決定からフィージビリティスタディ、製品開発、
市場検証、生産開始、販売開始、競合対応等まで

マイルストーン目標 すなわち各マイルス トーンまでの完了事項	検証すべき仮説
1. 当初データ 調査および 予備的フィージ ビリティ分析	4：1993年OEM市場予測
	8：OEM平均注文単位
	9：OEM受注1件当たり販売訪問回数
	10：販売員1人1日当たり訪問件数
	11：必要年間販売日数
	12：販売員1人当たり年間給与
	13：注文1回当たり必要コンテナー
	14：コンテナー1個当たり運送費
	16：年間生産稼働日数
	18：製造要員1人当たり年間給与
2. 試作品生産	15：顧客の切替えに要する品質
	19：ディスク1枚当たり原材料費
3. 顧客の 技術検査	3：売上単価
	15：顧客の切替えに要する品質
4. 下請生産	19：ディスク1枚当たり原材料費
5. 下請生産品 販売	1：利益率
	2：売上収入
	3：売上単価
	8：OEM平均注文単位
	9：OEM受注1件当たり販売訪問回数
	10：販売員1人1日当たり訪問件数
	12：販売員1人当たり年間給与
	15：顧客の切替えに要する品質
6. 既存プラント 買収	5：設備投資額対売上高費
	7：プラントの実質的寿命

▼

マイルストーン目標 すなわち各マイルス トーンまでの完了事項	検証すべき仮説
7. 買収プラント でのパイロッ ト生産	6：1ライン当たり実質生産能力
	16：年間生産稼働日数
	17：1日1生産ライン当たり製品要員数
	18：製造要員1人当たり年間給与
	19：ディスク1枚当たり原材料費
	20：ディスク10枚当たり包装費
8. 競合他社の 反応	1：利益率
	2：売上収入
	3：売上単価
9. 製品再設計	19：ディスク1枚当たり原材料費
	20：ディスク10枚当たり包装費
10. 本格的価格 再検討	1：利益率
	2：売上収入
	3：売上単価
	4：1993年OEM市場予測
11. プラント 再設計	5：設備投資額対売上高比
	6：1ライン当たり実質生産能力
	19：ディスク1枚当たり原材料費

出典：リタ・G・マグラス, イアン・C・マクミラン
著「未知の分野を制覇する仮説のマネジメント」
（Diamondハーバード・ビジネス・レビュー
1995年11月号）をもとに作成

ちょく
捗 」では、1 年前倒しで 2014 年度中の目標達成の見通しを説明しています。

　事業部統合等や為替影響等のブレークダウンがないため実際のテレビ事業部の利益構造の転換の詳細は外部公表資料からは窺えないものの、実際には定点観測で、さらに詳細の KPI 設定と、KPI のブレークダウンがされ、分析と検証を通して計画の見直しがされています。

❖ **図表 5-10 ／パナソニックの営業利益率別・事業部数の推移**

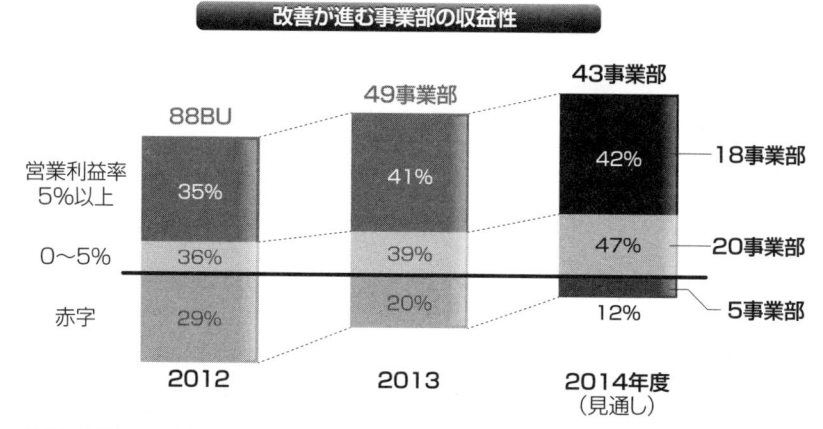

※割合は事業部・BU（ビジネスユニット）数ベース、グラフは事業部営業利益額の単純合計

出典：パナソニック「中期経営計画と成長戦略の進捗」（2014 年 10 月 31 日発表）をもとに作成

　仮説とマイルストーンによる検証プロセスを含んだ「仮説指向計画法」は、これらを計画段階で意味ある仮説の分解で明らかにし、即時に予実のズレを埋める対応等を打っていく「意図的戦略」と「創発的戦略」を組み合わせた理想的な計画といえます。

　そもそも「仮説指向計画法」の目的は、意図的な仮説に基づいた高い目標がありながら、不確実性への対処という**実行段階での柔軟性**を確保することにあるからです。事前に重要と思われる不確実性を洗い出し、その不確実性を定点観測して検証しつつ、計画を更新していくことに大きな意義があるといえます。

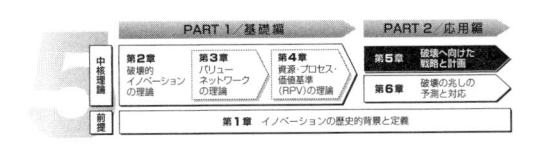

戦略策定における重要なポイント

　クリステンセンは「戦略を定義し実行するために、戦略プロセスと資源配分プロセスが作用する状況を適切にマネジメントする必要がある」といいます。

　とくに、経営幹部による「コスト構造の管理」、「重要な前提の検証と確認」、「直接関与の継続と創発・意図的計画の見直し」という3つの役割は、計画が有効に機能するために、必須の重要なミッションといえます。

1．コスト構造の管理

　コスト構造は、第4章で見たように、組織能力の硬直性を左右し、優先順位づけや資源配分を導く価値判断を決めるための、最も重要な要素の一つでした。組織全員が共有すべき大前提といえます。

2．重要な前提の検証と確認

「仮説指向計画法」等の手段によって検証すべき仮説を明らかにし、予実ギャップを見るだけでなく、そこから達成のために必要な「修正」をしていくことこそが目的です。いわゆる因数分解の確認と再設計のプロセスといえます。

3．直接繰り返し関与し、適宜、創発的・意図的戦略策定プロセスのどちらに従うべきか判断

　当初の仮説が誤っているとわかった場合、「意図的戦略」を修正するか、もしくは「創発的戦略」を選択する必要が生じます。当初の仮説が正しいと証明できれば、「意図的戦略」をそのまま推進します。

❖ 図表 5-11 ／仮説指向計画法のプロセスまとめ

概念プロセス	ステップ	TODO
1. 利益目標と当初仮説の設定	**Step1** 事業計画中の利益のブレークダウン（逆損益計算書）	予想売上に基づいて利益計画を設定する代わりに、逆損益計算書により当該事業で期待される利益をストレッチで決定した上で（最低利益率10％）その利益を獲得するために必要な売上を計算
2. 仮説のブレークダウン	**Step2** アクティビティの洗い出し	事業運営に必要なコストにつながる全てのアクティビティを挙げる
	Step3 仮説の設定	各部門のマネジャーと、当該事業で必要となる全ての仮説を洗い出す
	Step4 事業性の確認	全ての仮説とともに作成した逆損益計算書の有効性をチェック。事業にチャレンジする価値があるかを決定
3. 仮説検証のための時間軸の追加	**Step5** マイルストーンに応じて仮説を検証	仮説検証すべき事柄を時系列にマイルストーンとして並べ、検証していくとともに、必要な仮説の修正を行う

出典：McGrath, Rita Gunther, and Macmillan, Ian C.,"Discover-Driven Planning", Harvard Business Review, Manager's Tool Kit をもとに作成

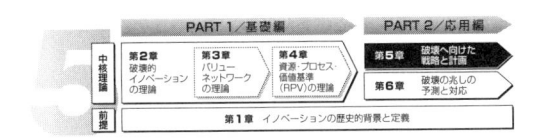

2. 破壊的技術のための種まき投資とポートフォリオ

2種類の破壊的技術への投資

主要事業が好調な成長期にこそ、破壊的技術の種を積極的にまいていくことが重要——クリステンセンは、こう強調します。

一般的に、関連多角化を含めた事業のポートフォリオ組成の目的は、分散投資によるリスクヘッジと事業の拡大にあります。

しかし企業規模が大きいほど、その高い固定費のおかげで、経営依存度の高い主要事業が不調になってからでは、屋台骨を支えることができなくなりかねません。

通常の分散投資ではない「破壊的技術」に対する種まき投資は、既存のリーダー企業にとって2つの大きな意味を持ちます。

破壊的技術への投資の目的

1. 既存の主要事業が、他者（新興企業等）の破壊的技術にリプレースされてしまう事態に対する保険としての投資
2. 既存の主要事業に依存せず、自社自ら破壊的技術を生み出し、事業を拡大。市場を獲得していくための投資

既存のリーダー企業が破壊的技術に投資するメリットを享受するには、新興企業が破壊的技術でサービス投入し、下位市場から既存のリーダー企業がいる上位市場へ移行してからでは遅すぎます。そのときはすでに、ほとんどの市場を完全に明け渡してしまうか、よくても自社の顧客に対して大幅にダウンセル（ダウングレード商品への自社内リプレース）するはめになります。

そうした事態を避けるために、本章で見てきたように「計画自体を柔軟にし、創発的戦略を実行していくことで不確実性に対処する」ことが重要です。しかし、一方で企業全体として**計画実行前**にできることもあります。

それは、限られた資源の中で「**主要事業の依存度を下げ、不確実性に対して柔軟性を担保しつつ、新たな種まき投資をしていく**」前提をつくることです。

そのために、異なる用途を持つ新たな市場の出現を冷静に判断し、自らも破壊的技術を生む「種まき投資」をする準備が必要です。

ポートフォリオは全社戦略

とはいえ、一言で「種まき投資」といっても、限られたリソースの中で、なんの指針もなしに理想的なポートフォリオを組むことはできません。

自社開発のゲームタイトルを出したいソフトウェア制作会社も、自社用のプロトタイプを作る時間を割く意思決定をしない限り、成功報酬といったレバレッジ（テコ）の利かない大手からの受託案件だけで疲弊する自転車操業状況からは抜け出せません。

ノーベル賞を共同受賞した中村修二教授が在籍した日亜化学では、中村氏が先代の会長に青色 LED の開発を直談判したエピソードが知られています。このとき会長は、わずか5秒で5億円の開発資金を与えることを決断、その決断によってのちに同社は、数百億円もの対価を獲得するに至ったといわれています。

しかし企業としては、天性の判断に依存するわけにはいきません。会社における事業の依存度の把握とともに、「資源・プロセス・価値基準（RPV）理論」に基づいた資源配分と事業投資スタンスによって、破壊的技術への投資決定が粛々と行われる必要があります。

短期的な成否に左右されず、既存の持続的技術のみに依存した経営から脱却するためにも重要なことです。

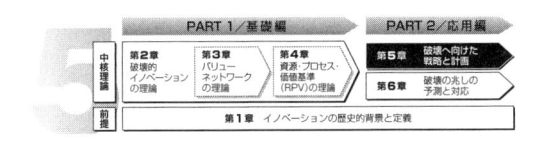

不確実性戦略とリスク戦略

ところで、しばしば勘違いされますが、「リスク」とはマイナスの事柄のみを指しているわけではありません。想定よりもプラスに振れることも同じ「リスク」です。

つまり「リスク」とは、その「振れ幅」を指します。

その意味で、「利益が予算より2億円も上振れた」という事実は決して喜べません。たまたま上振れしたから2億円のプラスですが、下振れしていればマイナス2億円です。

つまり、そこには最大4億円もの振れ幅があるということ。その「振れ幅」の範囲で、予想どおりいかない可能性があるという事実そのものが「リスク」なのです。

本来「リスク」とは、発生確率がある程度「予測できる」事柄をいいます。その可能性（確率）を割り引いて考えながら、振れ幅とそれが起こり得る可能性について、あらかじめシミュレーションをします。

他方、「不確実性」とは、その可能性（確率）さえまったく不明なものを指します。フランク・ナイトやケインズといった著名な経済学者も、確率すら計算できない場合に「不確実性」という言葉を用いてきました。

不確実性は優位性の源泉

ところが、リスクよりも怖い「不確実性」も、考えようによっては武器になり得るのです。

たとえば、競合に対して圧倒的な競争優位を獲得するには、皆が想定・準備をしていない場面で勝つことが、最も確実な方法といえます。

「仮説指向計画法」を提唱した前述のリタ・マグレイスによれば、金融危機を含む2000年からの10年で、純利益において世界のGDP成長率より高い5%以上の継続的成長を続けた「例外的成長企業」は、世界約4800社のグローバル大手企業中、わずか10社のみでした。

そして、その 10 社に法則性はなく、国籍も多様、業界も IT、インフラ、銀行、飲料というようにバラバラだったといいます。不測の事態を乗り切った 10 社は、「不確実性」に対して強靭な力を持っていたといえます。

　では、確率さえ不明な「不確実性」への対応は、どうすればできるのでしょうか？
　不確実な世界そのものを、正確に予測することは不可能ですが、それに準備することは可能です。
　その準備も、考え得るすべての「不確実性」について配慮する必要はありません。「仮説指向計画法」で設定した目標達成に必要な重要な仮説に基づき、自分たちの計画の屋台骨を揺るがす「重大な不確実性」を認識することであれば難しくないはずです。
　自社にとって重大な「不確実性」が限られていれば、対応すべきポイントも限定的であり、対策を検討することも不可能ではありません。

不確実性への対応シナリオ

　シナリオプランニングの権威で、ウォートンスクール教授のポール・シューメーカーは、「不確実性」に対しては「柔軟性」の獲得が必要であるとしています。そして、その「柔軟性」の獲得のためには、大きく以下の 2 つの方法があるといいます。

---

①複数のリスク回避策をとること
②オプション（選択肢）自体に柔軟性を持たせること

　さらに、①の複数のリスク回避策については、(i) 複数のシナリオに共通する対策をとることを説き、②オプション自体に柔軟性を持たせる方法について、(ii) 段階的投資を行う、(iii) 機能に柔軟性を持たせる、という 2 つに分類して不確実性に対する対応法を説いています（次ページの図表 5-12 参照）。

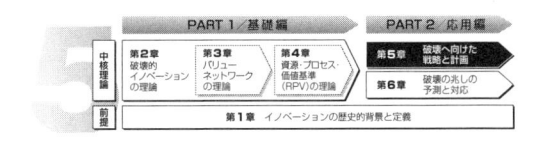

仮に同じような条件で、同じ程度の努力をしながら、そこで差をつけようとすれば、

● **拮抗する同じ競争ルールの中で少しでも差をつける**
　【皆が想定する競争】

● **異なる競争ルールの下で、圧倒的に多くの利益を獲得する**
　【不確実な場面での競争】

　このどちらかしかありませんが、クリステンセンが唱える「破壊的イノベーション」は後者です。

❖ **図表 5-12 ／不確実性に対する意思決定シナリオ**

不確実性へ対する基本原則：意思決定に「柔軟性」を持たせることで、リスク回避を行う

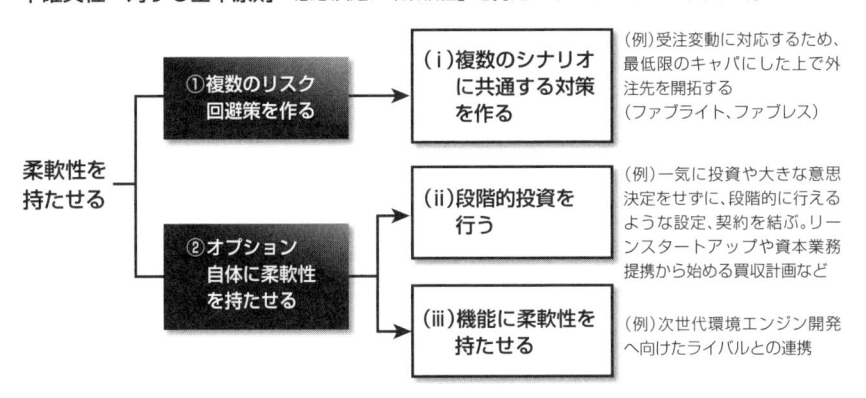

破壊的技術に対応する「柔軟性」とは？

　破壊的技術に対抗するために担保可能な「柔軟性」とは、

1．種まき投資を早めに行う（とりあえずゲームに参加しておく）
2．軌道修正できるお金を常に残しておく（段階的に投資をする）
3．博打ではなく、複数の機会に分散する
　という3つです。

　この「不確実性」への対応は、破壊的技術が出てきても、自社の収益が揺る

がない状況を作ることを目的としています。

　つまり、既存の主要事業や「持続的イノベーション」で戦う事業への依存度を下げるポートフォリオを維持し続ける、ということに他なりません。

　そして、前章で見てきたように、創業者が「意図」した戦略どおりに進むことがほとんどないとすると、予期しない状況のための資金を残しておく必要があるということです。

ポートフォリオの前提となるビジョン

　ポートフォリオで必要となる資源は「限られたリソースで最善の効果を生むために最適配分」される必要があります。しかし、実行する際のハードルは、この最適配分にあります。

　企業では、やらないよりやったほうが良いこと「だらけ」といえます。しかし、問題は、時間もお金も限られているという事実です。

　そんな中、「破壊的イノベーション」への資源の最適配分、つまりイノベーションに必要なポートフォリオとは、どのようなものでしょう。

　戦略に共通するテーマである**「限られた資源をいかに最適配分するか」**を考えるには、まず自社の現時点での事業ポートフォリオと、それをどう変えていくべきか、という**ビジョン**が必要になります。

　一言でいえば**「①"中核となる主流"で稼ぎながら、②"次の中核"を育てると同時に、③"将来の破壊の芽を早めに摘み、自ら破壊を生み出す"仕掛けに投資する」**ということがいえます。

　この考えは、クリステンセン自身と限りなく近い命題を持ったリタ・マグレイスの「不確実な前提で、いかに競争優位を作り続けるか」というコンセプトにも基づいています。

　リタ・マグレイスは、クリステンセンの理論と相互補完的ともいえるコンセプトを発表しています。クリステンセンも引用する「仮説指向計画法」とともに、ポートフォリオについて見ていきましょう。

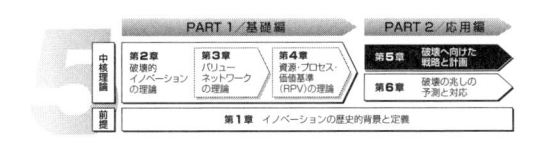

PART 1／基礎編　　PART 2／応用編

第2章　　第3章　　第4章
破壊的　バリュー　資源・プロセス・
イノベーション　ネットワーク　価値基準
の理論　　の理論　　（RPV）の理論

第5章　破壊に向けた
戦略と計画

第6章　破壊の兆しの
予測と対応

中核理論

前提

第1章　イノベーションの歴史的背景と定義

「柔軟性」を保持し続けることの重要性

「不確実性」について考えるとき、多くの経営者は「それがどの程度起こり得るか」を考え、「ほとんど起こらないであろう」と思うことにリソースを費やすことを嫌がります。

しかし、ここで重要な視点はその逆です。

ひとたび起こると会社の屋台骨を揺るがしかねない**「重大な不確実性」**だからこそ、実現可能な範囲でのリソースで準備をしなければならないのです。

とくに破壊に関しては、「不確実性」が高いからこそ、自社へのインパクトも高く、競合との差別化にも貢献する、と考える視点が重要です。

マグレイスによると、"短期的な競争優位（Transient advantage）"をチェーンのように連続的に構築してきた企業は、共通して**「古い優位性から絶えずリソースを引き上げ、新たな優位性の開発に投資する」というパターンを繰り返してきた**といいます。

そして、クリステンセンも指摘するように、破壊的技術の兆しが見えて勝負する段階で、「資金などのリソースが足りない」という状況だけは招かないよう、種まき程度の段階的投資でリソースをリアルタイムでモニタリングしておく必要があります。

つまり、重要なことは、不確実な段階で思い切って博打をすることではなく、まずはゲームに参加し、その後、必要に応じてコインを追加できる状態にしておくことといえます。

自動車業界の次世代ドミナントデザインという
不確実性への対応

ハイブリッドで世界をけん引するトヨタ自動車もまた、「不確実性」に対するシナリオを計画的に実行している好例といえます。

ガソリンエンジンの次の標準技術が確定していない現段階でも、ハイブリッド一本に賭けているわけではありません。ハイブリッドで先行しながらも、欧

州で主流の次世代ディーゼル、電気（EV）、天然ガス、燃料電池（FCV）等の
どれかに絞ることはしていません。また、どれかを選択肢から外すこともして
いません。

　ポール・シューメーカーが警鐘を鳴らすように、**せっかく「不確実性」に対
応するオプションやシナリオを準備しても、対策段階でどれかのシナリオを選
択して賭けてしまえば、まったく意味がありません。**

　トヨタは電気自動車（EV）では、既存のハイブリッドやプラグインハイブ
リッドで得られた電気・制御（インバータ）分野の技術を通して、効率的なモー
ターの開発や軽量化を果たすための素材開発のノウハウを獲得し続けていま
す。また燃料電池やリチウム空気電池などでは、BMWとの提携で研究を継続
しています。

　他方、日本で立ち遅れる次世代ディーゼルについては、日産自動車、ホンダ
などの国内乗用車メーカー9社が参加する、経済産業省系の自動車エンジン
（内燃機関）の基礎研究を行う共同組織「自動車用内燃機関技術研究組合
（AICE＝アイス）」に参画することで、将来へのオプションを保持しています。

　燃料電池車（FCV）として、世界初のセダン型量産車「ミライ」を発売し、
この分野でも世界をリードするトヨタにとっても、FCVを将来のデファクト
として賭けるという意思決定はされていないはずです。

成長ギャップを明確にし、オプション投資を重視する

　既存の中核事業以外に、実施すべき「種まき投資」がされているかチェック
するためには、自社の現状と将来の事業分野（投資状況）をポートフォリオと
してマッピングすることが有用です。

　クリステンセンの視点では、「持続的イノベーションに依存せず、将来の破
壊の種に対応し、自ら破壊を生み出していけるか」ということです。

　リタ・マグレイスのポートフォリオでは、まず対処すべき視点として「市場
（及び組織）の不確実性」、「ケイパビリティ（能力や技術）の不確実性」という
2つの重大な「不確実性」を提示しています。

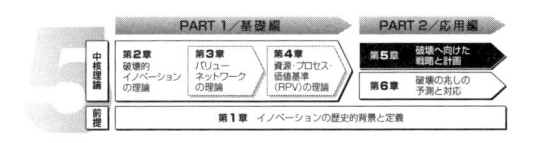

その２つの軸に応じてマトリクスを作り、事業の投資対象として、大きく以下の３つに分類しています

投資対象の３分野

> １．中核事業
> ２．次の中核事業（プラットフォームの立ち上げ）
> ３．オプション投資

クリステンセンのいう「破壊的イノベーション」への投資は、３で以下に提示された①～③のオプション投資に当てはまりますが、マグレイスもまた、この①～③の重要性を説いています。（次ページの図表5-13参照）

１と２は現在の中核または次の中核候補であり、ほとんどの企業が現在の主要事業の延長線上で展開しているものです。したがって、「不確実性」を排し、「柔軟性」を得るために、特定事業への依存度を避ける意味では、**上記１と２「以外」**の種まき投資の状況について把握する必要があります。

３のオプション投資は、さらに①複数ポジションへの投資（「ポジショニングオプション」）[*]、②ゲーム参加費用への投資（「足がかり」）[*]、③フィージビリティ投資（「スカウティングオプション」）[*]の３つに分類されています。
＊カッコ内の用語は、リタ・マグレイスらによる定義。

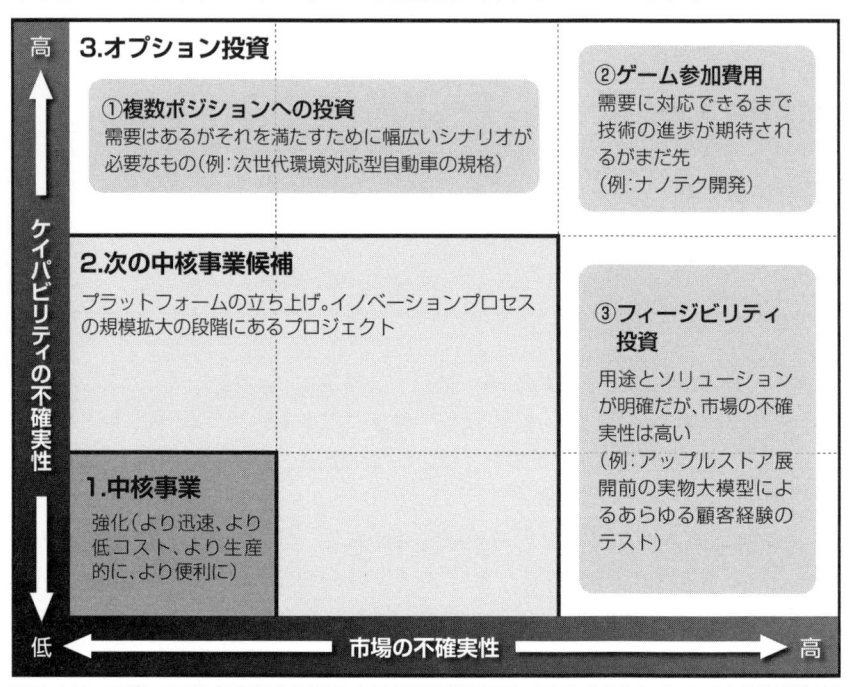

出典：リタ・マグレイス著『競争優位の終焉』（日本経済新聞出版社）の中の「イノベーションのためのビジネス機会に必要なポートフォリオ」をもとに作成

　まず、①**「複数ポジションへの投資」**は、市場の存在はあるものの、自社が提供する技術や能力の最適な組み合わせがわからない領域です。

　続いて、②**「ゲーム参加費用としての投資」**は、現時点では「不確実性」が高くても、より長期的に需要が生じ、技術も確立されると予測されるものになります。この領域では技術的なハードルはそれほど高くなく、用途の創造と啓蒙によって商業化が期待できる領域です。

　そして、③**「フィージビリティ投資」**は、技術・能力は保有しているものの、それが有効活用されるアプリケーション、つまり市場が不明確な領域をいいます。

　既存のプロジェクトをこうして領域分類することで、どれくらい新規事業領

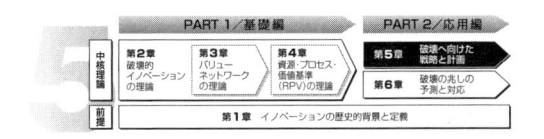

域へオプション投資しているか（逆に投資されていないか）、という状況をマッピングし、明らかにすることができます。

　その現状をもとに、**「3. オプション投資」**の各領域へ資源配分を行うことで、全社戦略レベルでの破壊への対応に活かせる第一歩となります。とくに、このマップで自社の資源のほとんどが**「1. 中核事業」**の強化や、**「2. 次の中核候補」**に集中配分されている場合、既存の主要事業における破壊の兆し（第6章）の検証とともに、すみやかな見直しが必要といえます。

　リタ・マグレイスによると、1つの優位性から別の優位性へ移行する優れた実績を持つ企業は、組織内では「内部の安定性」を持ちながら、対外的には柔軟性に連なる「アジリティ（俊敏さ）」を発揮しているといいます。

❖ **図表 5-14 ／イノベーションに必要な「安定性」と「俊敏性」**

内部の「安定性」	対外的な「俊敏性（アジリティ）」
● 野望（明確な戦略的方向感覚）	● 痛みを伴わない小さな変革を重ねる（不採算事業の売却を不要とし、柔軟かつ継続的に資源を再配分）
● アイデンティティーと文化（価値観）	● 予算編成で資源の抱え込みを許さない
● 人員配置と人材開発（競争条件が変化しても解雇の必要がない）	● 柔軟性の強化に投資する
● 戦略とリーダーシップ（優先事項、企業文化の構築、人材育成の重視、中核的能力の活用）	● イノベーションを本業としてとらえる
● 安定した関係（クライアント、取引先などエコシステムパートナーの間の関係も含む）	● オプション志向で市場を開拓する（小さな初期投資をして好機を探り、うまくいきそうなものが見つかれば、その後もっと本格的に投資をする

> 破壊への全社的な対応のプロセスは種まき投資の資源を確保した上で、計画の仮説検証プロセスのサイクルを短く早く回していくことが重要です。
>
> 破壊対応プロセス
> 1. ポートフォリオのマッピングにより事業の依存度を把握しましょう
> 2. 計画の実行ステップをDDPの視点でモニタリングしましょう

●破壊のポートフォリオのマッピング

イノベーションに必要なビジネス機会のポートフォリオ

3.オプション投資

①ポジショニングオプション　需要はあるがそれを満たすために必要な技術や能力の組み合わせは不明なものに幅広いオプションを維持する必要があるもの（例：スマートフォン規格）

②足がかり
需要に対応できるところまで技術が進歩することが期待されるがその時期はまだ先（例：ナノテク開発）

2.プラットフォームの立ち上げ

次の中核事業候補。イノベーションプロセスの規模拡大の段階にあるプロジェクト

③スカウティングオプション

用途が明確な能力や技術を持って新しい市場へ拡大（例：アップルショップ展開前の実物大模型によるあらゆる顧客経験のテスト）

1.中核事業の強化

事業をより迅速に、より健全に、より低コストでより生産的に、より精密に、より利用しやすく便利に

縦軸：ケイパビリティの不確実性　高／低

横軸：**市場の不確実性**　低　高

●実行ステップ

ステップ	チェックリスト	TODO	事例
Step1 事業計画中の利益のブレークダウン（逆損益計算書）		予想売上に基づいて利益計画を設定する代わりに、逆損益計算書により当該事業で期待される利益をストレッチで決定した上で（最低利益率10%）その利益を獲得するために必要な売上を計算	1. 全体の数値（利益40億円、利益率10%、売上原価10%を達成する売上400億円、費用360億円 etc.）2. 単位当たりの数値（単位当たり160円で売上達成するために必要な販売数2.5億個、2.5億個販売時市場シェア25%、売上原価10%を達成する単位当たりコスト：144円）
Step2 アクティビティの洗い出し		事業運営に必要なコストにつながるすべてのアクティビティを挙げる	売上、製造、出荷、装置と減価償却など
Step3 仮説の設定		各部門のマネジャーと、当該事業で必要となるすべての仮説を洗い出す	利益率、売上、単価、製造ラインごとのキャパシティ、平均注文サイズ、1日当たりの有効営業訪問数、注文当たりの営業訪問 etc.
Step4 事業性の確認		すべての仮説とともに作成した逆損益計算書の有効性をチェック。事業にチャレンジする価値があるかを決定	1. 利益率10%、2. 利益40億円、3. 必要売上400億円、4. コスト360億（販売人件費20億円、製造人件費30億円、減価償却133億円……etc.）、5. 単位当たり（販売価格160円、単位コスト144円 etc.）
Step5 マイルストーンに応じて仮説を検証		仮説検証すべき事柄を時系列にマイルストーンとして並べ、検証していくとともに、必要な仮説の修正を行う	1. 初期データ&フィージビリティ（市場規模、平均注文サイズ等）、2. プロトタイプ製造（リプレースに必要な品質、材料コスト等）、3. 顧客によるフィードバック（単位価格、リプレースに必要な品質等）、4. 外部委託製造（材料コスト等）etc.

出典：McGrath, Rita Gunther, and Macmillan, Ian C., "Discover-Driven Planning", Harvard Business Review, Manager's Tool Kit をもとに作成

第6章

破壊の兆しの予測と対応

破壊は予測できるか？

「破壊的イノベーションなんて予想できない」

「予想できないから破壊的である」

こう指摘する人は非常に多いはずです。

クリステンセン自身も、第1作目の『イノベーションのジレンマ』までは、破壊は**「予測できない」**というスタンスでした。

破壊の芽が出たあとで、それを確実に摘出し対応するための「ケイパビリティ向上策（RPV）」については掘り下げていたものの、「破壊の兆し」やそれによって起こり得るシナリオの掘り下げについては放置されていたといえます。

しかし、第2作の『イノベーションへの解』と第3作の『イノベーションの最終解』では、ケイパビリティを向上させて、破壊に対応するだけでなく、破壊が起こる兆候を探る意義を伝えています。破壊を予測できるということは、自ら破壊を起こすことができるということを意味するからです。

第2章の冒頭の「破壊とは"相対的な現象"である」のところでも触れたように、1社の戦略行動は競合へのシグナルとして、異なる戦略行動を引き起こします。

したがって、第5章でも見てきたように、厳密には計画を立てた時点での予測の精度は、本来それほど重要ではないのかもしれません。

むしろ、クリステンセンが伝えた重要なメッセージとは、まず**「不確実性」を少しでも分解し、まったく不確実なものとそうでないものに分ける努力をすること、そして予測不可能なものについては柔軟に対応できる状態を整えておく必要があるということ**です。

不確実性が高くても、定点観測により破壊の兆候を少しでも確認できれば、それによって破壊にいち早く対抗することができ、また、自ら破壊も起こせる可能性があるからです。

本章では、この「破壊の兆候」に対応するため、クリステンセンが提案する

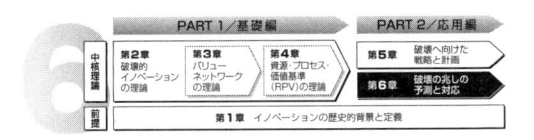

	PART 1／基礎編			PART 2／応用編	
中核理論	第2章 破壊的 イノベーション の理論	第3章 バリュー・ ネットワーク の理論	第4章 資源・プロセス・ 価値基準 （RPV）の理論	第5章 破壊へ向けた 戦略と計画	第6章 破壊の兆しの 予測と対応
前提			第1章 イノベーションの歴史的背景と定義		

３つの分析プロセスを見ていきます。

破壊に対する分析プロセス

1．変化のシグナルを探す
2．競争の激しさを評価する[*]
3．戦略的選択を考える

という３つです。それぞれを見ていきましょう。

＊競争の激しさ：『イノベーションの最終解』では「競争のバトル」と翻訳されていますが、原著
"Competitive battles" の意を本書では「競争の激しさ」と表現しています。

❖ 図表 6-1 ／「破壊の兆候」を予測するための３つの分析プロセス

予測の分析プロセス	概要
1. 変化のシグナル を探す	業界の環境変化、「無消費者」や「満たされない 顧客」、「過剰満足」の顧客を新しい方法で獲得し ようとしている企業を示唆するシグナルはないか
2. 競争の激しさを 評価する	競合企業の経営状況を把握し、組織の能力が差 別可能な（非対称性のある）企業を探す
3. 戦略的選択を 考える	破壊のプロセスを正しく実行できるチャンスを増 やすまたは減らすような重要な戦略的選択に目を 配る

1. 変化のシグナルを探す

ハイエンドの先進顧客に没頭しない

　クリステンセンが予測に関して伝えるメッセージは、1つだけです。それは『イノベーションのジレンマ』で幾度となく出てくる共通の課題同様、「ハイエンドの先進顧客」だけを注視してはいけない、ということです。

　これまで何度も見てきたように、既存のリーダー企業は主要な先進顧客の声に耳を傾けることで、既存の性能指標の延長線上での改善だけを盲目的に続けてしまいます。自社の収益の依存度が高い主要顧客のニーズばかりを聞いていて、自社の ROIC（投下資本利益率）を高めるような高収益製品以外は、自社の投資の基準を満たさなかったからです。

　そのときの対象顧客は、具体的には**「満たされない顧客」**の一部、厳密にいえば、市場のハイエンドにいる最も厳しい**満たされない"先進顧客"**を意味します。
　クリステンセンは、このようにハイエンドな先進顧客の動向だけを注視し、既存の性能アップにつながる提案や性能の改善だけに取り組みがちだった状況から、まずは脱却する必要があるといいます。

「破壊的イノベーションにおける先進顧客」に目を向けよ

　いうまでもなくハイエンドの先進顧客とは、「持続的イノベーション」を導いている層です。しかし、既存企業が主要顧客の意見を盲目的に聞き続けることが、新興企業による「破壊的イノベーション」に追い落とされる原因でもありました。
　ではどの顧客に目を向けるべきなのでしょうか？
　それは、**破壊をもたらす先進顧客**です。

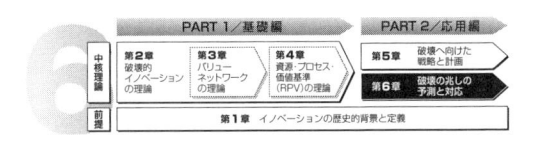

しかしこの「破壊をもたらす先進顧客」は、「ハイエンドの先進顧客」と異なり、変化の兆候を先導するイノベーターを意味します。したがって、**破壊的イノベーション」における先進顧客とは、「新しい市場」か「既存市場のローエンド」に、いち早く注目する顧客といえます。**

❖ **図表 6-2 ／破壊的イノベーションの理論**

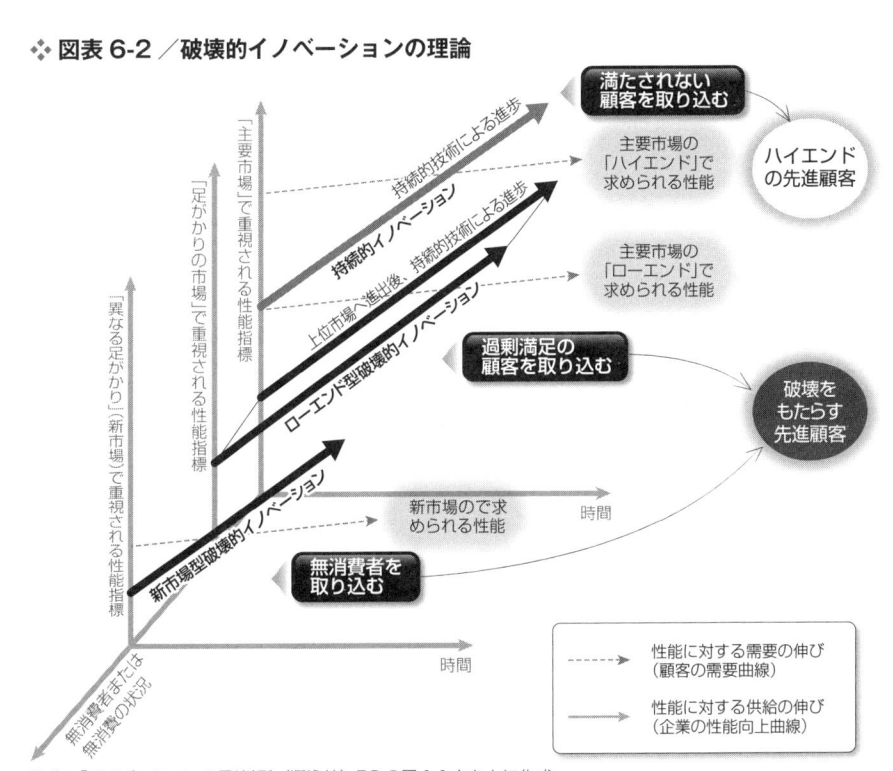

出典：『イノベーションの最終解』（翔泳社）P6 の図 1-1 をもとに作成

つまり、破壊的イノベーションの兆しを探り、破壊的技術に投資していくためには、そうした破壊的な先進顧客に注目すること（それぞれがもたらす機会や他社がその機会を活用しようとしている「シグナル」を探ること）、それがスタートラインになります。

3つの顧客状態に紐づく3つの事業機会

クリステンセンは、業界変化のシグナルを把握するためには、「1．無消費者」、「2．過剰満足の顧客」、「3．満たされない顧客」といった3種類の顧客集団について評価すべきといっています。なぜなら、

✓ 重要な用事を片づけるための能力、財力、アクセスを持たないために製品またはサービスを活用できていない「無消費者」、または「無消費の状態の顧客」は、新市場型「破壊的イノベーション」の事業機会を生み出し、

✓ 「過剰満足の顧客」は、「ローエンド型破壊的イノベーション」、ローエンド型破壊をもたらしうる「モジュールへの置き換え」、さらにはローエンド型破壊や新市場型破壊をもたらしうる「エンドユーザーへの接近」を生み出し、

✓ 「満たされない顧客」は、従来どおりの「持続的イノベーション」をもたらすからです。

❖ **図表6-3 ／ 3種類の顧客状態別・事業機会と業界変化のシグナル**

対象グループ	事業機会	シグナル
1．無消費者	新市場型破壊的イノベーション	・用事を「より便利に」片づけるのに役立つ製品・サービス ・新市場または新しい利用環境の爆発的成長
2．過剰満足の顧客	ローエンド型破壊的イノベーション	最も要求の低い顧客を対象とする新たなビジネスモデルの出現
	モジュールへの置き換え発生	主流顧客をターゲットとする専門的企業の出現
	メーカーのエンドユーザー接近	ルールや標準の出現 製品、サービス提供者が最終消費者に接近
3．満たされない顧客	持続的イノベーション	既存客向けの新たな改良 統合型企業の成功と専門的企業の不振

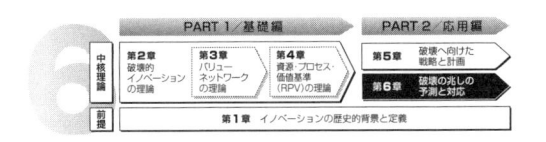

　つまり、破壊の兆候は、「①無消費者や無消費の状態の顧客」と「②過剰満足の顧客」の状態について分析することで知ることができます。

　他方、「③満たされない顧客」の状態を分析することで、さらなる「持続的イノベーション」の可能性について探ることができます。

　それぞれ深く掘り下げていきましょう。

❖ 図表 6-4 ／ 3種類の顧客集団によって生み出される事業機会
※太字が、クリステンセンがいう評価すべき変化のシグナル

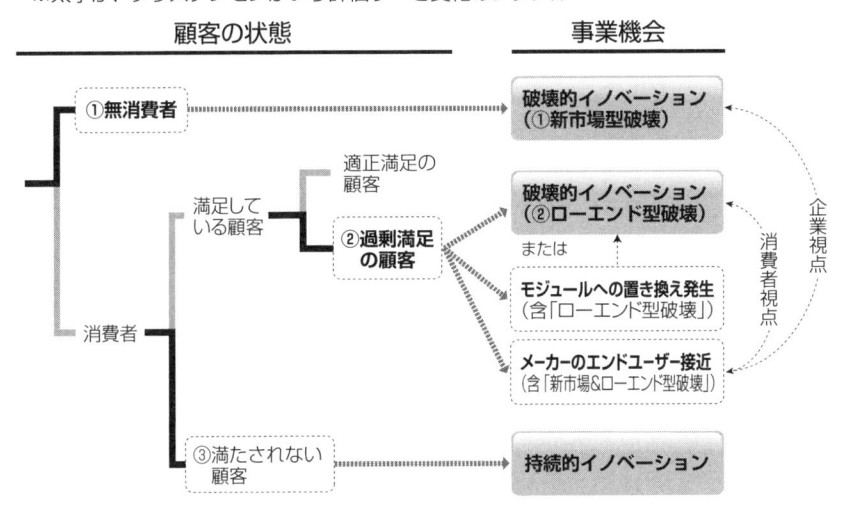

1 ▶ 新市場型破壊の兆し(無消費者の評価)

最高の顧客としての「無消費層」

クリステンセンは、**自社にとって最高の顧客は「無消費層」にある**といいます。それは、無消費層の開拓による「新市場型破壊的イノベーション」は、業界を長期的に変化させる可能性が最も高いからです。

つまり、

- ●ローエンド型破壊では、理想的な顧客を見つけるのは比較的簡単だが、新市場の顧客を見つけ出すことは困難。すなわち見分けるのが難しい。
- ●これまで存在しなかった（または認識されていなかった）ニーズに対しては、要求は低く、満足につながるハードルも低い。

という2点から、クリステンセンは最初に無消費者の動向を探ることを支持しています。

このような**「無消費」**と呼んでいる新たな市場は従来から存在したはずです。しかしここで、実績ある企業がそのような破壊を起こせていない理由をもう一度思い出す必要があります。大企業は、いまの資本レベルに見合った将来のリターンを期待するとともに、**「市場予測すらできない不確実な事業機会＝破壊のゲーム」には、合理的な意思決定ができないために参加しない**のです。

だからこそ、「異なるバリューネットワーク」に参入するために、「資源・プロセス・価値基準（RPV）」を整える必要性を認識することから始めなければなりません。

つまり、ローエンド型だけでなく新市場型での破壊に対応すべく、破壊の兆候を察知すること。と同時に自ら主導的に破壊的イノベーションを起こせるよう、組織の能力を高めていく必要があります。

その前提で、クリステンセンは新市場型破壊のきっかけとして、以下の2つを示しています。

１．より便利に既存の用事を片づけられる製品・サービスを考える

「お金や道具、スキル」をもたないか、「製品・サービスの利用環境が不便」なために、それまで重要な用事を片づけられなかった、あるいは不便だったという顧客に、より便利に（プロセスをなくすような）単純で手頃な製品・サービスを提供し、顧客のアクセスと能力を高め、用事を簡単に片づけられるようにする（例：おサイフケータイ）。

２．新たに新規の用事を片づけられる製品・サービスを考える

顧客が行動や優先順位を変えたりしなくても、前から片づけようとしていた用事を、新規に片づけられるようにする（例：携帯電話やスマホ）。

１．より便利に既存の用事を片づけられる
　　製品・サービスを考える

　無消費層が存在するかどうかを見極める方法の一つは、製品サービスの**提供プロセス**を確認することです。その提供プロセスから、省くことができるプロセスを探すことで、「より高い利便性」を追求できるからです。

　たとえば、かつて電信を使って通信するためには「モールス信号の訓練を受けた専門のオペレーターのいる施設まで足を運び依頼する」という「専門家への依頼」というプロセスが必須でした。

　しかし、この「専門家に依頼」するプロセスを省くことで、電話を通して自宅から電信を送れるようになりました。

　携帯電話やスマートフォンに埋め込まれた NFC 規格（近距離無線通信の国際標準規格）の FeliCa チップを通して、各種決済を可能とする「おサイフケータイ」機能もまた、大幅にプロセスを削減します。

　まず、カード決済を受ける店舗側の工数を、5 ～ 6 工程から 2 工程へ激減させることができます。

おサイフケータイ機能〈電子決済＋携帯／スマートフォン〉
２種類の利便性　①下記プロセスの削減＋②機能の共通化（クレカ、電子マネー、ポイントカード等）

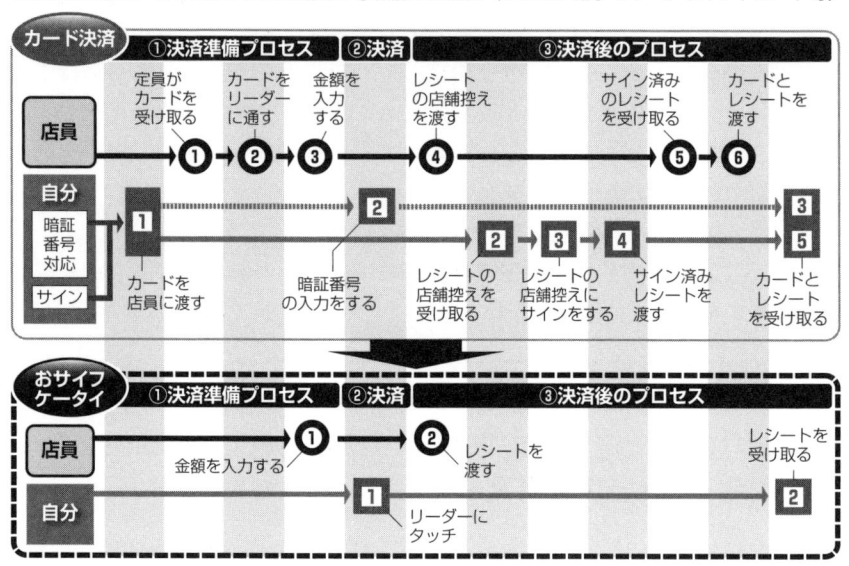

　また、消費側に立つと、3〜5工程ある決済プロセスを、2工程（リーダーにタッチする⇒レシートを受け取る）に削減するだけでなく、暗証番号の入力やレシートへのサインも必要なくなります（面倒なプロセスがなくなる＝①プロセスの数そのものが減る＋②面倒なタスクがなくなる）。

　さらに、こうしたプロセスの削減のみならず、クレジットカードから各種電子マネー、店舗ポイントサービスなどの複数の機能が、アプリ1つで対応可能になることで、さらなる利便性の向上をもたらします。

2. 新たに新規の用事を片づけられる　製品・サービスを考える

　新市場の兆しを見つけるためには、既存のセグメンテーション基準によってではなく、顧客の状況をよく観察することで「片づけられていない用事」を模

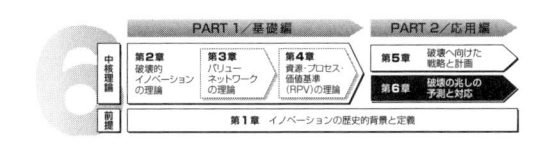

索することが重要と説きます。

　既存製品ではうまく片づけられない用事を分解して理解することで、実質的に無消費の人たちを新規顧客として獲得するプロセスを、クリステンセンは**「片づけるべき用事の理論」**と呼び、多様化する潜在ニーズの発見方法について啓蒙しています。

　クリステンセンは、ケースとして多くの日本企業を登場させており、とくにソニーはさまざまな場面で取り上げられています。

　たとえば、ソニーは12回も「破壊的イノベーション」を達成した唯一の企業でありながら、盛田昭夫氏が日本の政治に関与し、経営から身をひいた時期から、20年以上何一つ「破壊的イノベーション」を生み出していない、とも指摘しています。

　かつてソニーは、真空管ラジオと比べ「低音質」ながら、新たな用途として**持ち運び可能な**トランジスタラジオやウォークマンを開発しました。それらが市場の爆発的人気を獲得できたのは、盛田氏をはじめとする経営幹部が、一般的な市場調査ではなく、顧客の状況をよく見極めることで、「外出中の移動時間を有効に使いたい」という「片づけたい用事」を満たす製品を提供したからである、とクリステンセンはいいます。

　さらに、その**用事を済ませたい顧客に「破壊的製品を結びつけるチャネルをうまく獲得すること」**も重要だと述べています。

　例えば、ソニーのトランジスタラジオは、従来の家電販売店には置いてもらえなかったものの、スーパーやディスカウントストアといった新たなチャネルを構築し、初めて市場開拓に至ったといいます。**それまで真空管ラジオを販売していた家電販売店は、じつは切れた真空管の交換で利益を稼いでいたからで**す。利害が一致していなかったということです。

　同様に、ホンダは米国で低価格で粗利の低い50ccのスーパーカブを、既存のオートバイ販売店には置いてもらえませんでした。その代わり、**スポーツ用品店などの代替チャネル**を通して「小型のオフロードバイク」という、それまで未開拓だった無消費市場を掘り起こしました。

この無消費の開拓に新たに利用したチャネルを、従来のチャネルと異なる意味で、クリステンセンは**「破壊的なチャネル」**と呼んでいます。

「片づけるべき用事」と「ニーズ」

一般的なセグメンテーションと「片づける用事」の理論の意味

　私たちが日常的に使う言葉の定義や解釈の幅の問題を解決するのは非常に難しいものです。この章で述べているクリステンセンの主張もその一つです。

　クリステンセンは、すでにある用語の定義も独自の表現で明確化した説明をする傾向があります。その代表が、既存の「セグメンテーション」一辺倒の否定と、「片づけるべき用事の理論」と呼ぶ超ミクロな視点での市場発掘の考えです。クリステンセンの説明内容について考えてみましょう。

セグメンテーションの落とし穴

　クリステンセンは「製品特性や地域顧客属性といった簡単なセグメンテーションではうまくいかない」といいます。とくに無消費の状態を変え得る破壊的イノベーションを起こす市場を探すのにはまったく効果的でない、といいます。

❖ **図表 6-6 ／市場の見つけ方**

	市場細分化（既存の属性基準）	状況に応じて見定める（用事）
正当化 される理由	●定量分析の要求 ●的を絞ることの恐れ ●小売りチャネルの属性に基づいた ●広告の経済学（ターゲットが状況でなく顧客）	●顧客はやりたくない用事には手を出さない（不要な機能を付加する属性ベースには適合しない）

　既存の属性基準を用いた市場細分化は、それが合理的だからでなく、便

利だから使われているにすぎません。

　たとえば、市場の大きさを測るための定量分析、現実的に活用される POS データ等小売りチャネルでのアクティビティ、さらには、広告代理店で売られる広告のメディアプロフィールそのものが、わかりやすく測定しやすい人口統計的基準等に基づく顧客のグルーピングになっているのです。つまり最適ではないが、便利だから使われている、ということです。

　しかし一般的なマーケティングの中でも、セグメンテーション基準は、首都圏の F1 層（20 ～ 34 歳女性）といった地理的変数や人口動態変数などの基準から、心理的変数や行動変数での基準へと、その重要性は変化しつつあります。成熟化し、多様化する趨向に「年齢や性別などだけでは耐えられない」からです。既存のマーケティングでも、セグメンテーション基準自体の軸も、より購買・行動ベースに移っています。

　クリステンセンがここで否定するセグメンテーション基準は地理的変数や人口統計的変数をとくに指していると思われます。

【地理的変数】国や地域、地元エリアなどでセグメント化します。

【人口統計的変数】年齢、性別、家族構成、所得、職業、教育水準、世代、国籍、社会階層などでセグメント化します。

【心理的変数】ライフスタイル、趣味嗜好、興味関心、価値観、購買意向（動機）などでセグメント化します。

【購買行動的変数】「購買活動」：新規顧客、見込み客、リピート客など。「購買心理」：熱狂的、肯定的、無関心、否定的、敵対的などでセグメント化します。

　実際、クリステンセンは顧客の購入体験や使用体験を重視することで製品を設計せよといっています。その顧客体験から「マーケッターがジョブ（片づけるべき用事：Job to be done）を理解し、それを肩代わりする商品、それに関連する購入体験や使用体験を設計し、意図した使用目的を補強する商品を作ることができれば、そのジョブ（用事）を処理する必要性に気

づいた顧客はお金を支払ってその商品を雇う」からです。

クリステンセンは、分析する対象は**「用事」であって、「顧客」ではない**、と強調します。その用事とは、伝統的なニーズとウォンツの議論でいう「ニーズ」です。「ドリルが欲しいのではなく穴が欲しい」というとき、穴がニーズであり、それを満たすウォンツの一つがドリル、というのと同様です。(奇しくもこの事例をクリステンセンも引用しています)

真のニーズを把握し、そのニーズを満たすウォンツの提案をせよという文脈での「ニーズ」ですが、この言葉がさまざまな形、さまざまなレベルで氾濫している中、クリステンセンは本来の意味に特定するため、彼自身の表現で「片づけるべき用事」と定義しています。

ミクロな視点で「片づけるべき用事」を抜き出す

さらに具体的に見ていきましょう。クリステンセンは、ミルクシェークの売上を上げようと努力していたファーストフードチェーンの例について詳しく紹介しています。このお店では、当初誤ったセグメンテーションのとり方で失敗していました。

まずミルクシェークを頻繁に購入する顧客の、人口動態及びパーソナリティに沿ってさらなる細分化を行いました。その上で、グループインタビューを通して、ミルクシェークの濃さやチョコレートの濃度、価格の感応度、中に入る果物のカットの大きさなどによる満足度の上昇を評価していたのです。

ところが、その結果に応じて商品を改良したにもかかわらず、売上に何の貢献もなかったのです。

そこで、別の調査員が顧客の利用状況を理解しようと、朝から夜まで一日中、ミルクシェークが注文されるたびに、

- ●同時注文の商品
- ●来店人数
- ●店内かテイクアウトか

などを記録していきました。その結果、

「ミルクシェークの 40％が早朝購入されている」

ということがわかりました。

ここまでは、通常の POS データからでも定量分析ができます。しかし、重要なのはむしろここからです。**定性情報の深掘りによって、顧客が真に「片づけたい」と思っている用事を突き止める必要がある**からです。

この事例では、早朝に購入している顧客で最も多かったのは、「1 人で早朝来店し、他のものは買わず、ミルクシェークを自分の車の中で飲む」という行動パターンだったそうです。

そして、ほとんどの購入者は、**「退屈な長時間のマイカー通勤時、運転しながら気を紛らわせる」**という用事を片づけるためにミルクシェークを買っており、驚くべきことに**空腹ではない**ということもわかりました。

退屈な時間の暇つぶしに加え、このままでは 10 時ころにお腹がすくことがわかっているため、昼食時まで空腹を抑えるための何かが必要だった、というのです。もちろん運転中なので、**片手で購入しなければならなかった**ことはいうまでもありません。

❖ **図表 6-7 ／主な購入者の観察で判明した片づけるべき用事**

顧客グループ	早朝一人客（同時購入なし）
片づけるべき用事 （真のニーズ）	通勤の退屈さを軽減するもの ✓マイカー通勤の友として ✓空腹ではないが、午前 10 時に訪れる空腹を抑えるものとして ✓急いでおり、かつ運転中なので片手で対応可能なものとして

同じ製品でも片づけるべき用事によって異なる特徴

では、もしミルクシェークがなければ、代わりに何を「雇って＝利用して」その用事を片づけていたでしょうか？

先ほどの用事から考えると、ベーグルでは乾燥してパサつき過ぎなため飲み物が別途必要になり、クリームやチーズを塗るとハンドルがべたついてしまい

ます。バナナはすぐ食べ終わってしまうため、用事の目的を達し得ません。

　結局、「**運転中の時間稼ぎと昼食までのつなぎ**」という「**片づけるべき用事**」のためには、ミルクシェークを「**雇う＝利用する**」ことが最も適していたのです。ミルクシェークは濃度が高く、中身を細いストローで吸うには 20 分ほどかかり、ちょうど通勤時間の退屈さを解決できるからです。

　そして、この「片づけるべき用事」がわかれば、改良点が見つかります。たとえば、さらに「中身を濃く」すれば長持ちし、果物などをトッピングすれば、飽きさせずにその日の気分で選ぶ楽しみを新たに提供することができます。

　「でも、それはヘルシーではないのでは？」という問いに、クリステンセンはいいます。「**この用事に関する価値**」としては「**健康的であること**」は重要な**要素ではない**、と。

　バリューネットワークを思い出して下さい。たとえ従来と比べ低性能だったとしても異なる用途に関しては（同じ製品でも）「異なる性能指標」が重視されるのです。

同じ購入者でも異なる用事には異なるソリューション

　ところで、早朝購入している 40％の顧客の**次に大きな顧客グループ**は、早朝以外に来店する子ども連れの母親でした。しかし、そこでの「片づけるべき用事」はまるで違ったものだったといいます。

　子どもから毎回毎回お菓子やおもちゃをねだられ、それを断る自分に罪悪感を抱えたお母さんが、少しばかり愛情深い良い母を演じるために「雇った＝利用した」のが、ミルクシェークだったというのです。

　しかし、そのような用事を果たすのに、じつはミルクシェークは適していませんでした。固く冷えて粘り気のあるミルクシェークを、細いストローで吸うには長い時間がかかります。吸引力の弱い子どもに、お母さんたちは、**いつもイライラしていた**のです。

　結局、全員の食事が終わっても、まだ子どもがミルクシェークを半分も吸いきれていない状況が生まれていました。それにしびれを切らしたお母さんは席

を立ち、途中で捨てていくケースもあったのです。

　つまり、このグループの「用事」を済ませるには、「ミルクシェーク」は最適ではなかったものの、かりに、ミルクシェークを改良するなら、温度が低すぎず、さらに太いストローを用い、短時間で飲み終わるサイズを提供すべきかもしれません。

　このように、クリステンセンは、「顧客」ではなく、「状況」を観察することで、片づけるべき「用事」を絞りこめ、といいます。
「10代のスイーツ好きの女子学生向けに、甘くて見た目もかわいらしいミルクシェークを開発する」といった、そのセグメントにおける典型的なユーザーに対応した商品を設計しても、その中のある個人がその商品を買うかどうかはわかりません。それよりも「退屈な車での通勤中に運転しながら片手で持って飲め、昼食時まで腹持ちする"何かが"欲しい」という具体的な「用事」こそ満たす必要があるのです。

　単に統計的に平均的な商品を作っても、意味のない作業にしかならない、とクリステンセンはいい切ります。教科書的なマーケティングのステップに従って準備をすれば、誰かが判断材料にするような定量的な根拠はできるが、実際に売れる状態にはならない、と。

　破壊の兆しを無消費者または無消費の状態から分析するためには、誰もが**なんとなく欲しいプロダクト**を作るための調査をするのではなく、**特定の用事**を把握し、その用事を**確実**に、そして**簡単**に片づけられるプロダクトを作ることが必須となります。主要顧客のHDDの大容量ニーズでは、持ち運びに便利で省電力、耐久性の高いモバイル用の用事は片づけられないのと同様です。

まったく異なる2つの用事を果たすために顧客はミルクシェークを購入

	片づけるべき用事	既存のセグメンテーション

分析単位

顧客の状況

（片づけるべき用事：
"Job to be done"） 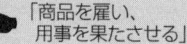 「商品を雇い、
用事を果たさせる」

顧客

調査方法と結果

購入者の「状態」を観察
（時間、同時購入、人数、店内またはテイクアウト等）

1. ヘビーユーザーの人口動態及びパーソナリティに沿った細分化

結果 顧客グループA：
ミルクシェークの購入の
40％は早朝、1人客で
同時購入品なし

結果 顧客グループB：
は早朝以外、親が子供の
ためにミルクシェークを
追加

対象ユーザーの個別インタビュー

2. 対象ユーザーのフォーカスグループ組成

➡真のニーズ（片づけるべき用事）
「通勤の退屈さを軽減するもの」

○退屈なマイカー通勤の友、○空腹ではないが午前10時ごろの空腹を抑えてくれるもの、○急いでおり運転中なので片手で対応できるもの。
※健康はシェークが雇われた主な用事ではない

代替品 ×ベーグル：しかしパサついている、
×ジャム付ベーグル：ハンドルがベトつく
×バナナ：すぐ食べ終える

➡真のニーズ（片づけるべき用事）
「子供にダメとたしなめる自分に嫌気がさしており、愛情深い親であると自分を納得させる手段として購入」

（しかし……実際はこの用事のためにミルクシェークは適していなかった……食後、まだミルクシェークを飲み終えていない子供が、ストローで一生懸命吸っているのをイライラしながら待っていた

代替品 △クッキー、
△アイスクリーム、
△オモチャ

（ミルクシェークの濃さ、価格、トッピングの追加・大きさ等による満足度の上昇度合いのパネル調査）

対策（改良点）

結果

➡改良点
○より長持ちさせる➡より濃厚に
○単調な日常に変化を与える➡果物等のトッピング
○待たずに購入➡機械をレジ前に移動させ、プリペイドで自分でボタンを押し、ミルクシェークをカップに入れられる

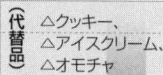結果

➡改良点
○吸いやすく➡よりさらさらに、太いストローで
etc.

➡回答を人口統計的に設定された対象セグメントの回答に掛け合わせ、平均化（➡誰のニーズにも合わない商品が導き出された）

※ミルクシェークがこの顧客の
用事に適していた

（濃いミルクシェークを細いストローで吸うには20分以上かかる。片手でも汚れず、10時に空腹も感じない。）

評価も異なる

※ミルクシェークがこの顧客の用事には
適していなかった

（食事後、まだミルクシェークを飲み終えていない子供が、ストローで一生懸命吸っているのをイライラしながら待っていた）

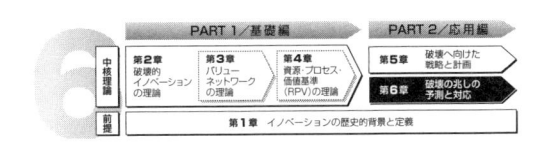
用事を絞りこむための「目的ブランド」

本章の冒頭で述べたとおり、「片づけるべき用事」に基づく市場分類は、ソニー創業者である盛田昭夫氏のアプローチの柱でもあったといいます。

従来型の市場調査は行わず、消費者の実生活をじっくりと観察し、何をしたいのかどうしたいのかを探り、それがソニーの小型化技術によって可能なのか「だけ」を自問自答したそうです。

その用事を片づけるための商品を設計し、顧客に提供すれば、広告の類ではとうてい真似のできない強力なブランドが作れます。その有効な手段として、クリステンセンは**目的ブランド**の構築を勧めています。

目的ブランドとは、「何らかの用事を片づけたい」と思ったとき、真っ先に利用されるべきブランドのことです。

「フェデックスする」

「確実に、できるだけ速く、荷物を送らなくてはならない」、このような用事に対応できるサービスを開発したのが FedEx です。

同じ用事をこなすのに、郵便局の航空便や UPS のトラック、または航空チケットを買ってハンドキャリーさせる（直接手荷物として配達する）といった方法があった中で、FedEx は「最も確実かつ迅速に配達できる最適なサービス設計」に特化して成功しました。

これで即座に目的ブランドとなり、用事と一体化することで、どの国でも「フェデックスする」という動詞にまでなるほど、強い目的ブランドを確立させたのです。

結局、広告にできることは、**その商品が特定の用事に適していることを人々に「伝える」**ことだけ、とクリステンセンはいいます。

もし、なんら優位性もない中で広告を打つなら、単に認知率・想起率を上げる程度の表面的なブランディングにとどまってしまうからです。

広告業界の大クライアントがひしめくトイレタリー業界は、まさにそのよう

な差別化困難な日用品・最寄品を少しでも際立たせるために、計画的陳腐化を含めたブランディングを行います。ただし、それには驚くほど膨大な費用負担を強いられることになります。

ブランド価値はいかに高まり、いかに破壊されるか

いったん強力な目的ブランドが構築されると、さまざまな商品にそのブランドを活用しようと動きがちになります。しかし、そうしたブランドを使いまわす**ブランド拡張は、皮肉にもその「目的ブランド」の価値を毀損することになりかねません。**

せっかく特定の用事にフォーカスを当て、最も適した製品を提供したのにもかかわらず、他の用途でも使用できるというなら当然でしょう。

とはいえ、目的ブランドで獲得した名声は、何とかブランディングに使いたいと考えるのも当然です。そのためのヒントとして、2つの解決案をクリステンセンは提案しています。

1. 同じ用事を片づける別の商品を追加する

クリステンセンは、もしもソニーが早期にウォークマンブランドでデジタルオーディオプレイヤーを発売していれば、アップルのiPodが「その用事のために最適である」という目的ブランドを構築することを防げていたかもしれない、と指摘します。

2012年度には、日本国内市場でソニーのウォークマンがアップルのiPodを抜き、シェア55%を誇りました。しかし市場自体は、スマートフォン内の音楽プレイヤー機能に吸収され、シュリンクし続けています。

2012年度は前年度の570万台に対し、100万台以上の落ち込みを見せ400万台前半にとどまりました。

アップルも2009年にはiPhoneの台数がiPodの台数を抜くなど、事業としての専用プレイヤーの役割は低下しています。iPod touch6（第6世代）の発売予定も聞かれず、事業としての一定の役割を果たし終えつつある、というのが業界の見方かもしれません。

アップルの復活は、そもそもiPodから始まったのであり、その時期にシェアで圧倒し、事業上も成功する意義は非常にあったといえます。「破壊的イノ

ベーション」を起こし続けるには、いかにスピードとタイミングが重要かと思い知らされます。

2. 目的ブランドに方向づけをさせる

　もしも、異なる用途をターゲットとした商品をブランドに追加すると、誤って特定の用事を処理したい人たちをひきつけ、また適切でない顧客に不信感を与えかねません。

　しかし、その目的ブランドを使いながら、多少の方向づけをすることはできます。親ブランドとして、既存の目的ブランド力を使いながら（「エンドーサー・ブランド」といいます）、セカンドブランドや他の関連商品の信頼性を保証するという両立は可能です。

　たとえば78か国4000以上の宿泊施設を擁する、国際的なホテルグループのマリオット・インターナショナルの場合を見てみましょう。

　マリオットブランドの信頼性を担保しながら、用途に応じた方向づけをすることで、目的ブランドでありながらエンドーサー・ブランドとしてのメリットも享受しています。（1998年に傘下に加えた最上級ブランド「ザ・リッツ・カールトン」とはブランディングを分けて運営）。

❖ 図表6-9／マリオットの派生ブランド

ブランド	特徴
JW マリオット・ホテル&リゾート	グループのフラッグシップ「マリオットホテル&リゾート」よりも高価格
マリオット・ホテル&リゾート	大規模会議開催が可能な総合サービスホテル
コートヤード・バイ・マリオット	夜間に清潔で静かな場所を求める出張者向けに最適なホテル
レジデンス・イン・バイ・マリオット	長期滞在者向けレジデンスホテル

特定の用事を完璧に処理する「目的ブランド」には、プレミアム価格をつけることができます。そのため、既存のセグメンテーションで考えた市場よりも大きな市場で競争できる、とクリステンセンは指摘します。

マーケティングでは、コーポレートブランドとプロダクトブランド[*]の使い分けはよく行われますが、クリステンセンはプロダクトブランドよりも明確に、特定の用事をこなす証明となる目的ブランドの活用を勧めています。

目的ブランドは、必ずしも価格別や任意の製品別という括りではありません。むしろ、より明確に用途に基づく性能指標軸での、意味のあるグルーピングを示唆しているといえます。

[*]プロダクトの切り方を、クリステンセンがいう片づける用事をこなすという「目的別」で分ければ、そのプロダクトは目的ブランドともいえます。

2 ▶ ローエンド型破壊の兆し（過剰満足の顧客）

過剰品質がローエンドのニーズを生む

業界変化のシグナルを把握するために、評価すべき2つ目の顧客集団は**「過剰満足の顧客」**です。過剰満足の顧客の存在は、ローエンド型破壊のきっかけになるからです。

企業はさらなる性能向上に対する需要を求め、上位市場に向かう「持続的イノベーション」を盲目的に推進するうちに、当然ながら一部の顧客にとっては過剰な性能を提供することになります。

これは、HDDやその他の事例で「製品の性能向上」が「顧客の性能に関する要求」を想像以上のペースで上回りがちである（例：HDDの最初の破壊で足がかりのミニコン用市場に参入した8インチドライブの需要は、平均25％のペースで記憶容量拡大が見られたが、実際は需要の2倍近い年40％のペースで容量を増加させる「持続的イノベーション」が起きていた。第2章参照）という形で見られました。「企業は**顧客のニーズの進化よりも速いペースで製品を改良する**」ことを前提に考える必要があるといえます。

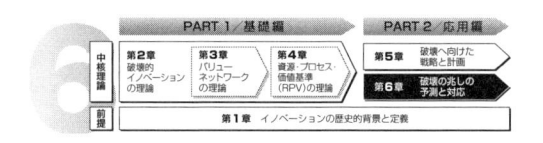

PART 1／基礎編　　　PART 2／応用編

中核理論
第2章 破壊的イノベーションの理論
第3章 バリューネットワークの理論
第4章 資源・プロセス・価値基準（RPV）の理論
第5章 破壊へ向けた戦略と計画
第6章 破壊の兆しの予測と対応

前提
第1章 イノベーションの歴史的背景と定義

　そして、過剰品質が過剰満足をもたらし、その過剰満足こそが製品の「コモディティ化」を促す張本人となるのです。

液晶テレビのデジタル化

　テレビのデジタル化は、薄型テレビ事業のコモディティ化を急速に促進しました。究極には、安価なデジタル部材と生産設備があれば、どんなメーカーでも最低限の生産はできてしまうからです。それによって、多くの日本企業は「意味のある」差別化が困難となり、収益低下の憂き目を見てきたといえます。

　かつて液晶パネルの世界シェア9割近くを占め、世界の羨望の的だったシャープも例外ではありません。また競合各社も、ネットバブル崩壊で業績悪化した2001年以降、研究開発よりも生産設備投資に経営資源を集中させた台湾や韓国企業に、結果として引き離されることになりました。

　日本企業がネットバブル崩壊を機に設備投資を半減したのと反対に、台湾や韓国メーカーは、徹底的な生産設備投資で一気にコスト優位性を確立。圧倒的な生産コスト構造の差が開いてしまったのです。

　その設備投資に関する投資スタンスの違いによって、とくに韓国とは10％ものコスト競争力の開きができてしまったといいます。

　残念ながら、利益率1ケタが一般的な電機メーカーにおいて、10％の利益率の差は勝負できるレベルではありません。

❖ **図表 6-10 ／大手液晶メーカーの設備投資額の推移（日本・韓国・台湾の比較）**

> 生産キャパシティの投資規模の違いが企業体力と戦略に影響を与え
> さらなるコスト競争力の違いに

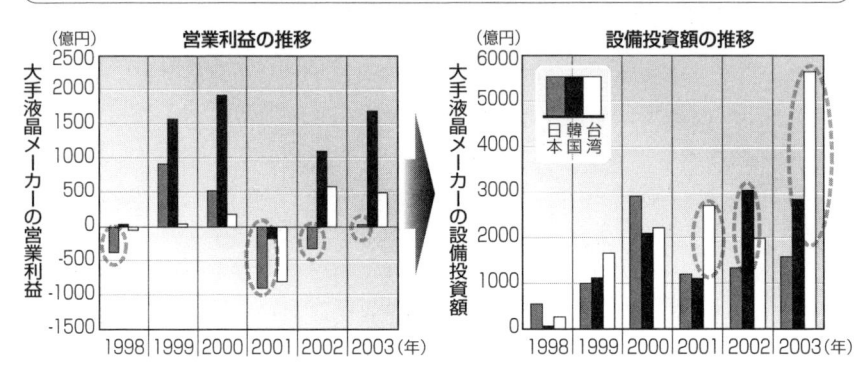

出典：『フラットパネル・ディスプレイ 2004〈実務編〉』（日経 BP 社）P57 の図 2 と P61 の図 7 をもとに作成

❖ **図表 6-11 ／液晶の事例の分析**

> 掘り下げていくと……
> 製造コストの段階で 10% の差

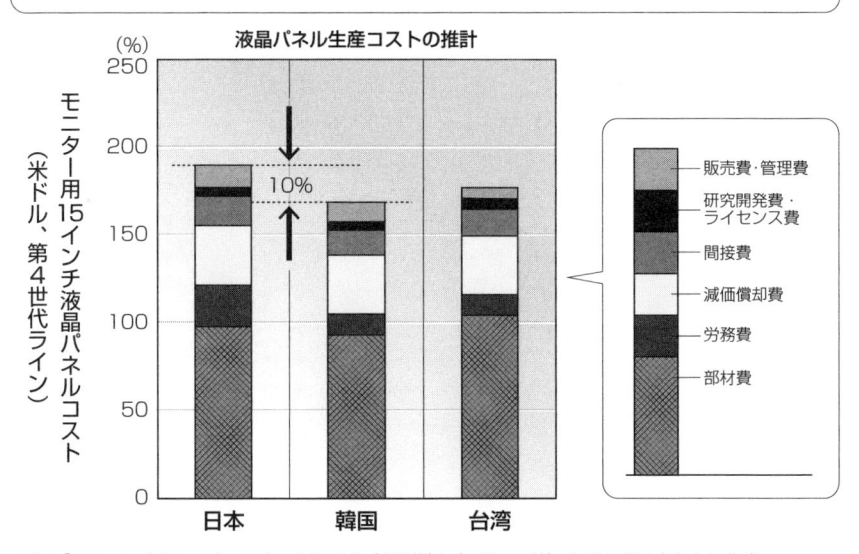

出典：『フラットパネル・ディスプレイ 2004〈実務編〉』（日経 BP 社）P62 の図 9 をもとに作成

「持続的イノベーションの罠」にはまっていないか？

その後も（狭義の）技術進歩として、倍速や４倍速、3D やフルハイビジョン、4K（フルハイビジョンの２倍の解像度）と、ハイエンド向けの性能向上の軌跡が続いています。

しかしここでの論点は、実際に実現した性能向上に対して、**「果たして消費者が追加のお金を出す用意があるかどうか」** という点です。もしそのような層が対象市場のほんの一握り程度しかいないとすれば、すでに過剰品質であり、顧客は過剰満足のシグナルを送っている可能性が高いといえます。

実際、ローエンド型破壊の波はすでに押し寄せています。当初大型の薄型テレビ普及には、１インチ１万円まで単価が下がる必要があるといわれていたものが、2009 年には 50 型前後の大型テレビが、１インチ１万円を切り 5000 円程度になったと話題になりました。

その後、１インチ 2000 円を切るモデルも出てくるなど、実売価格が半分程度になったにもかかわらず、逆に性能のほうは上がり続け、消費電力も３分の１と改善を続けています。
「過剰品質によるコモディティ化」といえる状況です。

このように過剰満足が生じると、満たされない顧客の要求の部分、すなわち成長機会を生み出すイノベーションの種類（競争基盤）そのものが変化することになります。

過剰満足の兆候

前述のとおり、過剰満足の最も明確な兆候は、顧客がかつて重視していた性能向上に対し、**支払おうとする割増金額が減少していくこと**（経済用語でいう「限界便益」の低減）や、**新たな追加機能が使われず、かつ「複雑で使いづらい」** などとこれまで顧客が感じなかった不満が出てくるようになることです。

当初は、「①機能性」（何をするのに役立つか）と「②信頼性」（確実に用事を片づけられるか）という性能評価の指標が重要でした。ところが**「必要にして十分以上」**になれば、企業が競争する対象は従来の**「品質」軸から「使いやすさ」軸に移行**していく、とクリステンセンは指摘しています。

　そのとき**「使いやすさ」軸**は、さらに**「③利便性」**（簡単に使えるか）、**「④カスタマイズ性」**（1人1人の顧客の独自の用事を片づけられるか）、そして**「⑤価格」**（安く利用できるか）に分けられます。

　ここでクリステンセンが一貫して説いているのは、過剰満足の兆候として真っ先に思い浮かぶ**「価格」の重要性は、つねに使いやすさの軸でも最後に来る**ということです。

　つまり価格競争に陥るのは、高機能化や信頼性強化、利便性の向上など、いかなる付加価値化を試みても割高な価格を得られなくなった最後の段階です。「市場のすべての顧客が同時に過剰満足の状態に陥る」わけではなく、過剰満足は「市場の底辺から始まり、だんだん上の階層に波及」していくことになるのです。たとえ、すでに価格競争に陥っていたとしても、潜在的な利便性やカスタマイズ性のニーズを満たす余地は残っている可能性もあります。

　もしも「液晶テレビはまだ最終段階に来ていない」と考えるなら、潜在的に重視される性能指標は、これまで繰り返された高解像度競争などではなく、"ネットワークとの接続性"や"コンテンツの共有"といった、日常生活の「利便性」や「カスタマイズ性」を軸に見出されるのかもしれません。

❖ **図表6-12／顧客の状態に応じて移行する競争の対象となる重要指標**

タイミング	競争の対象	重要性	説明
当初	1.品質	① 機能性	何をするのに役立つか
		② 信頼性	確実に用事を片づけられるか
「品質軸」が必要十分以上になった後	2.使いやすさ	③ 利便性	簡単に使えるか
		④ カスタマイズ性	1人1人の顧客の独自の用事を片づけられるか
		⑤ 価格	安く利用できるか

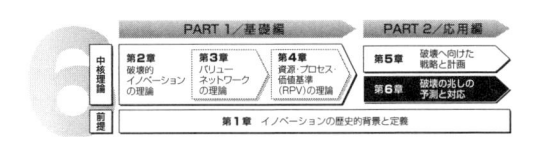

顧客の状態と性能指標の移動

クリステンセンは、『イノベーションへの解』の第五章（「事業範囲を適切に定める」）と、第六章（「コモディティ化をいかにして回避するか」）でも、顧客の状態によって重要な性能指標が移動していくことを説明しています。

新製品の「機能性」と「信頼性」が顧客のニーズを満たすほど十分でない状況では、独自の製品アーキテクチャを持ち、各機能を直接コントロールできる機能を統合している企業が有利、とクリステンセンはいいます。

しかし、ひとたび「機能性」と「信頼性」が"必要にして十分以上"になると、いままでと打って変わってスピードやレスポンスなどの「利便性」や「カスタマイズ性」が重要になってきます。

そしてそれが「十分でない」場合は、その逆、つまり特化型の専門企業が優位に立つといいます。モジュール型のアーキテクチャと業界標準によって運営できる企業は、効率性で優位に立つからです。

クリステンセンは、この「顧客の状態」を見誤り、誤ったアウトソースの意思決定をした IBM の例を挙げています。

IBM は、パソコンの機能性と信頼性が「必要にして十分以上でない」時代に、パソコンの重要な構成要素をインテルとマイクロソフトに外部委託をしました。

パソコンの基本的な演算処理を行う中央処理装置（CPU）や、パソコンを使った作業をやりやすくするアプリケーションソフト、それらを機能させるオペレーティングソフト（OS）などを、「利益化が難しい」という理由で外に出してしまったのです。

この判断は、外部からは効率的であると評価されましたが、その後の経緯はいうまでもありません。外部委託した CPU と OS はパソコン業界の利益の源泉のほとんどを牛耳るほどの影響力を持つ「キラーパーツ」となったのです。

そして、皮肉にも、IBM が内製化で守ったはずの完成品事業は、新興国に流れてしまいました。

モジュール化と外部委託の意思決定

ここでの重要な学びは、**「組織のコア・コンピタンス（中核能力）の観点のみで、内製化か外部委託化かの判断をするべきではない」**ということです。

あくまで「品質」の視点や「使いやすさ」の視点で、顧客は満たされているかどうか、顧客が「何を高く評価するか」を考える必要があります。

多くの会社は、顧客の要求が満たされていない重要な部分でも「利益の見通しが悪い」と、すぐ外部委託を行いがちです。しかし、機能性が「必要にして十分」でない場合、IBM のように統合型のアーキテクチャで強みのあった会社でも、外部委託してその有望な事業を明け渡してはなりません。

過剰満足による3つの市場機会の出現

厳密にいえば、過剰満足による競争基盤の変化には、これまで見てきた「ローエンド型破壊的イノベーション」だけでなく、「モジュールへの置き換えの持続的イノベーションの発生」や「標準やルール確立による低スキルメーカーの進出」などがある、とクリステンセンは指摘します。

とくに、この「置き換え」や「低スキルメーカーの進出」は、足がかりとなる用途の異なる市場を経ずに、直接、既存主要企業の機能の一部または全部を代替しうる状況をもたらすため、ローエンド型破壊と同様に注意が必要です。

過剰満足がもたらすこの3つの競争基盤の変化について、それぞれ見ていきましょう。

❖ 図表 6-13 ／過剰満足による競争基盤変化がもたらす３つの変化

足がかりの市場	予想される変化	兆候
異なる用途の 小さな市場	1. ローエンド型破壊的イノベーションの発生	最も要求の低い市場の最下層をターゲットにした新規参入
経由せず （直接、主要市場へ）	2. モジュールへの置き換えの（持続的）イノベーション発生	主流顧客を対象とした専門的企業の参入
	3. 標準やルールによる低スキルメーカーの進出	標準・ルールの出現 複数のモジュール化した機能を統合してサービスを提供する企業の登場

1．ローエンド型破壊的イノベーションの発生

　過剰満足の市場では、イノベーションによる新たな成長市場は創りだせないものの、「ローエンド型破壊的イノベーション」によって、新規参入の成長企業は、既存顧客の最も要求の低い顧客層をターゲットにすることができます。

　顧客が高いお金を払って既存企業の製品・サービスを使い続けているとすれば、それは他に選択肢がないからです。もし、不必要な機能や性能を使用せず、価格が安く、より便利な製品を提供する会社が現れれば、喜んで乗り換える可能性がある、ということです。

　大手通信企業から借りた通信回線を通じて、消費者に通信用の SIM カードを販売する会社（SIM カード系 MVNO[*]）は、通信量や通信速度が制限されている反面、既存の通信企業と比べ通信料が安いサービスを提供しています。

　これらのサービスを求めるスマートフォンやタブレットユーザーは、典型的な過剰満足の顧客といえます。

＊ MVNO：Mobile Virtual Network Operator 仮想移動体通信事業者

　機能制限があるとはいえ、この便利で安価な SIM カード系 MVNO の伸びは、四半期ベースで２ケタ成長を続けています（2013 年度では、前四半期比でそれぞれ＋ 5.6%、＋ 5.3%、＋ 10.0%、＋ 16.9%）。

また将来の潜在成長力を見ても、**まだモバイル市場全体に占める MVNO の
シェアは 1% 程度**で、成長余地はまだまだ高いと思われます。

❖ **図表 6-14 ／ MVNO 契約数（MVNO 委員会参加企業）**

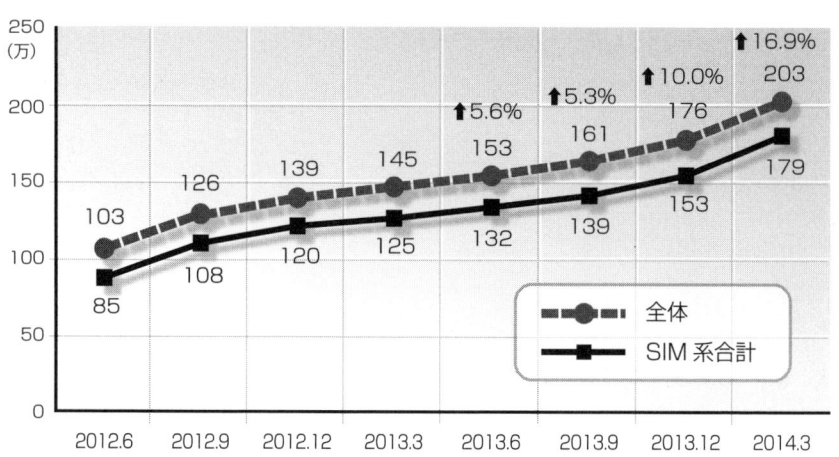

出典：一般社団法人テレコムサービス協会「MVNO市場規模調査」（2014年7月30日発表）

　この MVNO の例では、通信事業者にとっても、多大な設備投資を回収する
ために、余剰サービス提供から売上を上げられるというメリットがあります。

2. モジュールへの「置き換えの持続的イノベーション」発生

　2 つ目の変化は、専門的企業が参入することで既存企業からシェアを奪う特
殊な持続的イノベーションの発生です。この「置き換えのイノベーション[*]」は
通常の上位市場に向かう「持続的イノベーション」と異なり、モジュール化し
た箇所で生じます。

＊置き換えのイノベーション（Displacing Innovation）：『イノベーションの最終解』本文（P52）では
「置き換えは、イノベーションの分類の一つである」としか説明されていないが、巻末付録の概念説明
（P388-389）では、持続的イノベーションの分類の 1 つとして含まれ、巻末用語集（P400）でも「置き
換えの持続的イノベーション（Displacing sustaining innovation）」として説明されている。

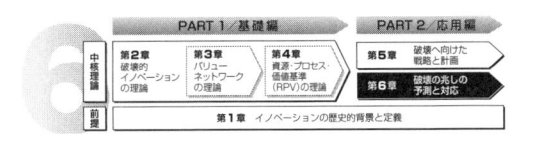

❖ 図表 6-15 ／「持続的イノベーション」の分類

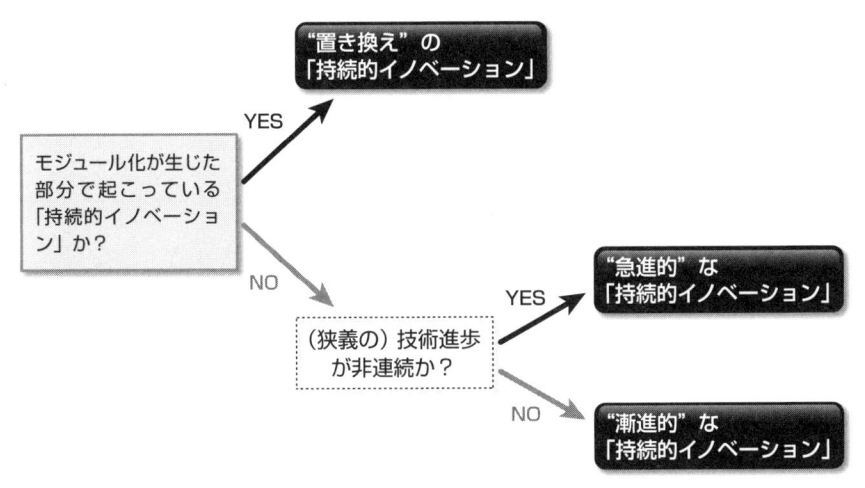

出典：『イノベーションの最終解』（翔泳社） P 389 の図A-5をもとに作成

　ここで製品基本設計概念のタイプと業界構造の関係について押さえておきましょう。

❖ 図表 6-16 ／製品基本設計概念のタイプと業界構造の関係

		業界構造	
		垂直統合	水平分業
製品アーキテクチャ（基本設計概念）	相互依存型	◯	
	モジュール型		◯

　調達から製造まで、自社で幅広い機能に対応する垂直統合型の形態は、顧客のニーズが満たされていないとき、技術やノウハウを蓄積でき、相互依存型の製品基本設計概念によって性能を高められる点で有利でした。**相互依存型とは、一部を変えるためには全体設計を理解している必要があるようなもの**をいいます。一般に公開されたアンドロイド OS 上で展開されるアプリのプラットフォームである "GooglePlay" に対し、iOS の "AppStore" プラットフォー

ムは、相互依存型の基本設計概念に基づきアップル社によって完全にコントロールされています。これによるセキュリティやユーザビリティの高さなどが、そのデザイン性とともに、主にiOSが消費者に支持を受ける理由といわれています。

他方、製品やサービスが顧客の求める性能に追いついてしまうと、標準化を通して他社に一部を委託することで効率的な運営ができるため、モジュール型の事業モデルが有利になります。つまり、セキュリティ性やユーザビリティといった観点を中心に、顧客ニーズが満たされ、「必要にして十分」になると、アップルの強みも今後縮小され、プラットフォーム強化のためのiOSのオープン化や、iOSで動くiPhoneブランドのライセンス販売など、戦略の見直しが行われる可能性が高いといえます。

ここでクリステンセンがイノベーションの類型として示す**「モジュールへの置き換え」は、とくに「製品やサービスが過剰満足」にある中での「モジュール化」**を指しています。そして、そのモジュール化が、足がかりの市場を経ることなく専門的企業による主要企業からのリプレースをもたらすのです。

当初はNTTブランドの電話機が多数販売されていましたが、やがて統一規格の電話線を指すモジュラージャック（電話線の両端についている四角い端子）に従って、数多くの家電メーカーが参入することになりました。

同様にSIMカードを差すことで、特定の携帯電話会社に囚われることなく、自由にスマートフォンを活用できるようになりました。これもSIMカードを差して使う「SIMフリー化」という接続部分（インターフェース）のモジュール化が進んだからです。

ちなみに「ローエンド型破壊的イノベーション」が、要求の最も低い顧客から攻略していくのに対し、**モジュールへの置き換え（置き換えの持続的イノベーション）では、当初から主流市場を対象としています。**つまり、必ずしも低価格や低機能の製品が、この置き換えを起こすわけではない、ということです。

また、この「置き換え」は、ローエンド型破壊をもたらすこともあるといいます。その際は、前述のモジュールの置き換えといった一部の機能のリプレースだけではありません。例えば、デルのように、消費者向けの徹底した顧客管

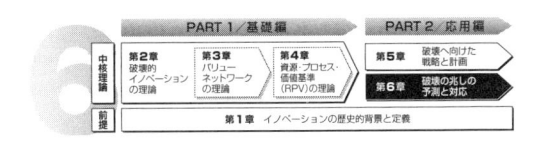

理（CRM）と短納期での受注生産を可能とし、モジュール化された複数の重要な機能の統合によって、ローエンド型破壊メーカーとして製品またはサービスを提供することがあるからです。

デルの場合、**自社でサプライチェーンの管理に特化**しながらも、外注を新しい方法で組み合わせ、効率的で低価格の受注生産モデル（BTO：Build to order）を確立し、ローエンド型破壊を起こすことに成功しました。

3．標準や規格（ルール）出現によるメーカーのエンドユーザー接近

過剰満足の顧客がもたらす、業界の3つ目の変化。それは、業界内のルールが整備されることで、低スキルのメーカーでも必要にして十分な製品を提供できるようになる「メーカーのエンドユーザー接近」です。

前述の「置き換えの持続的イノベーション」と似ていますが、「置き換えの持続的イノベーション」がモジュールの一部の機能で既存企業の製品やサービスを代替するのに比べ、メーカーのエンドユーザー接近では、モジュール化された基本設計をもとに、既存企業と同様に競合メーカーとして対峙する点で異なります。

整備されたルールのおかげで、相互依存型の基本設計概念を持っていなかった低スキルの新規参入企業でも、製品を劇的に低いコストで提供するビジネスモデルを構築できるようになります。業界標準やルールが明確になると、モジュール化された複数の機能を合わせ、自ら相互補完的な基本設計概念を新たに作ることができるようになるからです。

ではそもそも、なぜ標準やルールが整備されるか振り返ってみましょう。

第1章で見たように製品イノベーションを経て、業界で主流な「ドミナントデザイン」が確立されると、事実上さまざまな規格が標準化可能な状態になります。

顧客の要求が満たされない状態では、差別化するために**相互依存的な基本設計概念**と、それを可能にするために**垂直統合型の企業形態**が必要でした。しか

し、ドミナントデザインが確立され、性能が満たされると、力点は生産の効率へ移ります。

つまり、生産効率のために、分業化を検討するにあたり、それほど専門的な知識を持たなくても「必要にして十分」の製品を作ることができるよう標準的なモジュール型の設計概念がメインとなります。こうして、標準化や規格によってモジュール型の設計概念が相互依存型のそれに取って代わると、低スキルの事業者や新規参入の障壁が低くなり、そのときに必要にして十分である最低限の品質と最適価格の製品が活躍する余地が出てくるのです。

クリステンセンによるとこれらの変化は、**既存企業から見ると新市場型破壊による成長に見え、消費者の観点から見るとローエンド型破壊による成長に見える状況**といいます。結果として、このようなルールを活用する企業は、ローエンド型と新市場型両方の要素を併せ持つことになります。

銀行業界でも、サービスごとのインターフェース（接続部分）を規定するルールや基準が整備されることで、他サービスを垂直統合することが可能になったといわれています。

融資担当者の専門的判断に依存していた融資用信用評価でも、以前とは異なる状況が生まれています。過去のパターンから「居住年数」、「勤続年数」、「年収」、「過去の支払い実績」という4つの変数がリスク判定に有効なことが判明し、クレジットスコアリングによる迅速な信用評価で融資判断を下せるようになったのです。

当初、この方法を採用したのは、自社クレジットを発行する百貨店や石油会社などごく一部だったそうですが、その後、消費者向けの少額融資から、一般的クレジットカードや自動車ローン、住宅ローン、中小企業ローンなどにも採用されることになりました。

それによって、多数の融資担当者を持たないクレジット専門会社などが、「必要にして十分」の融資やクレジットカードサービスを提供できるようになったのです。

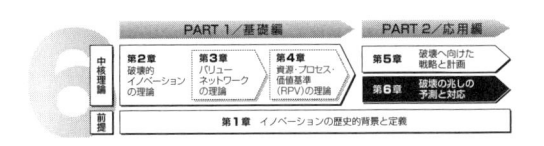

3 ▶ 持続的イノベーションがもたらす変化 (満たされない消費者)

分析すべき顧客の状態の最後は、「満たされない顧客」、つまり、既存のリーダーが最も得意とする、「持続的イノベーション」をもたらす機会についてです。

「満たされない顧客」を、前述の「過剰満足の顧客」と比べると、**「解決が困難な、顧客要求の厳しい、ハイエンド市場の顧客」**といえます。

その「満たされない顧客」を示すシグナルをつかむのは、まさに大企業が得意とするところでしょう。

❖ **図表 6-17 ／既存顧客の要求と攻略への課題**

		市場	顧客要求	問題	既存製品
満たされ ない顧客		ハイ エンド	厳しい	解決が困難な問題を抱えている	ニーズに十分応えていない
過剰満足 の顧客		ロー エンド	厳しくない	解決すべき問題がないか複雑でない	必要にして十分以上にニーズに応えている

そのシグナルは、顧客の直接の不満やクレーム、製品のレビューなどで確認できます。また、例えば ERP パッケージソフトの導入を支援するコンサルティングファーム（二次市場）の存在や、既存の製品やサービスのカスタマイズ、各種の追加ソリューションに対し追加支出をする顧客の存在などから、「満たされない顧客」の状態が確認できます。

その顧客要求に基づく改善に対し、割高な価格を支払ってくれる限り、「満たされない顧客」は確かに存在している、といえます。

満たされない顧客	シグナル
顕在的	●直接の顧客の不満やクレーム
	●間接的な製品のレビュー
潜在的	●既存の製品やサービスに手を加えて課題を解決する企業の存在
	●高価格帯の新製品にお金を払う顧客の存在

　また「持続的イノベーション」は、伝統的な技術進歩の連続性（本書 P37 参照）による、イノベーションの分類でも分けられます。

　とくに急進的な「持続的イノベーション」を推進する企業にとっては、互換性、相互運用性、レガシー[*]の問題等に対処する際に生じる相互依存性を解決する必要があるため、統合化は不可欠です。

　一方、**統合化されていない専門的企業は、自社が持たないバリューチェーンのさまざまな部分を直接コントロールできないため、「急進的イノベーション」をうまく事業化できない**といわれています。

*レガシー：資産、遺産。特に、経営においては、現在のより新しく、効率的でない古いシステムなど、相対的に過去の「負」の資産を指す。

❖ 図表 6-19 ／満たされない顧客へ向けた持続的イノベーション

	特徴	例
急進的	●複雑 ●相互依存的（統合型企業であることが不可欠） ●高コスト	●通信ネットワークのデジタル化 ●白黒テレビのカラーテレビ化 ●ガソリンエンジンから燃料電池への移行
漸進的	●シンプル ●相互依存性は不要（システムの大幅な再構成を必要としない等） ●相対的に低コスト	●テレビの高解像度化 ● CPU の周波数 UP ●ガソリンエンジンの高馬力化

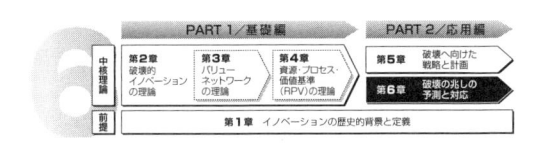

PART 1／基礎編			PART 2／応用編	
中核理論	第2章 破壊的 イノベーション の理論	第3章 バリュー・ ネットワーク の理論	第4章 資源・プロセス・ 価値基準 （RPV）の理論	第5章 破壊へ向けた 戦略と計画	第6章 破壊の兆しの 予測と対応
前提			第1章 イノベーションの歴史的背景と定義		

水準以下のものを改善するために統合する（「バリューチェーン進化〈VCE〉の理論」）

「破壊的イノベーション」を起こす企業が、競争に勝ち抜くためには、どのような企業活動または業務を社内で行い、どの活動を業者やパートナーに委託したらいいのでしょう？

　このことについて、クリステンセンが唱える理論に**「バリューチェーン進化の理論」**（VCE : Value Chain Evolution の理論）があります。

　この問題が難しいのは、垂直統合の程度が強い日本の電機メーカーや半導体大手が、中国や台湾、韓国企業を相手にコスト競争力で苦戦しているとはいえ、「正解は水平分業化だった」という単純な話ではないことです。

　つまり、水平分業でノンコア（非中核）部分をアウトソースして成功するアップルと同じように、水平分業をすればよいということではありません。

　なぜなら、ここでの重要なポイントは「ニーズを満たしていない状態」と「過剰満足の状態」によって**採用すべき戦略が違うこと**。そして、**ひとたびその戦略を選択しても「統合化と非統合化が繰り返されるプロセス」がある**という点です。

　具体的に見ていきましょう。

統合化と分業化のメリット

　クリステンセンによれば、製品、サービスを市場に提供する場合、いくつかの選択肢があります。つまり、すべての活動を自ら行うことで統合化（垂直統合）を図る場合もあれば、一部分の活動に特化し、外部に委託する選択を採ることもあります。

　統合化は製品・サービスの性能を向上させ、「持続的イノベーション」を支える助けとなりますが、統合化された組織は相対的に柔軟性が乏しくなり、市場環境への反応も鈍くなります。

	統合化 （脱モジュール化）	分業化 （モジュール化）
顧客ニーズを満たしていない 部分がある	◎	
顧客ニーズを満たしている （過剰満足）		◎

　つまり、製品サービスが主流顧客のニーズを完全に満たす前の段階では、製造流通プロセスの全体をコントロールする統合型企業が最も適しています。しかし、**企業が顧客のニーズを満足させると、統合化メリットはなくなってしまいます。**その代わりに、速度や柔軟性、利便性、最終的には価格面での競争が激化することになるからです。

　モジュール化は、効率化のための標準化を意味するため、個々の構成要素を取り替える際に全体設計する必要がなく、市場により早く出すことができるのです。

競争基盤を変えるには統合化による変化を

　変化を主導する企業は一般的に既存の業界リーダーとは異なる新興企業です。「バリューチェーン進化の理論」（VCE）によると、組織はバリューチェーンの**「十分でない」性能向上を左右するインターフェース（接続部分）全体での統合化**を行う必要があります。

　初期のメインフレームのすべてをコントロールしていた IBM のように、製品の「機能性」と「信頼性」を高めるためには、製品・サービスの設計と製造の重要な構成要素といった特定の種類の統合化と組織化が必要でした。

　他方、製品の「機能性」と「信頼性」が満たされると、今度は「利便性」と「カスタマイズ性」、そして「価格」が十分でないことに視点が移りますが、その際はもはや設計と製造間の統合化は重要ではなくなることも見てきました。代わりに、標準化された設計に基づき、分業により専門的企業がモジュール化した特定の場所で必要にして十分な製品・サービスの構成要素を提供できるようになるからです。

　パソコンの事例でいえば、利益はかつての IBM のようなモジュール型の製品サービスを組み立てる低利益率の統合型企業から、CPU を開発するインテルや OS を開発するマイクロソフトといった重要なサブシステムを作る企業へと移行しました。

　と同時に、WEB で受注し最短 4 日で組み立てから発送までを行う「スピードや利便性、カスタマイズ性」といった、顧客ニーズを左右する評価軸で統合化されたデルのような企業にも移ることになりました。

　つまり、利便性やカスタマイズ性といった評価軸の充足のためには、機能性や信頼性などの評価軸と比べ、バリューチェーン内の**異なる段階での統合化**が必要になります。

❖ **図表 6-21 ／バリューチェーン上の異なる統合化の必要性**

十分でない性能	事例
機能性、信頼性	IBM：メインフレームに関するすべての側面のコントロール
利便性、カスタマイズ性、価格	デル：BTO（受注生産）システムを通じてサプライチェーンと顧客関連業務全般を統合化＞迅速かつ容易にカスタマイズする能力の源泉

　異なる課題に対しては異なる解決案が必要であり、統合化が必要な場所も、それに合わせて変わることになるのです。

モジュール化と脱モジュール化の連鎖

　企業は、顧客が最も重視する性能を向上させる付加価値活動を改良するために統合化し、「必要にして十分」な特性は外注するなど、状況をコントロールすべきといいます。しかしこのとき、クリステンセンによる VCE の理論によると、バリューチェーンのある箇所でモジュール化（コモディティ化）が生じ、魅力的な利益がなくなると、バリューチェーンの別の場所で、脱モジュール化（脱コモディティ化）が進むといいます。

　モジュール化（分業化）後に脱モジュール化（統合化）の流れが始まった例として、台湾の **acer**（エイサー）があります。PC や端末メーカーの台湾 acer は、かつ

て端末の組み立てをする受託事業者でした。しかし、その後、製品のキーとなる設計部分も受託する能力を構築してから、自ら統合化へ動き、アジアを代表するメーカーへと成長しました。

　具体的な流れを掘り下げてみましょう。

　モジュール型製品の組み立て事業者だった acer は、さらなる利益を求めて上位市場に移行しようとすると一部の部品の性能が不十分になります。しかし、モジュール型製品の一組み立て業者の立場では、製品の性能を左右するアクションは取れません。製品にとって重要な性能を改善するためには脱コモディティ化（統合化）が必要であり、実際に PC の理想的な性能を確立するため、acer は 1984 年、ディスプレイ・周辺機器事業を行う「明碁電脳」（現・明基電通／ BenQ）を設立するともに、メーカーに必要な設計、製造能力を磨き、最終的に 2007 年 PC メーカーであるゲートウェイの買収も完了しました。不十分な性能を改善するために満たされない機能のプロセスのところで統合化が進んだのです。

❖ 図表 6-22 ／脱コモディティ化と統合を進める連鎖

> 1. モジュール方式で活躍した特化企業が統合型企業を打破し、モジュール型製品を上位市場に移行させる。
>
> 2. 一部の性能が不十分になる（満たされない機能）。
>
> 3. 機能を満たすため、機能の統合を図る。
>
> 4. 高機能製品により十分な利益をあげ、必要にして十分になるまで機能の統合化が進む（脱コモディティ化の進展）。

　クリステンセンは、専門企業や低スキル企業が統合化を進める要因の一つとして、既存企業側の意思決定もあると説明しています。つまり、コモディティ化し成熟した市場では、モジュール化により分業化が進みます。

　利益改善が期待できない市場では、投資家から ROA（総資産利益率）の向上が求められることになりますが、差別化が不可能なコモディティ化された市場では ROA（＝当期純利益÷総資産）の分子のリターンを改善できません。そうすると、できることは分母（総資産）の極小化に限られ、結局部品の設計や生産する資産集約型の事業ユニットを別の企業に売却することになるからです。

　現在、多くの業界は相互依存型（垂直統合）から、モジュール型（水平分業）の状態へ進化する傾向にあります。**それは市場が成熟化し、製造過程が標準化されてモジュール化が進み、特殊なノウハウを持ち合わせなくても製造できる仕組みがととのってきたから**です。しかし、クリステンセンのメッセージは、この流れは「固定的」でないということです。

　モジュール化が発生している周りの機能では脱モジュール化が進んでおり、脱モジュール化が進む機能を最適化するにはその周りの機能が最適に効率化できるようモジュール化されていなければならないからです。

　図表6-22 ／ 23 のモジュール化と脱モジュール化の連鎖の通り、これらは固定的でなくプロセスといえます。

　業界を「分業型（モジュール化）」か「統合型（脱モジュール化）」かに分けること自体クリステンセンは"ナンセンス"である、としています。

❖ 図表 6-23 ／モジュール化と特化を進める連鎖

> 1. 技術改良がやがて顧客のニーズを越える（過剰品質・過剰満足）。
>
> 2. それ以上の機能アップに対して顧客には支払う意思がないので、それまでと違う方法での競争を強いられる。結果、顧客が欲しいと思うものを必要なときに与える能力が高い企業が、利益を得るようになる（利便性、カスタマイズ性）。
>
> 3. スピードと応答性を高めるために、独自仕様の製品アーキテクチャをモジュール型に進化させる。
>
> 4. モジュール方式によって、一部の特化企業がかつての統合型企業を打倒する。

2. 競争の激しさを評価する

競合比較のポイントは非対称性

イノベーションの兆候は、顧客の状況からだけではなく、競合企業の動きからも予測できます。

クリステンセンいわく、「**破壊的イノベーション**」を推進する企業の上位市場へ向かう能力は、既存の主要企業によって「**過小評価**」されがちだといいます。

HDD やその他の事例を見ても、それは明らかです。いまでは笑い話にもならないものの、電信サービスのウエスタンユニオンは、ベルが開発した電話を「おもちゃ」と片づけて、権利獲得のオファーを足蹴にしたといいます。

たとえ破壊的企業のイノベーションを正確に予測できない場合でも、少なくとも「破壊的企業は上位市場に向かう条件や、方法を考える動機づけをつねに持っている」ことを知っておく必要があります。

彼らにとっては、生き残りのための動機づけともいえるので、けっして過小評価すべきではありません。

破壊的イノベーションは一過性でなく循環するプロセス

クリステンセンが描く「破壊的イノベーション」は、図表6-24のように循環的なプロセスを含んでいるといいます。

たとえば、新興企業が参入した場面を考えてみましょう。

❖ **図表 6-24 ／「破壊的イノベーション」の循環的なプロセス**

1. 新興企業が無消費者をターゲットにする。
2. ニーズを十分満たせない。
3. 持続的イノベーションを推進する。
4. やがて過剰な性能を提供し始める。
5. 競争基盤が変化し、「ローエンド型破壊的イノベーション」と、置き換えの持続的イノベーションの機会を作る。
6. ローエンド型破壊的イノベーションと置き換えの持続的イノベーションでも、より要求の厳しい顧客のニーズは満たせない。
7. 持続的イノベーションを推進する。

　戦後まもない日本企業の多くや、2000 年以降の台湾、韓国企業などは、まさにこのように新興的なチャレンジャーとして参入し、その後、主要市場のメインプレーヤーになるまで成熟してきました。

　いまでは、これらの企業の多くも中国やその他新興国の企業のチャレンジを受ける、既存のリーダー企業側の立場にいるといえます。

　企業はこのサイクルを繰り返しながら、より魅力的な価格を払ってもらえるよう改良を続けていくと、早かれ遅かれこのような循環する状況に応じた対策を考えざるを得なくなります。

　ちょうど 2001 年のネットバブル崩壊後の薄型テレビ市場のように、デジタル化とグローバル生産、グローバル競争を通した供給過剰により、急速にコモディティ化していく市場に対峙したとき、その市場を**捨てるのか、無視するのか？　顧客維持のため戦うのか**、それとも**戦略的連携を考えて共同で改めるのか？**

　そのいずれにしても、これらの判断のためには、まず競合の戦略的な意図を知ることが必要です。

経営状態と優位性の評価

　組織の能力を評価するためには、第 4 章で見てきた RPV（資源・プロセス・価値基準）が活用できます。

ここでとくに競合について調査すべきポイントは、RPV に沿って以下の 3 つといえます。

競合の RPV の評価

> 1．その企業は機会の獲得に必要な**「資源」**を持っているか
> 2．その企業の**「プロセス」**は、目的を効果的かつ効率的に実行するのに役立つか
> 3．その企業の**「価値基準」**は、この特定の機会を優先するものか

1．競合の「資源」を評価
——その企業は機会の獲得に必要な「資源」を持っているか——

　第 4 章で見てきたように、**「資源」**には目に見える特許、製品や現金などのほか、人的資源や確立したブランドなど、目に見えないものもあります。
　資源の特徴は、獲得、構築、売却できるなど柔軟性が高く、同じ資源を異なる複数の市場や組織で活用できることです。

　しかし、この資源は**必ずしも所有することが重要でなく、利用できる状態にあるかどうかを判断することが重要であると補足しています。**
　たとえば競合企業が、自社が保有する特許技術の代替となる技術を持っていないとしても、代替技術を持つ他企業と戦略的提携を結んだり、ライセンシングを受ければ、自社にとって当然脅威となるからです。

2．競合の「プロセス」を評価
——その企業の「プロセス」は、目的を効果的かつ効率的に実行するのに役立つか——

　「プロセス」は目に見えやすい資源と比べ見えにくく、評価が難しいものです。従業員が資源のインプットを、より価値の高い製品サービスというアウトプットに変えるための、明文化されたやり取り、調整、連携、意思疎通、意思決定のパターンも含むからです。

見えにくい、ということは評価も難しく、模倣も困難です。

これらを外部から判断するためには、その企業が成功のために**どのような問題を繰り返し解決してきたか**についてリストアップし、分析します。

例えば、ジョンソン・エンド・ジョンソンなどの医療機器メーカーは、確実かつ最速で進められる「医療機器の許認可までの最適化されたプロセス」という優れた能力を持っているといいます。

また、「マーケティングスクール」と呼ばれ、ハーバード・ビジネススクールなど多くの MBA プログラムでさまざまなケースが取り上げられる P&G では、差別化が困難な最寄品（購買頻度が高く消費者が時間をかけずに購入するような商品のこと）のマーケティング活動に関する最適なプロセスを保有している、とされています。

3.競合の「価値基準」を評価
——その企業の「価値基準」は、この特定の機会を優先するものか——

企業の収益構造、コスト構造、規模、最重要顧客、過去の投資履歴などは、すべて企業の**「価値基準」**を表すシグナルの宝庫です。

クリステンセンも、公開されている IR 情報の財務諸表や、過去の投資決定といった公開情報、非上場でも顧客名簿などから、これらのシグナルを把握することができると指摘しています。

競合の主要な収益源を読み取ることは、最も代表的かつ、意味のある競合分析方法です。企業は重要な収益の屋台骨を破壊するような機会を、早期に優先することはできないからです。

また、RPV（資源・プロセス・価値基準）の理論で見てきたように、**現在のコスト構造維持のため、その企業が当該事業の粗利益率を、"どの程度確保する必要があるか"**も、対抗する戦略を練る上で重要な情報になります。

たとえば、60％の粗利を維持する必要のあるコスト構造を持つ企業は、よほど潤沢な財務リソースを持たない限り、20％の粗利の事業機会には関心を持

ちづらいことは明らかです。

そして RPV の理論どおり、粗利益率だけでなく、**最終的な利益の額**も重要です。50 億円で 10% の増収を目指す事業機会も、5000 億の企業にとっては 0.1% の増収にしかならず、大きなモチベーションを持たないからです。

上記を補足する、顧客名簿や過去の投資決定からも、当該企業の重視する、または重視せざるを得ない価値基準は推測可能です。

❖ **図表 6-25 ／価値基準のシグナルのソース**

ソース	分類	分析の視点
（1）損益計算書・年次報告書	（ア）売上構成	売上を依存する主要事業、事業を維持するためのコスト構造、投資効率を踏まえた事業規模の観点から分析
	（イ）粗利益率（コスト構造）	
	（ウ）規模	
（2）顧客名簿	収益の多くを依存する主要顧客はどこか？	主要顧客をターゲットとするイノベーションに取り組む可能性が高い
（3）過去の投資決定	過去の投資決定の共通項を探索	その会社が目指す方向性やビジョンの推測 （例）KDDI：長距離データ通信に重点

重要なことは非対称性

これらの RPV を分析する際、とくに注目すべき点は、競合企業同士のイノベーションに対する**動機づけやスキルに関する違い、つまり非対称性**を探すことです。

クリステンセンは、以下のような指摘をしています。
「実績ある競合企業に魅力的に映るような顧客や市場をターゲットとする戦略は、絶対に通してはならない。実績ある競合企業が喜んで無視するか背を向けるような破壊の足がかりを発見するまで、部下に一からやり直しを命じること。」（『イノベーションへの解』P345 より引用）

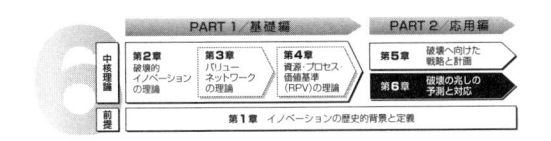

3. 戦略的選択に目を配る
——既存企業が破壊に対応できるシナリオ

　プロセスの3つ目は戦略的選択を考えることです。

　場面によって企業が取り得るシナリオは1つではありません。既存の技術を"持続的技術"として投資することも、"破壊的な技術"として投資することもできます。もしくはいずれの投資も停止し、破壊へ取り組む"まったく異なる事業への投資に回す"こともできます。これは既存の大手企業にも等しくいえることです。

　戦略的選択とは、まさにこれらの重要な経営判断を意味します。

　私たちは経営判断として、市場の破壊のプロセスに影響を与え得る戦略的選択を把握し、判断できる状態にしておくことで、破壊に対し、確実かつ柔軟に対応していく必要があります。

　特に、クリステンセンは、既存企業がうまく破壊に対応できる代表的な状況として、下図のとおり3つの例を挙げています。これらは既存企業にとっても、新興企業にとっても重大なメッセージです。それぞれ詳しく見ていきましょう。

❖ **図表6-26／既存企業が破壊に対応できる3つのパターン**

要因	分類	
新規参入企業側の要因	1. 誤った準備計画の実行	（1）「戦略策定」の誤り
		（2）「人材採用」の誤り
		（3）「事業資金の調達（資金源）」の誤り
	2. 既存企業と重複するバリューネットワークの構築	
既存企業側の要因	3. 破壊に対する能力の獲得	（1）スピンアウト
		（2）内部体制
		（3）出資

1 ▶ 新規参入企業による誤った準備計画の実行

大企業と同じ戦略で勝負する多くの新規企業が参入に失敗しています。

既存市場の中の最も要求の厳しい、割高な価格を支払うハイエンドの先進顧客の獲得を目指すこともあるといいます。しかし、**それは既存のリーダー企業が、最も得意とするところです。**

また、**それは「破壊的イノベーション」の戦略でなく、「持続的イノベーション」の戦略に過ぎません。**「持続的イノベーション」を軸とした競争では、過去の経験と潤沢なリソースの差で、既存企業が必ず優位に立つことも見てきました。

クリステンセンは、このような状況を「あらかじめ知る」方法として、1.「戦略策定」、2.「人材採用」、3.「事業資金の調達（資金源）」という3つのシグナルを挙げています。

1.「戦略策定」～適切な創発的戦略が取られているか

市場が、どのように進化していくかわからない「不確実性」を持っているときは、第5章で見てきたとおり、意図的に戦略を決めて実行すること自体がリスクになってしまいます。

また「新市場型破壊的イノベーション」を推進する企業にとっても、当然ながら、不確実性に対応する戦略として、市場のシグナルを読みながら戦略行動を調整していく「創発的な戦略」プロセスを推進することが必須です。

企業が創発戦略を取り入れているかどうかは、経営陣に直接聞かなくても企業行動を観察するだけで把握できます。

フィージビリティスタディを兼ねた実際の製品投入や、細切れの段階的投資などです。大規模な先行投資が必要な場合でも、前提を検証することで、投資が無駄にならないような柔軟性を確保している企業は、その行動から把握できます。

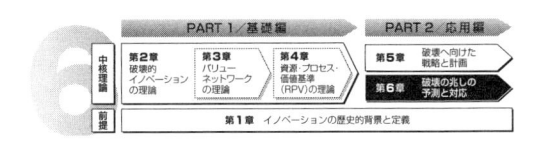

2.「人材採用」〜経験の学校を調査する

　生産ラインの失敗率が 25% になったら大変です。そのラインの責任者にとって、「4つに1つは失敗」という事実など決して受け入れることはできません。しかし**経営者は、"自ら採用・昇進させた人材の4人に1人は失敗だった"**ということを認めるそうです。

　著名なベンチャーキャピタル（VC）の多くが、その企業のビジネスモデルよりもまず創設者の経歴をチェックするように、経営陣の資質は成否を分ける重要な要素といえます。とくに不確実性の高い環境におけるイノベーション推進企業にとっては、経営陣の少しの思考停止や判断ミスも命取りになります。

　成否を分ける経営陣の資質とは、過去の学歴でもなければ役職でもありません。ポイントとなるのは、新興企業が破壊的イノベーションを推進していく上で、**「重要な課題を、過去にも取り組んだ経験があるかどうか」**（南カリフォルニア大学のモーガン・マッコール教授が提唱する「経験の学校」の理論）です。
　また、そのとき成功したかどうかは問題ではありません。まさに知識や資格でなく、重要な課題に取り組んだ「経験」があるかどうかが重要なのです。

経験の学校で受講すべき講座例

- ✓ 不確実性の高い環境で事業を行ったことがある
- ✓ 一見得られそうにない情報を掘り起こすための計画を立案したことがある
- ✓ 試行錯誤の末に製品・サービスを利用できる想定外の顧客を発掘したことがある
- ✓ 詳細データに依存せず、理論と直感をもとに決定を下したことがある
- ✓ 企業の課題にふさわしいスキルを持つ経営チームを、ゼロから立ち上げたことがある
- ✓ やるべきことを早くやるために、社内の特定のプロセスを阻止、活用、あるいは操作したことがある

経営陣及び彼らが採用・昇進させるメンバーに、このような裏打ちされた経験がなければ、たとえ素晴らしい学歴と職歴を誇っていたとしても、市場の変化に対応し破壊を起こすことは難しいといいます。

　スタートアップ企業に出資や経営支援を行う著名アクセラレータ（Yコンビネーターなど）は、創業者の経験不足を補うため、逆にそれらを経験した経営陣として各種支援を行っています。そのようなバックアップを得たスタートアップ企業が持つスピード感は大きな力となり、既存の大企業にとってはかなりの脅威になり得ます。

3.「資金源」～適切な資金源を探す

　クリステンセンは、「破壊的イノベーション」を推進する企業は、**「成長は気長に、利益は性急に」**と訴えています。

　不確実な環境の下、シナリオが外れても、軌道修正できる資源を確保しておく必要があるからです。

　いつどんな正解が出るかわからない市場において、創発的戦略を組み合わせ限られた資源を途中で枯渇させることのないよう、資源管理をしていく重要性を指摘しました。

　このとき、このような「価値観」を資金源となる出資者（利害関係者）も持ち合わせていることが、重要なポイントになります。

　実際、多くの投資家は成長を待ってはくれません。**間違った価値基準を持った投資家から資金調達すると、存在しない市場のデータを求められたり、綿密で壮大な仮説に基づいた意図的戦略を要求されたりする**のです。その結果、潜在的な破壊的市場を否定されることすらあります。

　米オンライン証券会社大手の創業者チャールズ・シュワブは、1970年代にディスカウント証券会社のビジネスモデルへの出資を、VCに求めたものの断られたといいます。

　また、大手VCから1000億円以上ものお金を集めた上であっさりと破たんしてしまった会社もある一方で、わずか3億の開発費でヒットさせたパームの

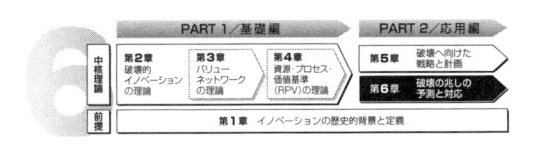

ような会社もあります。

　パームは当初、中小VC 2社から調達した資金をもとにミニPC機能を備えた「ズーマー」というPDA端末を開発したものの、ビジネス誌上で「いろいろなことをお粗末にやる端末」と酷評されたそうです。

　しかしその後、残しておいた開発費をもとに、ズーマー購入者の利用状況を観察し、"PCに代わるもの"ではなく電子アドレス帳などのアプリに限定した"PCを補完するもの"として再開発し、大ヒットさせました。顧客はPCに代わるものを求めておらず、補完するものを求めていたのです。

　とくに、直接金融の資金源となるVCなどから協力を仰ぐ場合、株式とともに議決権（経営権）と引き換えに調達することがあるため、適切な資金源が選択されているかどうかは経営に大きな影響を与えます。

2 ▶ 新規参入企業による、既存企業と 重複するバリューネットワークの構築

　既存企業と同じバリューネットワークで活動する、ということは、当然ながら新興企業にとっては不利です。
「ローエンド型破壊的イノベーション」を推進したい新興企業が破壊性を持つためには、相対的に低価格でも利益が得られるだけのコスト構造を持つ必要があります。既存企業と異なる製造方法を開発したり、間接費を低く抑えたりする必要があるからです。

　しかし、既存企業と同じサプライヤーを使うと、既存企業のコスト構造に適応させられるだけでなく、ボリュームの違いで既存企業よりも高い費用を払わざるを得なくなることも考えられます。

　販売チャネルも同様です。新興の携帯端末メーカーを作ったところで、アップルやサムスン、ソニーなどと同じレベルの条件でなければ、販売チャネルが端末を販売してくれないはずです。それを避けるには、ホンダのスーパーカブやソニーのウォークマンのように、既存のチャネルと異なる"破壊的チャネル"が必要になることもあります。

例えば、中国のアップルといわれる小米（Xiaomi：シャオミ）は、ネットだけで販売チャネルを構築しました。

　アップルの iPhone やサムスンの Galaxy、ソニーの Xperia といった大手フラッグシップの端末と同スペックの端末を、半額から 3 分の 1 の価格で販売。その結果、わずか 1 分 26 秒で、初期出荷 10 万台を完売という離れ技で業界を驚かせました。

　広告費ゼロで 2013 年度上半期だけで 700 万台を売り、翌 2014 年度上半期は 3 倍以上の 2600 万台（前年同期比約 3.7 倍）を超え、中国市場ではアップルを抜き 3 位に。世界でも 7 位のソニーを一瞬で抜き去り、5 位へと躍進しました。

❖ 図表6-27 ／スマートフォン市場の各社シェアの推移

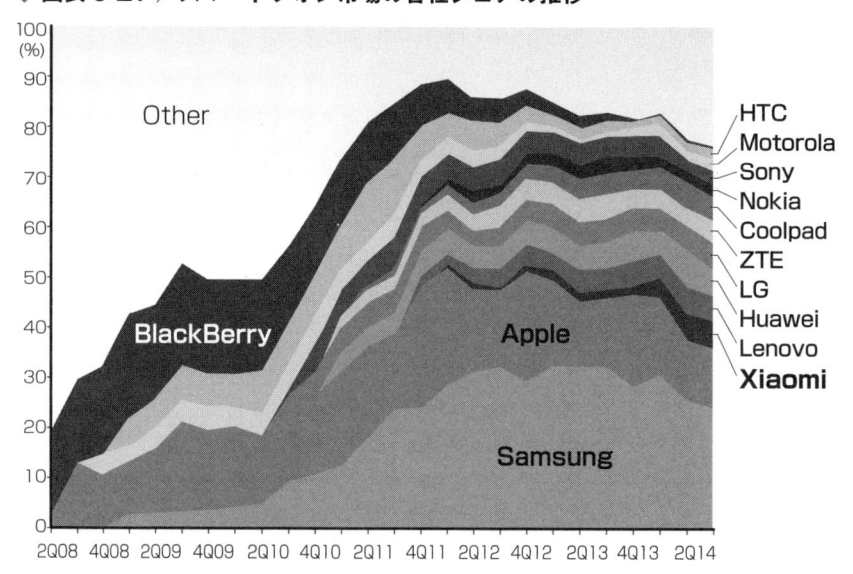

出典：IDC, Strategy Analytics, BI Intelligence Estimates をもとに作成

　そして、それもつかの間、次の 3 か月（2014 年度第 3 四半期）までに、さらに 2 社をごぼう抜きし、世界 3 位まで登りつめています。スマートフォンの販売をし始めて、わずか 1 年でシェア 1.8％。次なる 1 年で 3％以上を獲得し、IBM の PC 事業を買収した中国大手の Lenovo や 2014 年度の売上高で 5 兆円を軽く超えた通信機器大手の Huawei も一瞬で抜き去ったのです。

　Xiaomi は、デルと同様 BTO 方式で、ソフトウェアとアプリケーション以外のすべてを、アウトソースによって構築。自らの事業ドメインを、「モバイルインターネット企業」と位置づけています。

　それは、同社の戦略的事業を見るとわかります。主要事業は大きく、

　1．独自 OS「MIUI」（アンドロイドベースの中国人用カスタマイズモデル）
　2．ソーシャルコミュニケーションアプリ「米聊」
　3．スマートフォン「Xiaomi Mi」シリーズ

という 3 つに分かれています。
　Xiaomi の本当の脅威は、彼ら自身「スマホメーカー」とは認識していないことと言えます。

　つまり、彼らは最終的にグーグルやアップルのような**モバイルインターネットの "プラットフォーム事業者"** になりたいのです。そのための有力な土台としてスマホ端末があるに過ぎません。

　実質、中国とシンガポールの販売だけで、世界 3 位のシェアに達した彼らの戦略は、端末は原価近くで大きな利益がなくてもよいと考えています。

　と同時に徹底的にコストを下げ、端末の発売周期も年 1 回と開発コストを抑えています。それによって、シンガポールに続くグローバル展開のシナリオ[*]や、アプリケーションの投入シナリオを、状況に応じて柔軟に対応できるようにしているといいます。

＊グローバル展開のシナリオ：①近隣諸国（香港、マカオ、台湾）、②新興国（インド、ブラジル、ロシア）、③欧米諸国等。

　世界のスマートフォン市場が、ピークアウトしたといわれる 2012 年から 2013 年。奇しくも、この時期に Xiaomi が発売した 3 代目のスマートフォン「Mi3」で、すでに「必要にして十分」になっていた多くのスマホ顧客に対し、一気に「即応性や利便性、価格といった次の評価軸の要求」を満たし始めたといえます。
　なお、Xiaomi は使いやすさの評価軸に応じるために、必要な機能の統合は

３年前の創業時から実行されたといわれています。その上、アプリやソフトで稼ぐモバイルインターネット事業者としては、端末販売はプラットフォーム獲得の手段に過ぎず、端末販売ですべての利益をあげる必要がないという段階で、利益創出に向けた動機やインセンティブが競合と決定的な非対称性をもたらしているといえます。

3 ▶ 既存企業が破壊のための資源を集中して、有利に活用する能力を身につける

圧倒的に潤沢なリソースを持つ既存企業が、本気で破壊に対応しようとすれば、新興企業にとって勝てる要素は"スピード"しかなくなります。

第４章で見た破壊への対応の視点で、このように、既存企業が破壊に対応できる条件、逆にいえば新興企業が破壊を起こせない条件について再確認してみましょう。

既存のRPVの変化への対応

1．スピンアウト組織による対応

既存企業にとって「破壊的イノベーション」を推進する一つの方法は、資源・プロセス・価値基準の影響を受けない形、すなわちスピンアウトでした。

しかし、すべてのスピンアウトが独立したバリューネットワークに沿った独自の資源配分プロセスの価値基準を持っているかといえば、そうとは限りません。スピンアウトさせる以上、十分な自由度を与えることで攻撃者に対抗しなければなりません。また、既存組織とこのようなスピンアウト組織では、「価値基準」や「プロセス」の違いに応じて、重量チームの活用が検討されることも見てきました（第４章）。

2．社内でプロセスを構築することによる対応

２つ目は、社内で「破壊的イノベーション」に必要なプロセスを構築すること。クリステンセンは『イノベーションへの解』で、４つの指針を提示しています。

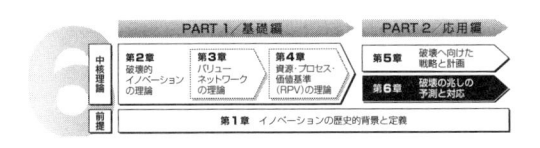
①必要になる前に始める

②アイデアを適切な形成プロセスおよび資源配分プロセスへ導く上級役員を任命

③アイデアを形成するためのチームとプロセスを立ち上げる

④破壊的なアイデアを見極めるよう社員を訓練する

　ただし、第4章でも述べたように、社内でプロセスを変えるのは非常に難易度が高いといいます。しかしあえて社内でプロセスを構築するために、クリステンセンは、とくに上記②と③の重要性を説いています。

　また、この分野でも、重量チームの活用のほか、より広範囲な「双面型の組織」の構築についての研究が続いていることを見てきました。

3. 既存の持続的イノベーションに基づいた事業に依存しない 破壊的イノベーションに種まき投資することによる対応

買収対象は2種類の破壊がありました。

①新市場型破壊：無消費者に着目し、まったく新しい市場を作り得る新興企業への出資、買収をする。

　「片づけるべき用事」の理論（ニーズを観察）

②ローエンド型破壊：あまり要求の厳しくない顧客でも、利益をあげられるビジネスモデルで市場のローエンドから攻撃を始める新興企業への出資、買収をする。

　組織体制やチーム構成については、共通して重量チームの活用を含めた検討が有効とされています。

Win-WinならぬLose-Loseの状況

　これまで見てきたRPVの変化への対応以外でも、"相討ち"または"討ち死に"ともいえる状況で、既存企業が向かってくる状況があることも認識しておく必要があります。既存企業がかなりのダメージを負っても、最終的には新興企業になんとか勝つ（市場としてはシュリンクする）状況です。

　その経営体力の差から考えると、同じマイナスの影響でも短期的には新興企業のほうが大きな傷を負う可能性が高いといえます。このケースについて考えてみましょう。

1. 逃走が不可能な業界環境だった場合

ハイエンドに魅力的な市場があれば、通常どおり既存企業はより高い価格を課す高機能品の提供を続けます。しかし、そのような市場がない場合や、ビジネスモデル等によりローエンドから離れられない場合は、たとえ壊滅的な損害が目に見えていたとしても**既存企業が全力で勝負することになります。**

これは、既存企業側に適切な戦略があろうとなかろうと、たとえ大きな損失を負って最終的につぶれようと、最後の砦としての既存主要顧客を守ることが、その時点で対応可能な唯一の策である場合です。

かつて米長距離通信会社の MCI（現・ベライゾン）は、低価格長距離通信市場で、AT&T の干渉を受けずにきていました。

しかし、MCI の成長が脅威になると、AT&T は最終的にその低利益率の市場で反撃を開始。お互いに多額の広告宣伝費をかけ、「さらなる収益率の低い市場でシェア拡大」というつぶし合いの結果に終わりました。

新興企業にとっても既存企業にとっても、このような状況が明らかであれば、不毛な消耗合戦をする必要はありません。それよりも、"戦略的連携" の道を探ることで、お互いのリソースの毀損を最小限化することが重要です。

2. 既存企業が参入する前までに、新興企業が早い段階で差別化できるビジネスモデルやスキルを開発できなかった場合

これは破壊を推進するケイパビリティに関する競合との「非対称性」が十分でなかった、ということです。ステルス機のように、競合企業に知られずに密かに最初の成長は果たせても、ひとたび市場が注目されると、既存企業も本格参入を検討し始めます。

そして、そのときに**スキルの非対称性が確立できていなければ、既存企業は当然リソースを総動員してでも、そのイノベーションを取り込もうとするはず**です。

その兆候は、既存企業が「新規参入企業の顧客をターゲットにする**"成長志向型"**」と、「既存企業の既存顧客への侵食を防ごうとする**"防衛型"**」とに分かれます。

前者の**成長志向型**の場合、取り込みは早い段階で、かつ新規参入企業の中核顧客をターゲットにする傾向があります。しかし、後者の防衛型の場合、技術

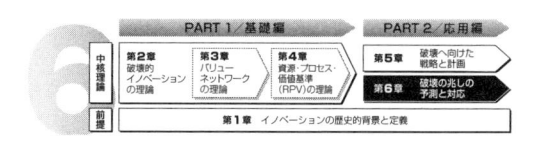

開発の終盤に入ってからが多いといわれています。

たとえば、オラクルが80年代にミニコンピュータ市場で破壊的なリレーショナルデータベースを投入したとき、既存大企業側だったIBMはどういった行動をとったでしょう。

IBMは、その市場でのオラクルの勝利を確信すると、IBMのメインフレーム市場のローエンドに、リレーショナルデータベースを投入し、オラクルの上位移行を防ごうとしたのです。

ただし、いうまでもなく成功に必要なスキルや動機づけを既存企業が持ち合わせない限り、これらのイノベーションの取り込みには成功しません。

新興企業の視点から～スタートアップの事例研究～

ここで、本章までで見てきた点を踏まえつつ、既存企業の視点でなく、破壊を起こそうという実際の新興企業側の視点に基づき、成功するために必要な条件をミニケースとして見ていきます。

日本発の画期的な技術をもとに事業化がされたサービスにAirTalk Messengerというメッセージングアプリがあります。独自開発したAirBeacon Techonology™というBluetooth LE（低消費電力ブルートゥース：BLE）規格を活用するこのAirTalkアプリは、ネット接続を不要としている点で、既存のLINEやWhatsApp、WeChatといったアプリと決定的な違いを打ち出しています。しかし、クリステンセン流にいうと、"機能や独自技術に溺れればニッチプレイヤーで終わってしまう"危険性があります。

では、AirTalkが破壊的技術になれる前提とは何でしょうか？

次世代のBLE技術を使ったオンラインToオフライン（O2O）通信を可能とするサービスには、このAirTalkのほか、米アップルが広く啓蒙をしているiBeacon活用のサービスが有名です。これらと比べ、10倍の通信速度で双方向通信を可能とするAirTalkも、事業の成否に技術が急進的か漸進的かは論点ではありません。

既存市場と異なる用途に重視される性能指標、すなわち、現時点で代替サービスがないか不便なため、無消費状態にある片づけるべき「用事」とは何でし

ょう。

Bluetooth ベースのコミュニケーションでできる機能の特徴

・電話番号やメールアドレスなどを知らなくてもコンタクト可能
・ネットにつながらない場面でも使用可能
・相手との距離が高い精度でわかる

　このことから、用途として次ページの図表6-28のような活用場面が想定されます。大きく1. 情報や広告プッシュ配信用途（広告用）、2. 電源・通信回線がつながらない場面での用途（公共・非常用）、そしてお互いが3. 知り合う前のコミュニケーション用途（SNS用）という3つです。
　法人需要としては1が活用場面も広範囲ですが、ここでは差別化が困難です。有効に進めるには2や3の継続利用者を増やしていく必要があります。

既存市場侵攻の方向性

　成長著しいメッセージングアプリ業界の勝ち組は現在までに数億人単位の月間アクティブユーザーを抱えていると同時に、外部ネットワーク性が機能して、数が増えるほど飛躍的に利用者が伸びていくことになります。つまり、圧倒的な面を、圧倒的なスピードで獲得しない限り、「ニッチ」アプリで終わってしまいます。

　AirTalk でも、（登録者数でなく）利用者数の飛躍的拡大のために、大きく「1. 自社でサービス拡張」をしていく場合と、「2. 戦略的連携」により地位を確実にすることが考えられます。「1. 自社でのサービス拡張」では現時点でメッセージアプリのユーザーが必要にして十分でない機能、たとえばセキュリティ問題を強化する方法があります。ただし、これには膨大なキャッシュや技術を必要とし、実際に暗号化技術の会社の M&A などが進んでいます。そうすると、残された選択肢は、「2. 戦略的連携」の可能性です。

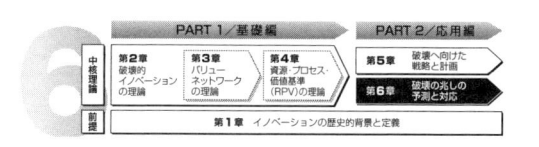

❖ **図表6-28 ／ AirTalkメッセンジャー™の主な用途と性能指標**
（利便性、カスタマイズ性）

<table>
<tr><th colspan="2">用途</th><th>重要となる性能指標</th><th>備考</th></tr>
<tr><td rowspan="2">1.
通信広告用
説明情報のプッシュ</td><td>営業・販売用：飲食・店舗等のプッシュ販促・クーポンの配布</td><td>✓ 信頼性（GPSよりも正確な近距離内のリーチが可能）
✓ 利便性（決済機能等とのリンクなど）
※ iBeaconに対する優位性少</td><td>※ロケーションベースの広告では、GPSよりピンポイントの運用が可能で消費電力も低い上、モバイルの決済機能との連動も可能</td></tr>
<tr><td>付加サービス提供用：美術館・動物園・テーマパークにおける個別情報の提供</td><td>✓ 信頼性（GPSよりも正確な近距離内のリーチが可能）
※ iBeaconに対する優位性少</td><td>※米国ではすでに野球のスタジアム等で運用。スタジアム外の顧客に、スコア情報とともに、割引の案内などをプッシュ送信</td></tr>
<tr><td rowspan="2">2.
通信用
電源OFF時の</td><td>災害時等、通信回線がストップした際の身近な人の捜索・通信（直径200m以内）</td><td>✓ 利便性（O2O双方向通信）
✓ カスタマイズ性（GPSやWiFiとの連動）
※iBeaconに対する優位性あり</td><td>※災害時に通信回線がパンクしたり遅延した際でも、直径200mであれば可能</td></tr>
<tr><td>電池切れ時の通信</td><td>✓ 利便性（O2O双方向通信）
※iBeaconに対する優位性あり
➡ 潜在市場も大きいが、距離の問題。イベント等での活用場面が現実的か</td><td>※モバイルの性能指標で上位を占める省電力性はバッテリー切れのストレスの表れ。BLEを活用したアプリはバッテリー切れでも近距離通信が可能</td></tr>
<tr><td rowspan="2">3.
情報交換用
知り合う前の</td><td>社内フリーアドレス等における情報交換・挨拶</td><td>✓ 利便性（O2O双方向通信）
✓ カスタマイズ性（社内SNSとの連動、知のDBなど）
※iBeaconに対する優位性あり
※ 顕在化しており、スケーラビリティもあり、活性化させやすい</td><td>働き方の多様化とイノベーション促進のため、社内の席を固定せず、ランダムに席を決めるフリーアドレスの企業が増加中。分野の異なる同僚との交流促進を図るツールとして貢献可能</td></tr>
<tr><td>各種イベント、街コン等などにおける情報交換のきっかけ</td><td>✓ 利便性（O2O双方向通信）
✓ カスタマイズ性（社内SNSとの連動、知のDBなど）
※iBeaconに対する優位性あり</td><td>相手の情報が不明だと声をかけづらいが、あらかじめわかると通信による情報からリアルな挨拶へ</td></tr>
</table>

連携によるダイナミック・ケイパビリティの獲得

　仮に自社での収益化とデイリーアクティブユーザー（DAU）増加が困難な場合、「AirBeacon Techonology™」によるO2O双方向通信機能だけの切り出しやライセンス提供で、既存のメッセージングアプリ等との戦略連携が考えられます。

また、主要アプリ企業にモジュールを提供しながら、セキュリティに強いオンライン新興メッセージングアプリなどの既存 SNS との API 連携を深めることも有効といえます。ただし、その際は独占での連携を要求される可能性が高いでしょう。通常単なる API 連携では自社アプリの増加につながりませんが、戦略的連携に基づいて相互告知を含めて関係が強化できれば、自社アプリの増加に役立てることができます。

　このように、コアテクノロジーを持つ先進的な新興企業であっても、事業として自律成長基調に乗せていくためには、技術戦略としての急進的技術でなく、事業戦略としての破壊的技術を開花させる必要があります。そのためには、顧客の状態や競合のケイパビリティや戦略意図を踏まえ、機動的に戦略シナリオを変更していく必要もあります。

クリステンセンによる破壊の予測例

　最後に、本章で見てきた①変化のシグナル、②競争の状況、③戦略的選択をもとに、破壊に関するクリステンセンの予測と結果を見てまとめとしましょう（P261 の図表 6-29 を参照）。

　『イノベーションの最終解』の原書（"Seeing What's Next" Harvard Business Review Press; 1st 版）が発刊されたのが 2004 年 9 月。10 年以上も前の著書で、クリステンセンが予測していた潜在的な破壊の波の多くが、長い年月を経ていま、現実のものとなっています。

　この点では、自らを社会生態学者と呼んだドラッカーと同様クリステンセンも、過去を観察することでさまざまな法則性を発見し、将来に当てはめることで未来を予測する社会生態学者そのものといえます。

　そして、本章で見てきた分析の視点により、私たちもクリステンセンから "知識" を "知恵" にして実践の場で活用することが求められています。

　さまざまなイノベーションの変化のシグナルを読み取り、不確実な時代における破壊のプロセスを把握し、確実に対応できるようにしていくこと。これは、ビジネスの荒波を乗り越える羅針盤として、本書全体を通して強調してきたクリステンセンの一貫したメッセージでもあります。

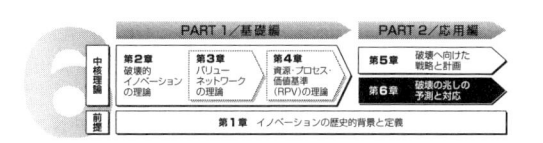

❖ 図表6-29／クリステンセンによる破壊の予測と結果

結果	予測	業界サマリ			現状（結果）
		① 変化のシグナル	② 競争の状況	③ 戦略的選択	
◎	**■高等教育** 低コスト、新市場型のオンライン講義を提供する大学が台頭	営利の教育機関、企業研修プログラム等は低コスト型、新市場型で破壊的成長	従来と異なる学生をターゲットにすることで、非対称な動機づけで成長	主要大学は独自の破壊的サービスを提供するか、破壊的企業にモジュール提供	MOOC規格でほとんどの大学が講義内容をオンラインで提供
◎	**■航空機メーカー** ボンバルディア等のリージョナル航空メーカーはボーイングやエアバスなどのグローバルメーカーに反撃されない	リージョナルジェットは新市場で成長を創出し、既存市場に侵入しつつある	既存企業のプロセスと価値基準は重荷で、新規参入企業に有利（反撃されない）	既存企業は自ら破壊的成長を推進する決定もできるが、攻撃側が圧倒的有利	魅力的な市場が続くリージョナルジェットに三菱は参入。市場拡大が続くが大手は参入できず
◎	**■民間航空会社** 大手航空会社はこれ以上のハイエンド顧客という逃げ場がないため、LCCの台頭を黙認できず、参入	LCCはローエンド型破壊で成長している	既存企業はLCCに対抗する動機づけを持っている	ターゲット路線とバリューネットワークの設計。自律的なバリューネットワークと新たな路線構造は破壊を促す	現在多くの大手がLCCに参入または出資
◎	**■半導体** 過剰満足のためカスタマイズ性・利便性の高い参入が予想される	次世代品に対するプレミアム減少。専門的企業出現で過剰満足化	カスタマイズ性を求める市場は規模が小さく独自のスキルが必要	新規参入企業は成長獲得のため素早い行動が必要	モバイル用基本設計とライセンス提供のARMの独占
○	**■医療** 低スキル、専門外の人が行える治療の増加	潜在的なシグナルとして、消費者への接近、自己負担増加、科学の躍進	高度な訓練を受けた専門家のスキルを活かせない簡単な処置は、非熟練者にとってはやりがい	破壊的新規参入企業は、最も重症の治療やスキルの高い提供者をターゲットにしない	遺伝子診断、妊娠検査薬、血糖値測定キット、血管形成術の普及。ただしポータブルレントゲン機器など業界圧力で浸透しないものもあり
◎	**■通信周辺市場** IM【インスタントメッセージ】は大きく成長する可能性あり	IMは通信を新たな環境に引き入れ新市場型破壊の成長を生み出した。マイクロソフトは単純な低コストのソリューションを開発できる可能性あり	既存企業の反撃を難しくする根本的に異なるビジネスモデルのため、既存企業が持たないスキルを身につけつつある新規企業が有利	既存企業は今後も無視するか。IM事業者は上位市場にどのような経路で上がるか？	メッセージングアプリ（インスタントメッセージ、スタンプ、資料添付、音声、写真、ビデオ）の大躍進（成長率・バリューエーションの高い伸び）

破壊を予測する重要性は２つあります。競合対策と自己成長投資の２つです。
●競合対策：自社の持続的イノベーションに対する破壊的な見通しをいち早く把握しておくこと

チェックポイント

顧客の状況

■無消費

お金、スキル不足等のためそのニーズを満たさずにいた人が大勢いる。または、不便なためニーズを満たさずにいた人が大勢いる

□より便利に用事を満たすことができるか？
□新たに用事を満たすことができるか？

"目的ブランドは？"

■過剰満足

□性能向上に対する割り増し価格が減少しているか？
□顧客の状態に応じて競争の対象となる重要指標が移動しているか？
（下図1→2へ移動）

競争の対象	重要性		説明
1. 当初重視される「品質」の視点	①機能性		何をするのに役立つか
	②信頼性		確実に用事を片づけられるか
2.「品質」視点が必要にして十分以上になった後重視される「使いやすさ」の視点	③利便性		簡単に使えるか
	④カスタマイズ性		1人1人の顧客の独自の用事を片づけられるか
	⑤価格		安く利用できるか

■満たされない顧客

□高価格帯の新製品にお金を払う顧客の存在があるか
□直接の顧客の不満やクレーム、間接的な製品レビュー等で特定の課題が多くみられるか
□既存の製品やサービスに手を加えて課題を解決する企業・コンサルタント等の2次マーケットがあるか
□全体のソリューションを提供する統合型企業が成功しており、専門的企業の不振が見られるか

●成長投資：自ら破壊を生み出す潜在的な可能性をリアルタイムで確認し続けること

想定される変化

変化	概要
新市場型破壊的イノベーション	お金、スキル不足、利便性の悪さなどから、それまで満たされていなかったニーズを満たす製品・サービスの登場

参入市場	変化	概要
主要市場と異なる用途の「足がかりとなる小さな市場」	1. ローエンド型破壊的イノベーションの発生	市場の最下層をターゲットにした新規参入の登場
異なる用途の「足がかり市場」からでなく当初より主要市場	2. モジュールへの置き換え発生（特殊な持続的イノベーション*）	コモディティ化した部分の専門的企業参入 ※ローエンド型破壊を起こし得る
	3. 低技術メーカーのエンドユーザー接近	標準・ルールの整備と、多様な企業による各顧客層の最低限の要求に十分応えられる製品・サービスの出現（複数のモジュールの統合を含めた置き換え）※新市場型／ローエンド型破壊を起こし得る

*特殊な形の持続的イノベーション：上位市場へ向かわないモジュール化した箇所で生じる

変化	（狭義の）技術進歩	特徴			例
		構造	相互依存性	コスト	
持続的イノベーション	非連続（急進的）	複雑	要	高	✓テレビのデジタル化 ✓ガソリンエンジンから燃料電池への移行
	連続（漸進的）	シンプル	不要	低	✓テレビの高解像度化 ✓ガソリンエンジンの高馬力化

❖(本書全体のまとめ）破壊的イノベーション・キャンバス

片づけるべき用事			

高 ↑ ケイパビリティの不確実性 ↓ **低**

3. オプション投資

①ポジショニングオプション

2. 次の中核事業候補

1. 中核事業

主要市場と破壊の足がかりの市場

	主流市場と異なるバリューネットワーク	
	主流市場の用途	異なる用途
用途		
対象製品・サービス		
性能指標の優先順位		

← **市場の不確実性**

学習計画（意図的戦略と創発的戦略の両立〈仮説指向計画法（DDP)〉）

仮説＼マイルストーン		時期１	時期２	時期３	時期４	時期５
					チェックリスト	
検証すべき仮説	1.					
	2.					
	3.					
	4.					
	5.					
	6.					

②足がかり

③スカウティング
オプション

→ 高

対象顧客の状況

●無消費・無消費状態
- □より便利に用事を満たすことができる
- □新たに用事を満たすことができる

●過剰満足の状態
- □性能向上に対する割り増し価格が減少している
- □顧客の状態に応じて競争の対象となる重要指標が移動している

●満たされない状態
- □高価格帯の新製品にお金を払う企業の存在がある
- □直接の顧客の不満やクレーム、間接的な製品レビュー等で特定の課題が多くみられる
- □既存の製品やサービスに手を加えて課題を解決する企業・コンサルタント等の2次マーケットがある
- □全体のソリューションを提供する統合型企業が成功しており、専門的企業の不振が見られる

破壊の真偽

- □持続的イノベーションと捉えて競争している大手が1社もない

破壊のタイプ

□新市場型　　　□ローエンド型　　　□ハイブリッド型

	時期6	時期7	時期8

Step 1 事業計画中の利益のブレークダウン（逆損益計算書）

Step 2 アクティビティの洗い出し

Step 3 仮説の設定

Step 4 事業性の確認

Step 5 マイルストーンに応じて仮説を検証

あとがき

「破壊的イノベーションの理論」を中核とするクリステンセンの体系的理論の発表は、後に続く他の著名学者らによる論文にも多大な影響を与えました。

足がかりの市場を新興国から転換していく「リバース・イノベーション」や、企業を超えた連携により効果的にイノベーションを進める「オープン・イノベーション」、いち早く事業の立ち上げを行うための「リーンスタートアップ」などは、いわば戦略としてのイノベーションに、具体的な戦術や施策の方法論を与える「優れたアプリケーションソフト」といえます。

しかし、これらのツールを活用する前に、それらを使う前提となる環境分析と自社の方向付けが必要です。2003年にクリステンセンが理論を追加展開した「新市場型破壊的イノベーション」と混同されやすい、W・チャン・キムとレネ・モボルニュによって2005年に発表された「ブルーオーシャン（バリューイノベーション）」の概念などでも同様です。

MVPの投入で新製品のフィードバックループを短期間にまわすリーンスタートアップや、低コストと差別化を両立させるニッチな市場を探し出すというブルーオーシャンの考えは、それ自体有効です（クリステンセンの新市場型破壊的イノベーションは、無消費者に対して必ずしも低価格〈低コスト〉である必要はない、としています）。

しかし、経営におけるいかなるツールも、会社のビジョンと整合性のある戦略に基づいて運用されることに意味があります。つまり、方向付けのないままリーンスタートアップの手法で事業立ち上げを運用面で効率化しようとしたり、「既存の競合とバッティングしない価値やサービスの可能性をただやみくもに探し続ける」といった行動、意志なき行動は、ビジョンなき経営そのものといえるからです。

言わずもがなですが、その土台を提供してくれるのが、「破壊的イノベーション」を中核理論とするクリステンセンによる一連の理論体系です。

ところで、経営で最も重要なことは何でしょう？

ビジネススクールで最初に教えられるのは、利益でも資産でもなく、キャッシュフローです。赤字でも経営は続けられますが、キャッシュが尽きれば即倒産だからです。そこでは"本当はうまくいっている"という言い訳は通用しません。

　これは中小企業に限ったことではありません。多くの日本企業は見かけ上のキャッシュはあっても、多くは銀行からの多額の借り入れに依存しています。借り換えが失敗すれば即倒産となる会社は、上場企業でさえ驚くほど多いことでしょう。そして、今後も危機のときに銀行が継続支援してくれる保証はありません。それは再認識しておくべきことです。

　その上で、キャッシュが尽きないようにするための対策は、ただひとつ。それは、余剰資金を内部留保として貯め込むことではありません。想定できる世界だけでなく、不確実な世界に対しても積極的に関与し、1発の流れ弾で死んでしまわないように既存事業に依存せず、破壊的技術への対応という防弾チョッキを1枚着こんでおくことです。

　そして、実現可能性は不明でも、ひとたびそれが起こると会社の屋台骨を揺るがしかねない——こうした不確実なシナリオに対する対策を、つねにとっておくことです。

　・既存の「持続的イノベーション」に依存した状況から脱し、

　・破壊的技術に対応する準備をし、

　・自らが破壊的技術を生み出す能力を構築すること。

　そしてその過程で、当てが外れても再度の計画の変更ができるだけの最低限の資金をつねに確保しておくことです。

　折しも、ネットインフラの拡充とモバイルデバイスの成熟、新興国の成長といった競争のルールが、急速に変化を遂げている激動の時代です。こんなときこそ、製品政策としてのイノベーションといった個別戦術ではなく、戦略の柱としてイノベーションを学ぶ重要性が増しているといえるでしょう。

　本書が、不確実な世界における皆さんの事業にとって、確実な成長へ向けたヒントになれば幸いです。

山中英嗣

参考文献

● Christensen, Clayton M., Anthony, Scott D., and Roth, Erik A., *"Seeing What's Next: Using the Theories of Innovation to predict Industry Change"*, Harvard Business School Press, 2004.

● Christensen, Clayton M., Grossman, Jerome H., Hwang, Jason, *"The Innovator's Prescription: A Disruptive Solution for Health Care"*, McGraw-Hill, 2008.

● Christensen, Clayton M., Musso, Christopher S., and Anthony, Scott D., *"Maximizing the Returns from Research"*, Research Technology Management, vol.47, no.4 (July-August 2004).

● Christensen, Clayton M., Suárez, Fernando F., Utterback, James M., *"Strategies for Survival in Fast-Changing Industries"*, Management Science, vol.44, no.12 (December 1998), pp.S207-S220.

● Christensen, Clayton M., and Bower, Joseph L., *"Customer Power, Strategic Investment, and the Failure of Leading Firms."*, Strategic Management Journal, vol.17, no.3(March 1996), pp.197-218.

● Christensen, Clayton M., and Carlile, Paul R., *"Course Research: Using the Case Method to Build and Teach Management Theory"*, Academy of Management Learning & Education vol.8, no.2 (June 2009), pp.240-251.

● Christensen, Clayton M., and Eyring, Henry J., *"he Innovative University: Changing the DNA of Higher Education from the Inside Out"*, John Wiley & Sons, 2011.

● Christensen, Clayton M., and Raynor, Michael E., *"The Innovator's Solution: Creating and Sustaining Successful Growth"*, Harvard Business School Press, 2003.

● Christensen, Clayton M., and Rosenbloom, Richard S., *"Explaining the Attacker's Advantage: Technological Paradigms, Organizational Dynamics, and the Value Network"*, Research Policy, vol.24, no.2 (March 1995).

● Christensen, Clayton M., *"Coping with Change: A Framework for the New Millennium."*, Special Issue on Millennium Edition.Business Technology Journal (December 1999), pp.2-17.

● Christensen, Clayton M., *"Innovation and the General Manager"*, McGraw-Hill/Irwin, 1999.

● Christensen, Clayton M., *"Patterns in the Evolution of Product Competition."*, European Management Journal, vol.15 (April 1997), pp.117-127.

● Christensen, Clayton M., *"The Innovator's Dilemma: When New Technologies Cause Great Firms to Fail"*, Harvard Business School Press, 1997.

● Christensen, Clayton M., *"The Ongoing Process of Building a Theory of Disruption."*, Journal of Product Innovation Management, vol.23 (January 2006), pp.39-55.

● Henderson, Rebecca M., and Clark, Kim B., *"Architectural Innovation: The Reconfiguration of Existing Product Technologies and the Failure of Established Firms"*, Administrative Science Quarterly, vol.35, no.1(1990).

● Leonard-Barton, Dorothy A., *"Core Capabilities and Core Rigidities: A Paradox in Managing New Product Development"*, Strategic Management Journal vol.13 (1992), pp.111-125.

● Leonard-Barton, Dorothy A., *"Wellsprings of Knowledge: Building and Sustaining the Sources of Innovation"*, Harvard Business School Press, 1995.

● Levinthal, Daniel A. and March, James G., *"The Myopia of Learning"*, Strategic Management Journal, vol.14(1993), pp.95-112.

● March, James G., *"Exploration and Exploitation in Organizational Learning"*, Organization Science, vol.2, no.1 (1991), pp.71-87.

● McGrath, Rita Gunther, and Macmillan, Ian C., *"Discovery-Driven Planning"*, Harvard Business Review, Manager's Tool Kit.

● McGrath, Rita Gunther, and Macmillan, Ian C., *"Discovery Driven Growth"*, Harvard Business School Press, 2009.

● Mintzberg, Henry, *"The Structuring of Organizations"*, Prentice-Hall, 1979.

● OECD Publishing, *"Oslo Manual: Guidelines for Collecting and Interpreting Innovation Data, 3rd Edition"*, OECD Publishing, 2005.

● O'Reilly, Charles A., III, and Tushman, Michael L., *"Ambidexterity as a dynamic capability: Resolving the innovator's dilemma"*, Research in Organizational Behaivor, vol.28, 2008, pp.185-206.

- O'Reilly, Charles A., III, and Tushman, Michael L., *"Organizational Ambidexterity: Past, Present and Future"*, Academy of Management Perspectives, May 11, 2013.
- Rosenbloom, Richard S., and Christensen, Clayton M., *"Technological Discontinuities, Organizational Capabilities, and Strategic Commitments"*, Industrial and Corporate Change, vol.3, no.3 (1994), pp.655-685.
- Schreyögg, Georg, Kliesch-eberl, Martina, *"How dynamic can organizational capabilities be? Towards a dual-process model of capability dynamization"*, Strategic Management Journal, vol.28 (9), 2007, pp.913-933.
- Teece, David J., Pisano, Gary and Shuen, Amy, *"Dynamic Capabilities and Strategic Management"*, Strategic Management Journal, vol.18, issue7(1997), pp.509-533.
- Teece, David J., *"Explicating Dynamic Capabilities: The Nature and Microfoundations of (Sustainable) Enterprise Performance"*, Strategic Management Journal , vol.28, issue13, 2007, pp.1319-1350.
- Tushman, Michael L., and Anderson, Philip, *"Technological discontinuities and organizational environments"*, Administrative Science Quarterly, vol.31, no.3 (September 1986), pp.439-465.
- H. イゴール・アンゾフ著、中村元一ほか訳『「戦略経営」の実践原理』ダイヤモンド社、1994 年
- J.R. ガルブレイス、D.A. ネサンソン著、岸田民樹訳『経営戦略と組織デザイン』白桃書房、1989 年
- L. トレーシー著、広井孝訳『組織行動論』同文舘出版、1991 年
- M・ビアー、B・スペクター、P.R. ローレンス、D.Q. ミルズ、R.E. ウォルトン著、梅津祐良、水谷榮二訳『ハーバードで教える人材戦略』日本生産性本部、1990 年
- R. リッカート、J.G. リッカート著、三隅二不二監訳『コンフリクトの行動科学』ダイヤモンド社、1988 年
- W・チャン・キム、レネ・モボルニュ著、有賀裕子訳『ブルー・オーシャン戦略』ダイヤモンド社、2013 年
- エリック・リース著、井口耕二訳『リーン・スタートアップ』日経 BP 社、2012 年
- キム・B. クラーク、藤本隆宏著、田村明比古訳『実証研究 製品開発力』ダイヤモンド社、1993 年
- クレイトン・クリステンセン著、玉田俊平太監修、伊豆原弓訳『イノベーションのジレンマ 増補改訂版』翔泳社、2001 年
- クレイトン・クリステンセン、マイケル・レイナー著、玉田俊平太監修、櫻井祐子訳『イノベーションへの解』翔泳社、2003 年
- クレイトン・クリステンセン、マイケル・ホーン、カーティス・ジョンソン著、櫻井祐子訳『教育×破壊的イノベーション』翔泳社、2008 年
- クレイトン・クリステンセン、ジェームズ・アルワース、カレン・ディロン著、櫻井祐子訳『イノベーション・オブ・ライフ』翔泳社、2012 年
- クレイトン・クリステンセン、ジェフリー・ダイアー、ハル・グレガーセン著、櫻井祐子訳『イノベーションの DNA』翔泳社、2012 年
- クレイトン・クリステンセン、スコット・D・アンソニー、エリック・A・ロス著、玉田俊平太解説、櫻井祐子訳『イノベーションの最終解』翔泳社、2014 年
- ゲイリー・ハメル、C.K. プラハラード著、一條和生訳『コア・コンピタンス経営』日本経済新聞社、1995 年
- ゲーリー・S. ベッカー著、佐野陽子訳『人的資本』東洋経済新報社、1976 年
- ジェイ・B. バーニー著、岡田正大訳『企業戦略論【上】基本編』ダイヤモンド社、2003 年
- ジェイ・B. バーニー著、岡田正大訳『企業戦略論【中】事業戦略編』ダイヤモンド社、2003 年
- ジェイ・B. バーニー著、岡田正大訳『企業戦略論【下】全社戦略編』ダイヤモンド社、2003 年
- ジェイムス・M. アッターバック著、大津正和、小川進監訳『イノベーション・ダイナミクス』有斐閣、1998 年
- ジェイムス・M. アッターバックほか著、サイコム・インターナショナル監訳『デザイン・インスパイアード・イノベーション』ファーストプレス、2008 年
- シュムペーター著、塩野谷祐一、中山伊知郎、東畑精一訳『経済発展の理論─企業者利潤・資本・信用・利子および景気の回転に関する一研究』岩波書店、1977 年
- ジョン・P. コッター著、梅津祐良訳『企業変革力』日経 BP 社、2002 年
- スコット・D・アンソニー著、津嶋辰郎、津田真吾、山田竜也監修、川又政治訳『ザ・ファーストマイル』翔泳社、2014 年
- スコット・D・アンソニー著『「リーン・スタートアップ」を既存の企業で実現するには』Diamond ハーバード・ビジネス・レビュー ブログ、2013 年 11 月 8 日

- スティーブン・P.ロビンス著、高木晴夫訳『【新版】組織行動のマネジメント』ダイヤモンド社、2009 年
- デーヴィッド・A.ナドラー、マイケル・L.タッシュマン著、斎藤彰悟監訳、平野和子訳『競争優位の組織設計』春秋社、1999 年
- トム・コープランド、ウラジミール・アンティカロフ著、栃本克之監訳『リアル・オプション』東洋経済新報社、2002 年
- ピーター・M.センゲ著、守部信之ほか訳『最強組織の法則』徳間書店、1995 年
- フィリップ・コトラー、ケビン・レーン・ケラー著、恩藏直人監修、月谷真紀訳『コトラー & ケラーのマーケティング・マネジメント基本編』ピアソン・エデュケーション、2008 年
- ヘルマン・サイモン、ロバート・J.ドーラン著、吉川尚宏訳、エコノミクス・コンサルティング研究会訳『価格戦略論』ダイヤモンド社、2002 年
- ヘンリー・チェスブロウ著、博報堂大学ヒューマンセンタード・オープンイノベーションラボ、TBWA/HAKUHODO 監修・監訳『オープン・サービス・イノベーション』CCC メディアハウス、2012 年
- ヘンリー・チェスブロウ編著、PRTM 監訳、長尾高弘訳『オープンイノベーション』英治出版、2008 年
- ヘンリー・ミンツバーグ、ブルース・アルストランド、ジョセフ・ランペル著、齋藤嘉則監訳『戦略サファリ（第 2 版）』東洋経済新報社、2013 年
- ポール・シューメーカー著、鬼澤忍訳『ウォートン流シナリオ・プランニング』翔泳社、2003 年
- マーク・ジョンソン著、池村千秋訳『ホワイトスペース戦略』CCC メディアハウス、2011 年
- マイケル・E.ポーター著、土岐坤ほか訳『競争優位の戦略』ダイヤモンド社、1985 年
- マイケル・E.ポーター著、土岐坤ほか訳『新訂　競争の戦略』ダイヤモンド社、1995 年
- マイケル・E.ポーター著『[新訳] 戦略の本質』Diamond ハーバード・ビジネス・レビュー、2011 年 6 月号
- マイケル・L.タッシュマン、チャールズ・A.オーライリーⅢ世著、斎藤彰悟監訳、平野和子訳『競争優位のイノベーション』ダイヤモンド社、1997 年
- マイケル・L.タッシュマン、チャールズ・A.オーライリーⅢ世著、酒井泰介訳『「双面型」組織の構築』Diamond ハーバード・ビジネス・レビュー、2004 年 12 月号
- リタ・マグレイス著、鬼澤忍訳『競争優位の終焉』日本経済新聞出版社、2014 年
- リタ・G.マグラス著、イアン・C.マクミラン著『未知の分野を制覇する仮説のマネジメント』Diamond ハーバード・ビジネス・レビュー、1995 年 11 月号
- リチャード・S.ローゼンブルーム、ウィリアム・J.スペンサー編、西村吉雄訳『中央研究所の時代の終焉』日経 BP 社、1998 年
- リチャード・フォスター著、大前研一訳『イノベーション—限界突破の経営戦略』TBS ブリタニカ、1987 年
- ロバート・A.バーゲルマン、クレイトン・M.クリステンセン、スティーヴン・C.ウィールライト編著、青島矢一ほか日本語版監修、岡真由美ほか訳『技術とイノベーションの戦略的マネジメント（上）』翔泳社、2007 年
- ロバート・A.バーゲルマン、クレイトン・M.クリステンセン、スティーヴン・C.ウィールライト編著、青島矢一ほか日本語版監修、岡真由美ほか訳『技術とイノベーションの戦略的マネジメント（下）』翔泳社、2007 年
- 安部義彦、池上重輔著『日本のブルー・オーシャン戦略』ファーストプレス、2008 年
- 入山章栄著『世界の経営学者はいま何を考えているのか』英治出版、2012 年
- 入山章栄著『世界標準の経営理論（第 5 回）競争の型を見極める重要性「ポーター vs. バーニー論争」に決着はついている』Diamond ハーバード・ビジネス・レビュー、2015 年 1 月号
- 大江建、北原康富著『儲けの戦略』東洋経済新報社、2002 年
- 国領二郎著『オープン・ネットワーク経営』日本経済新聞社、1995 年
- 玉田俊平太監修、イノウ編著『クリステンセン教授に学ぶ「イノベーション」の授業』翔泳社、2014 年
- 野中郁次郎、竹内弘高著、梅本勝博訳『知識創造企業』東洋経済新報社、1996 年
- Nikkei Microdevices 監修『フラットパネル・ディスプレイ 2004〈実践編〉』日経 BP 社、2003 年
- Nikkei Microdevices 監修『フラットパネル・ディスプレイ 2004〈戦略編〉』日経 BP 社、2003 年

〈著者略歴〉
グローバルタスクフォース（GTF）
世界の主要ビジネススクール同窓生ネットワーク"Global Workplace"（40万人、日本人約2万人）を母体とするマネジメントリソース会社。上場企業の再編や再生、M&A、新規事業の立ち上げなどの支援要員を、実働チームとして提供するとともに、6か月後からメンバーの転籍・採用を促すことで、ミスマッチの高い採用に代わる企業の新たなタレントマネジメント・プラットフォームを提供。著書に『ポーター教授『競争の戦略』入門』『コトラー教授『マーケティング・マネジメント』入門Ⅰ』『同Ⅱ実践編』『通勤大学MBA』シリーズ（以上、総合法令出版）、『トップMBAの必読文献』（東洋経済新報社）、『図解 わかる！MBAマーケティング』（PHP研究所）など多数。

〈監修者略歴〉
山中英嗣（やまなか・ひでつぐ）
グローバルタスクフォース(GTF)代表取締役。外資系コンサルティングファーム（ロンドン事務所）、国内大手通信事業者、ロンドン・ビジネススクール学内ベンチャー等を経て現職。英国国立マンチェスター大学ビジネススクールMBAプログラム入学後、リサーチプロジェクトに参画（MPhil取得）。2006年より関西大学大学院商学研究科非常勤講師を兼務。北海道出身。著書に『クリティカルシンキングの教科書』（PHP研究所）などがある。

ハーバード・ビジネススクール"クリステンセン"教授の
「イノベーションのジレンマ」入門
2015年2月28日　第1版第1刷発行

著　　者	グローバルタスクフォース
監 修 者	山中英嗣
発 行 者	小林成彦
発 行 所	株式会社PHP研究所

東京本部 〒102-8331　千代田区一番町21
　　　　　ビジネス出版部　☎03-3239-6274（編集）
　　　　　普及一部　　　　☎03-3239-6233（販売）
京都本部 〒601-8411　京都市南区西九条北ノ内町11
　　　　　PHP INTERFACE　http://www.php.co.jp/

組　　版	株式会社PHPエディターズ・グループ
印 刷 所	共同印刷株式会社
製 本 所	

PHPの本

入社1年目で知っておきたい

クリティカルシンキングの教科書

山中英嗣 著

論理的に考えられる人が、なぜ必ずしも正しい判断をくだせないのか？　豊富な事例をもとに、最適な課題解決のための思考法を解説。

定価　本体一、五〇〇円
（税別）